中国社会科学院创新工程学术出版资助项目

合作与不对称合作：
理解国际经济与国际关系

孙杰◎著

中国社会科学出版社

图书在版编目(CIP)数据

合作与不对称合作：理解国际经济与国际关系／孙杰著.—北京：中国社会科学出版社，2016.4

ISBN 978－7－5161－8149－2

Ⅰ.①合… Ⅱ.①孙… Ⅲ.①国际经济关系—研究 Ⅳ.①F114

中国版本图书馆 CIP 数据核字(2016)第 099843 号

出 版 人 赵剑英
责任编辑 喻 苗 王 称
责任校对 董晓月
责任印制 王 超

出 版 中国社会科学出版社
社 址 北京鼓楼西大街甲 158 号
邮 编 100720
网 址 http://www.csspw.cn
发 行 部 010－84083685
门 市 部 010－84029450
经 销 新华书店及其他书店

印 刷 北京君升印刷有限公司
装 订 廊坊市广阳区广增装订厂
版 次 2016 年 4 月第 1 版
印 次 2016 年 4 月第 1 次印刷

开 本 710×1000 1/16
印 张 17.75
插 页 2
字 数 265 千字
定 价 66.00 元

自 序

每当完成一次写作，看着打印出来的一摞书稿，总有些唏嘘感叹。这次尤其不同。

从事研究工作将近30年，也以独立作者身份陆续出版了几本专著，但是总觉得缺些什么，离当时进入中国社会科学院时的学术理想有些距离。

感谢中国社会科学院的长城学者和中宣部文化名家暨“四个一批”工程资助计划，使我能够重新专注于基础理论的研究。回首过去4年多的写作时光，在编辑部的正常工作之余，读书、思考、交流和讨论，几乎在每个周末，都会在能够眺望长安街的办公室内一个人独处，回想起来也是一种愉悦的享受。而这种愉悦的享受，正是源自于对基础理论的兴趣，并且最终形成了此书稿。

2011年年底，我再次回到《世界经济》编辑部工作。与十多年前我第一次在那里工作时的情况相比，刊物的主要作者变得更年轻了，论文的技术水平也得到了明显的提升。然而 Hamermesh（2012）指出在国际顶级经济学刊物上发表论文的作者年龄有上升的趋势。这可能意味着在一定的学术积淀背景下提出问题，从而研究有意义的问题在研究过程中变得更加重要。在国内，由于中年学者与年轻学者之间在计量技术方面的差距还是非常明显的，所以年轻学者构成了纯学术论文的主要作者群。与此同时，在过去十多年中，国内学术研究出现的一个最明显变化就是从大题小做向小题大做的转变，因而在研究的科学性上有了长足进步，不过也带来了研究选题碎片化的倾向，或者论文仅仅证明了一些显而易见的结论。从现实问题出发，以问题为导向的研究、以解决具体问题为目的却常常因为陷入对具体问题的研究而使研究视野受到限制，简约模型分析多而结构模型研究少。这些研究在技术上可能是严谨的，结论是量化的，但是难以给人一种理论逻辑的思辨享受。结果，这种感受就成了我写作本书的一个最初动力。

作为一名在20世纪60年代初期出生、在改革开放伊始接受经济学教育、没有国外留学经历的学者，不论是在基础理论素养还是在研究方法训练上，我都没有任何优势。尽管从20世纪90年代就开始写书，但那时写作的主要动因是学习新知识后的兴奋和与人共享的冲动。即使有一些自己的体会和想法，也淹没在对大量文献的综述中，并没有真正从一开始就有明确的观点。应该说在那个时候，并没有认真地想过专著与论文的区别，常常是使用整整一本书的篇幅来论证本应该用论文来阐述的一个观点。

早在大学时代，当我学习马克思原著和孙冶方有关价值规律的论文时，就产生了建立一般理论体系的强烈冲动。但那时少年轻狂，所以写作过程实际变成了学习过程。我在1994年出版的第一本专著取名《金融过程的货币机制》，试图以货币定义中的连续光谱来说明金融市场对货币供给的内生影响，与近年流行的“社会融资规模”在初衷上有些接近，但是由于没有充分强调所研究问题的学术渊源，没有理论发展综述，也没有明确提出命题，更没有建立起形式化理论的支持，所以受到了不少在国外接受过正规经济学教育的好友直言不讳的批评。这也使得我在随后收敛起好高骛远的野心，专注于教科书的写作和教授基础理论课程，偶尔才关心一些对现实问题的研究。

但是，“著书立言，流布天下”应该是每一个学者的追求。言者，是为理念和学说，其与观点之区别至少应该有三点。首先是系统性：一个观点的提出可以仅仅是在对一个问题研究后给出的答案，而理念和学说的论证角度应该是系统的。这种系统性不仅体现在知识结构上，更应该体现在逻辑一致性上。其次是一般性：一个观点的应用范围常常是局限于对一个或一些具体问题的解释，而理念与学说的解释力则应具有普遍的适用性。最后是重要性：由于观点常常是针对具体问题的，因此并不强调其在理论体系中的地位，可能是工具主义方法论，而理念和学说的重要性恰恰在于它们在知识或认知体系中处于逻辑分析的起点，因而可以构成一个学派的理论硬核。这也是专著与论文的区别。一般而言，论文是以科学的方法发现或解释一个现象，而专著则应该是系统阐述一个基础性的理论理念，可能是一种上达功夫。

毫无疑问，对具体问题的研究由于研究对象常常是新现象和新问题，前人少有涉及。如果说研究此前没有人研究的问题就是创新的话，那么就很容易凸显创新性。但问题在于，这样的研究也许只能说是研究了新的问题，但是新问题并不一定就是值得研究的问题，老问题也不一定就是没有研究价值的。当然，在经过人类几千年的思想探索后，要再提出一些可以作为理论框架的研究硬核，从而真正达到“著书立言”可能就是难上加难了。

知易行难。本书的写作是一个非常痛苦的过程。合作是一个太多人研究过了的老问题。经典文献看的越多，我所受到的打击也就越大。因为最初自以为可能有些新意的理念到后来发现早有人讲得更透彻，分析得更深刻，甚至自己从来没有想过的一些问题大师们也早有了深入的探讨。此时，我感受到了一些学术大师终生“述而不作，信而好古”的原因。作为“四个一批”工程人选和中国社会科学院的长城学者，我也感到了在为基础研究“十年磨一剑”而创造比较宽松的条件和环境背后所蕴含的更大的压力和更高的要求。

2013 年夏，我有幸来到图拉，参观了托尔斯泰的故居。尽管他的斗室充满了那个时代多语种的古今名著，但是相比现在网络时代的信息量显然还是极其有限的。而正是对这些文献的研读并辅以他的人生体验，最终使得托翁写就一系列深刻洞察人性的传世巨著。这让我意识到文献选读和精读的重要性。而他在写作《安娜·卡列尼娜》时留下的 5000 多页手稿则说明，即使对于一个大文豪来说，精雕细刻地写作以追求表述准确性也显得绝对必要。想想之前我动辄几十万字的写作，常常一蹴而就，之后也就在校正时再通读两遍的学风实在令自己汗颜面壁。

因此，本书从酝酿写作时起，我就打定主意要将字数控制在20万字左右，精益求精。也许本书依然无法摆脱文献综述的色彩，相比此前唯一可能的进步也许就仅仅在于“著书立言”的意识更加明确了，并且力图使书稿中的每一句话都有明确的理念和结论指向，从而将逻辑贯穿于书中的每一个自然段和每一句话。提出一个理论硬核可能并不难，但是提出一个能够“立言”的理论硬核就非常难了。虽然理论硬核本身作为公理并不一定要求得到证明，不过要让人接受一个公理，有力的论证还是必不可少的。因此，本书写作面临的两大难点首先是提出命题，然后是证明命题。如果说提出一个能够“立言”的理论硬核就已经很难了，那么论证并由此让人能够接受这个理论硬核就更难了。

就本书写作的具体过程来说，最初对不对称合作的研究直接起源于2011年我在《欧洲研究》发表的论文“主权债务危机与欧元区的不对称性”，而这一思想又更早地源自2009年我在日本亚洲经济研究所访问研究期间撰写的报告“A BBC Regime for Asian Financial Cooperation：Fundamentals and Feasibility”，并且在2013年出版的专著《区域经济一体化：基于区域债券市场的研究》中得到了进一步的表述。从2012年开始，我努力从区域合作与政策协调的下学提升到对合作一般理论的上达领悟。2013年全年以“我注六经”的学习态度，拓展文献领域，而到2014年的集中写作阶段则采取了“六经注我”的方式，力图对合作的一般理论给出一个详尽的阐述和论证。在2015年则主要对书稿进行了进一步的完善。

还有一点应该指出的是，在过去30多年来，我在学术上总没有持之以恒的耐心，总是追求研究的新鲜感。第一本书关注的是货币经济学，之后是国际金融，再往后是公司融资、投资者保护和区域经济一体化问题，但大体一直还徘徊在纯经济领域。不过，这次的步子迈得却大了一些，进入了国际关系领域，也用到了一些我一直感兴趣的历史知识。进入一个新的领域，使得我更兴奋，虽然恶补了一些经典著作和文献，但是最新的论文看的比较少，也不可避免地会出现一些浅薄的理解、误读，甚至还可能存在逻辑问题，还要请读者谅解和批判。

在这个意义上说，本书很难说有创新，顶多是归纳或重新阐述了一些常识。事实上，本书也并没有难以理解的地方，正所谓“吾言甚易知，甚易行”。但作为一种应该达到的知行合一境界，却唯恐“莫能知，莫能行”。本书作为我在学术研究中的一次新尝试，我在书中提出的观点可能还充满了谬误或漏洞，只能以“大成若缺，其用不弊。大盈若冲，其用不穷”聊以自慰，以“为学日益，为道日损。损之又损，以至于无为”权当自励。读者只要能够从本书中体会到一点点的新意，或者得到些许启发，并且有兴趣对合作问题进行更深入的思考，甚至读者只要能看出我在“选题”和“立言”两个方面所作出的努力，我就心满意足了。

最后，我还要对周围关心我、帮助我、启发我和鼓励我完成本书写作的同事和朋友表示真心的感谢。事实上，本书的写作和修改不仅得益于宇燕兄的鼓励、文献推介以及几乎在每一个观点上不断地诘问和挑战，而且在长达4年的写作中，也不断得到大家的支持和帮助。任琳不断给我推荐了包括罗素和杰维斯在内的很多著作，还送给了我她自己的读书笔记，冯维江时时通过邮件送来最新的研究文献，徐进和李东燕也为我推荐了经典著作，下班后在办公室与袁正清的长谈，在霸州与朋友们的热烈讨论，引导我进入国际关系理论的新领域。来自师大附中老四班高中同学的关心与帮助让我尤其感到温暖，甚至有朋友听说我在进行合作研究也来交流职场的苦恼。所有这些都让我意识到本研究的重要性并且成了激励我完成本书的动力。当然，文责自负。

目　录

引　论

2005年，为了纪念美国《科学》杂志创刊125周年，科学家们提出了125个迄今科学还没有很好解决的问题。在前25个重大问题中，人类合作行为如何发展是其中仅有的一个与社会科学相关的问题。

对人与人或群族与群族之间关系的研究是社会科学有别于自然科学的一个重要内容，而这些关系又大致可以归为两种极端状态：合作或冲突。① 达尔文用竞争来表达物竞天择和适者生存的思想，马克思则从社会冲突中看到社会进步的动力。尽管传统的经济学和国际关系理论都不否认合作的存在，但是在很长一段时期内，冲突以及为了在冲突中取得优势而进行的竞争却是这两个学科的主要研究视角。

虽然竞争和冲突可能是对国际经济和国际关系更本质的认识，但不可否认的是，冲突是一种对立或争斗，并且常常导致彼此损害的状态；而合作，包括为了避免冲突而维持对立现状的努力、秩序和依赖，则是社会常态以及人类文明发展和积累的必要条件。秩序本身体现了一种合作精神，而依赖则表现了合作的不对称性。我们还必须看到的是，合作本身并不否定冲突，甚至合作与冲突也是相互依赖的。有冲突才有合作，合作中也有冲突。国际经济和国际关系中充满潜在冲突和竞争，但是在绝大多数情况下又表现出合作有序的状态。规避冲突、求同存异是合作，有序竞争也是一种合作。在竞争中合作，在

---

① 康芒斯在其《制度经济学》（参见商务印书馆1962年版，第7、140页）中提出社会关系包括三个层次：冲突、依赖和秩序。秩序本身体现了一种合作状态，而依赖则表现为一种不对称合作。

合作中竞争不仅是一种常态，也是一种艺术，更是理解国际经济关系和国际政治关系的一个核心。

人们常常谈及冲突与合作，但是却很少对合作给出明确的定义，常常将合作当成一种约定俗成且没有歧义的概念而没有对合作的定义进行深入分析。在肯尼思·沃尔茨（Kenneth N. Waltz）的经典著作《现实主义与国际政治》中，开篇讨论的是冲突，此后虽然也讨论了相互依赖和全球化治理，却没有对合作及其定义进行正面讨论。[①] 在汉斯·摩根索（Hans J. Morgenthau）的《国家间政治》中也存在类似情况。[②] 约瑟夫·奈（Joseph Nye）在其《理解全球冲突与合作》一书中，依然没有对合作概念本身进行深入探讨。[③] 这可能是因为在过去相当长的一段时期内，国际关系理论更重视对冲突的研究所造成的。有意思的是，在罗伯特·阿克塞尔罗德（Robert Axelrod）的著作《合作的进化》中，也没有对合作的定义进行深入讨论。[④] 即使在当代研究合作理论的代表人物马丁·诺瓦克（Martin A. Nowak）名为《超级合作者》的专著中，也只是提出“我在本书中提到的‘合作’，不仅仅是指为了共同的目标而工作，而是指更具体的一层意思，即原先的竞争对手决定开始相互帮助”[⑤]，还是没有对概念本身展开深入分析。

但是，不弄清合作的内涵与外延，也就难以真正深入地理解合作。对合作一般理论的研究既是一个老课题，又是一个新挑战。在最

---

① 参见肯尼斯·沃尔兹《现实主义与国际政治》，张睿壮、刘丰译，北京大学出版社2012年版。

② 参见汉斯·摩根索《国家间政治：权力斗争与和平》，徐昕等译，北京大学出版社2006年版。

③ 事实上，直到第8版，约瑟夫·奈的这本享誉盛名的教科书还一直称为《理解国际冲突》，没有将合作纳入书名。而在第9版中，他对于合作的定义，也仅仅是在第220页（参见小约瑟夫·奈和戴维·韦尔奇《理解全球冲突与合作：理论与历史》，张小明译，上海世纪出版集团2012年版）引用了一般的词典解释，即“一起工作或行动”而没有展开自己的论述。

④ 参见罗伯特·阿克塞尔罗德《合作的进化》，吴坚忠译，上海世纪出版公司2007年版。

⑤ 参见马丁·诺瓦克《超级合作者》，尤志勇等译，浙江人民出版社2013年版，第5页。

近十多年间，对于合作的研究开始出现明显的提速。根据 Science Direct 的统计，2002 年以来发表的文献总量占到了全部文献的 47.39%。[①] 本书是以合作为研究对象，试图通过探究合作的定义，为加深对合作的理解而展开的一项基础研究，且主要关注的是国际经济与国际关系中的合作。在这个意义上，本书可能会比较抽象和枯燥，需要读者耐心阅读和体会。另外，本书讨论的主题是合作问题，但是读者也可以品味出笔者所讨论的合作背后存在的竞争。[②]

本书对合作给出的两个基本判断是：第一，合作常常是不对称的，也常常不是绝对平等互利的；第二，弱者是可以通过合作改变自己的相对实力和权力结构的。

从国际关系的角度看，现实世界是一个权力基础不对称的世界，因此大多数国际合作也一定是不对称的合作。这种不对称合作最直接的后果就应该是合作收益分配的不对称性。只要我们不否认国际经济和国际关系竞争中存在的零和性，那么合作的起源不仅是一个谜团，不对称合作更是一个谜团中的谜团。奥尔森在《集体行动的逻辑》中指出，共同利益不一定导致合作。笔者在本书中所要回答的问题是，为什么在零和博弈中，在收益不平等而且弱势一方很难改变自身实力对比的情况下，不对称合作还会出现？从中国改革开放的经历看，中国作为一个发展中国家何以能够在与发达国家的不对称经济合作中不断提升自身的相对实力呢？为什么弱国也可以通过合作实现对大国的赶超，避免冲突、实现和平崛起？

马克思在《共产党宣言》中指出：“至今一切社会的历史都是阶级斗争的历史。自由民和奴隶、贵族与平民、领主和农奴、行会师傅和帮工，一句话，压迫者和被压迫者，始终处于相互对立的地位，进

① 可喜的是，在最近十多年间，学术界对合作问题的研究文献开始出现了明显的增长。根据 2016 年 3 月 25 日的检索结果，在 Science Direct 中全学科搜索标题中包含 cooperation 的文献共有 476155 个结果，而在 2002—2015 年的 14 年呈现出连年增长的势头，总数达到了 225657 个，占比 47.39%，几乎相当于此前的发表的全部研究文献。

② 事实上，本书曾经酝酿过的诸多题目中就包括《合作的背后：单局博弈的妥协与多局博弈的竞争》。

行不断的，有时隐蔽有时公开的斗争。”① 应该说，这是马克思和恩格斯毕生所坚持的一个基本观点，也是他们从生产资料所有制关系所决定的阶级对立及其利益冲突中得出阶级斗争起源的一个基本结论，他们还将阶级斗争当作阶级社会发展的直接动力。但是，我们也必须注意到，马克思并没有因此否认社会合作的存在及其作用。在这里，隐蔽斗争的表象可能就表现为一种合作。②

早在《德意志意识形态》中，马克思就已经指出：“社会关系的含义是指许多人的合作，至于这种合作是在什么条件下，用什么方式和为了什么目的进行的，则是无关紧要的。由此可见，一定的生产方式或一定的工业阶段始终是与一定的共同活动方式或一定的社会阶段联系着的，而这种共同活动方式本身就是‘生产力’。”③

从马克思这一段对合作一般理论的经典论述中我们可以看到，第一，合作是一种共同的活动方式，而共同活动就是一种协作。马克思在《资本论》中对协作的定义是：“许多人在同一生产过程中，或在不同的但相互联系的生产过程中，有计划地一起协同劳动，这种劳动形式叫作协作。”④ 第二，合作的外延是广泛的，并不一定局限于某一种具体行为。社会关系的续存本身就是一种合作，或者说合作就是一种社会关系。这对于我们拓展和深化对合作的认识具有非常重要

① 《马克思恩格斯选集》第一卷，人民出版社 1995 年版，第 272 页。对于这个马克思主义的重要论断，恩格斯在 1882 年以后，又给出过三种更严谨的表述：“以往的全部历史，除原始状态外，都是阶级斗争的历史。”（1882 年，参见《马克思恩格斯选集》第三卷，人民出版社 1995 年版，第 739 页）“（从原始土地公有制解体以来）全部历史都是阶级斗争的历史。”（1883 年，参见《马克思恩格斯选集》第一卷，人民出版社 1995 年版，第 252 页）“人类的全部历史（从土地公有的原始氏族社会解体以来）都是阶级斗争的历史。”（1888 年，参见《马克思恩格斯选集》第一卷，人民出版社 1995 年版，第 257 页）毫无疑问，这三种表述的中心思想是一致的，这也证明了马克思和恩格斯始终坚持这个基本的论断。

② 无独有偶，基欧汉在《霸权之后》也明确指出：“合作只会在行为者认为他们的政策处于实际或潜在冲突的情况下而不是和谐的情况下才会发生。”（参见罗伯特·基欧汉《霸权之后》，上海人民出版社 2012 年版，第 53 页）

③ 《马克思恩格斯选集》第一卷，人民出版社 1995 年版，第 80 页。

④ 《马克思恩格斯全集》第 23 卷，人民出版社 1972 年版，第 362 页。

的启发。第三，合作是一种生产力，也就是说合作能够产出增量。[①]结合马克思对分工合作的论述，我们可以看出马克思将合作生产力作为合作的原动力。在《资本论》中马克思指出："不仅是通过协作提高了个人生产力，而且是创造了一种生产力，这种生产力本身必然是集体力。"[②] 第四，合作作为一种社会关系不是一成不变的，而是随着生产方式极其客观物质基础的变化而变化的。也就是说，合作并非唯心地来源于人的主观意识，合作的形式只能来源于物质的生产方式，并且随着物质生产方式的发展而发展。例如，资本主义的工厂制度是以机器大工业体系作为它的物质基础，进而使得其劳动方式就一定是集体的合作劳动。[③]

马克思有关合作的这些论述为本书对合作问题的研究奠定了基本方向和框架。我们在本书中对合作特别是国际关系中合作的分析也将表明，合作不会消除冲突，甚至合作也会产生新的冲突，但是成功的合作策略也可以成为管理冲突的一种方式。在近年的中国学者中，汪丁丁和黄少安带领的研究团队[④]以及赵汀阳（2007）[⑤] 对冲突与合作的关系以及合作的条件进行了多学科的研究。

从广义上看，合作是人类社会无处不在的现象。[⑥] 国际经济如此，国际关系也一样。尽管经济学在对合作问题的表述上摆脱不了惯常的思维模式，但是合作毕竟成了经济学研究的一个重要方面。相比之下，现代国际政治理论中虽然也不乏同盟概念，但是同盟最

---

① 参照马克思剩余价值概念的思路，我们在后面将这种源自合作的产出增量或收益增量在扣除成本之后称为合作剩余。

② 《马克思恩格斯全集》第23卷，人民出版社1972年版，第362页。

③ 《光明日报》在2012年2月5日发表了题为《科学认识马克思的社会合作思想》的文章，提出了以人为本是社会合作的价值取向、公平正义是社会合作的基本原则、合理的经济模式是社会合作的前提条件、共同的理想目标是社会合作的精神基础以及完善的法律规范是社会合作的可靠保证等五原则。

④ 他们的代表作可以参见汪丁丁等《人类合作秩序的起源与演化》，载《社会科学战线》2005年第4期。黄少安等《人类的合作及其演进研究》，载《中国社会科学》2013年第7期。

⑤ 参见赵汀阳（2007）《冲突、合作与和谐的博弈哲学》，载《世界经济与政治》2007年第6期。

⑥ "利可共而不可独"就是中国伦理中有关合作思想的一个基础理念。

终的目标还是制衡，强调的重点依然是冲突。这一点从约瑟夫·奈最畅销的国际关系教科书的书名《理解国际冲突：理论与历史》中就可以窥见一二。只是到了第 9 版时，合作问题才开始真正进入他的研究视野。

经济学的基本理念是效用最大化。按照亚当·斯密的基本观点，为了达到经济人的效用最大化，分工和交换就是必需的。由于经济学研究从一开始就直接假定了效用是连续的和可加的，所以没有什么是不可交易的①，人也被假定为追求效用最大化的理性经济人，所以只要有充分的信息，分工、交换与合作就一定是对成本和收益进行理性权衡的结果，国际合作也就成为从一国模型扩展到两国模型乃至多国模型以后一个可能的结论而自然地成为经济学研究的当然内容，并且是一个时刻遵循着锱铢必较式的经济学理念。② 因此，经济学的理性主义原则直接赋予了合作的理性特征。奥尔森对集体行动逻辑的阐述，以及博弈论用多次博弈的情形来模拟经济学完全信息假定，对合作的研究思路概莫如此。

国际关系理论的核心概念是权力，而权力作为改变人们行为的能力这样一个定义本身就暗含着潜在的冲突。这使得国际关系研究更倾向于论述权力竞争。在基欧汉与奈合著的《权力与相互依赖》一书中，他们在一方面以完美的逻辑力量解释了在相互依赖中如何产生权力；而在另一方面，本来是从他们对相互依赖的分析中刚刚看到合作的可能，结果却又不可避免地重新将研究的重点导向了权力与冲突。从这个意义上说，权力的不完全理性特征使得合作一度脱离了政治学的核心领域。

从权力和利益概念中引申出来的国际关系理论与经济学的一个重大区别是零和博弈与正和博弈的区别。经济学本质上是个人主义的，集体主义只是达到个人效用最大化的一个选项。因而在经济学看来，个人利

---

① 加里·贝克尔就是凭借对婚姻关系的经济学分析获得了诺贝尔奖，从而将经济学帝国主义发展到了一个挑战人类传统观念的极限。

② 用经济学来解释人的行为受到福山的强烈批判，至少这使得合作的出现成了一个谜，而这也是后来强互惠理论产生的原因。

益之间是没有根本冲突的①，别人追求其效用最大化的过程在大多数情况下不一定会影响自己的效用最大化。帕累托改进就是这个理念的典型表述。② 中国的改革开放和全球化进程也是一个最明显的例子：只要通过加入全球化能够获得比自力更生更大的收益和更快的发展，哪怕为此付出一些代价也是值得的，因为此时衡量的标尺主要是自我的纵向比较。但是国际关系理论则与此相反，因为权力本身是零和的，一方权力的增长必定意味着另一方权力的削弱。因此，与经济学对合作相对的积极态度有所不同，国际关系理论研究看到了更多的是冲突。这种看法在米尔斯海默《大国政治的悲剧》中得到了极致的表述。

在经济学研究的领域内，没有什么是不可以交易的，而在国际关系理论看来，不可交易的情况有很多。“不自由，毋宁死”，主权是不可以用来交易的也是国际关系理论的一个基本原则。哈姆莱特承认真正的伟大，绝不是没有大道理就妄动轻举，但是他紧跟着就说到当荣誉受到威胁，哪怕只是为了一根稻草或一个鸡蛋壳也要血肉相搏。③ 一个最典型的例子就是 1939 年的苏芬战争。当时苏联为了获

---

① 当然，在政治经济学分析中，个人利益之间明显是存在冲突的。另外，在涉及世界市场和政策溢出效应的时候，冲突也是存在的。但是显然，这不是经济学研究的基础问题。经济学的基本问题还是如何使用最小的成本达到最高的效用满足程度。尽管这种满足可能是一种相对福利的满足，但是也可以是一种绝对福利的满足。只要是绝对福利的满足，那么个人利益之间的冲突就不那么明显。

② 当然，对帕累托改进也存在两种批评：其一是帕累托改善没有涉及公平问题，而仅仅是与每一种初始状态相对应的最优状态；其二是帕累托改善的分析视角是社会总福利，而从阿罗定理角度看，由于不能从个人偏好推导出社会偏好，社会总福利本身就是无法度量的，所以要得到一个让所有人都满意的方案也是不可能的。这其中的一个重要原因就在于一个人的福利不仅取决于其绝对水平，也取决于其相对水平。假定甲乙双方初始的绝对实力分别是 8 和 2，之后在甲方绝对实力没有发生变化，依然为 8 的情况下，乙方收益增加，绝对实力从 2 上升到 4。如果按照个人主义视角的分析，仅仅考虑各自的绝对实力，这种变化就是一种典型的帕累托改进。但是，如果将绝对实力作为权力基础，那么甲方的权力指数就从 8/10 下降到 8/12，而乙方的权力指数就从 2/10 上升到 4/12。此时，甲方的绝对利益虽然没有变化，但是相对利益却下降了。也就是说，经济学可能也无法完全避免相对福利的零和博弈问题。

③ 理查德·内德·勒博在《国际关系的文化理论》中就重点分析了精神动机，即人对自尊之追求如何影响政治行为。勒博认为追求自尊的动机非常强大，人和国家会为此牺牲财富和安全。宁为玉碎就是这种现象的体现。参见理查德·内德·勒博《国际关系的文化理论》，上海社会科学院出版社 2012 年版。

得列宁格勒的防御纵深对芬兰提出领土交换要求时便被芬兰拒绝并由此爆发了战争。但是，正如波普所断言的那样，世界上的情况是如此丰富多彩，以至于只要你想得到证明就一定可以得到证明。相对较少被提起的 1899 年法绍达危机则可能是值得回顾的一个事件。在争夺非洲殖民地的利益冲突中，英法军队遭遇并对峙，然而为了欧洲的联盟局势，双方经过权衡而妥协，成了一个典型的外交案例。至于现代欧元区的创立，更是以各成员国为取得更大的利益而彼此让渡一些经济主权为前提的。[①] 由此看来，现实中的国际关系决策不都是以冲突作为默认背景，还是存在合作可能性的，并且最终还发展出了强调国际机制的新制度自由主义学派。

就国际关系而言，只要存在交往而不是铁幕封锁，就不外乎存在冲突与合作两种极端状态。合作依赖于理性的权衡，而冲突则可能是机会主义的，或有限理性决策的结果。均势下的冲突将造成两败俱伤，渔翁得利，不对称条件下冲突的结果更是昭然若揭。[②] 从概率意义上看，只要冲突的结果是可以预期的，冲突的发生就总是机会主义的或有限理性的。另外，如果没有合作，军事冲突造成的冤冤相报，世代相仇就不会停止。这显然也不是一个理想的结局。

合作本身会带来冲突，但是对冲突后果的理性认知又应该导向合作。合作可以是明确的，也可以是隐含的；可以是正式的，也可以是非正式的。即使合作是理性的，是国际关系的一种常态，合作也可能被冲突所取代，正如理性可能被非理性的冲动所压倒一样。合作并不能消弭冲突。但是，正如贸易和平论所揭示的那样，合作的深化可能会增加冲突的代价。在这个意义上说，合作的发展使冲突成为现实所需要的非理性域值可能会不断地提高，从而降低冲突发生的概率。

尽管合作是理性的，不过由于现实世界中存在的不对称性，平等

---

① 关于主权能否让渡，组建欧元区是否以成员国经济主权的让渡为前提，我们将在后续的研究计划中进行更具体的探讨。

② 在埃弗拉提出有关战争的 5 个基本假说来看，本质上都是机会主义的，也就是说非理性的，或者说战争的原因至多是有限理性的。从总体战的角度看，以少胜多、以弱胜强一般总是战术性的局部胜利或者是以联盟对峙为背景的。

合作注定只是一种理想的假设状态。所以，不仅在相互依赖中会产生权力，而且在合作中权力也依然存在。这意味着在合作中就一定有权力，甚至霸权和妥协，因而就不一定是平等的。合作的形成常常是基于对相对收益或绝对收益的权衡，绝对意义上的双赢合作在现实中是不常见的。然而，正是不对称双方对相对利益和绝对利益的不同追求，合作才可能存在。进而言之，在重复对局的博弈与多局博弈并存的情况下，合作的动态结果也会因为不对称权力的变动而出现新的局面。

本书对合作的定义是：合作是个体间基于现实利益考量的驱动，以对合作的观念建构为基础的理性配合行为，是综合涉及现实主义、理性自由主义和建构主义分析框架的一种社会性行为。合作是基于权衡和交易以追求效用最大化的理性行为。如果说合作的本质是交易和权衡，那么合作产生的首要前提就在于是否愿意进行交易和权衡的主观判断。

在此基础上，本书的核心命题主要有两个：

首先，在不对称条件下依然可以出现合作，尽管这种合作关系存在权力和妥协，但是只要合作双方存在对合作剩余与合作理念的共同认知和建构，在对绝对利益和相对利益的聚焦点上各得其所，那么在这个意义上，合作就是非零和的，也是可能出现的。这涉及看待平等互利合作的真正含义而不是简单的、表面的平等互利，或局限在单次的和单局博弈对局视角，也涉及对纳什公理和个人理性的再认识。

其次，由于合作是理性的，且是不平等的，通过合作实现崛起尽管在理论上是可能的，但在实践中却需要把握机遇并精心设计战略。而一旦在合作中出现不对称格局的改变，那么就会出现潜在的冲突。不过，只要不出现机会主义行为，那么合作的不对称形式将出现调整以适应权力结构的变化。弱国就可能通过合作实现对大国的赶超，避免冲突，实现和平崛起。

按照这样的思路，我们就不难加深对当代国际经济关系的理解，这至少可提供一种可供选择的思路，从一个新的视角去研究和理解诸如全球化、国际经济政策的协调、国际经济竞争、国际贸易、国际金融、国际投资以及区域货币合作等一系列重大的国际经济关系。

第一章　经济学中的合作

理论不是凭空产生的，或者源于对直接经验的总结和归纳，或者源于对既有理论的梳理和演绎，而这又是来源于以往实践的间接经验。人不能穷尽所有实践，所以利用有限的直接经验体验来感悟先哲们的间接经验就成了人们智慧的重要来源。古往今来，概莫能外。本书对合作的研究也是如此。

尽管经济学研究的一个主要视角是竞争，但是正如研究合作离不开对竞争的理解，对竞争机制的探讨也不能回避合作的现实。本章就是通过回顾经济学研究中对合作的论述来展开全书对合作的研究。

第一节　合作的经济理论逻辑：分工及其推演

经济学研究的核心命题是如何以最小的成本获得最大的效用。一般从逻辑上说就存在两个思路：在效用不变情况下的成本最小化，或者是在成本不变情况下的效用最大化。由于使用生产率的概念可以兼顾这两方面的考虑，所以对生产率的分析就成了经济学研究一个核心。技术进步可以提高生产率，而合作也可以提高生产率。

一　分工与合作背后的经济学假定

作为现代西方经济学的鼻祖，亚当·斯密在《国富论》正文中的第一句话就从提升劳动生产率的角度引入了分工概念，并由此展开了对货币、价格、分配、世界市场和财政的研究。“劳动生产率上最大的改良，以及在任何处知道劳动或应用劳动时所使用的熟练技巧和判断力的大部分，都是分工的结果。”① 这个思路体现了经济学追求效用最大化的目标，同时也包含一些隐含的假定条件。将人抽象为经济人就是其中的一个重要假定。分工本身一定程度造成了经济人之间的相互依赖，相互依赖又体现为交换，进而形成了事实上的合作。所以，斯密在《国富论》的前三章讨论的都是分工问题。

在斯密看来，引起分工、交换与合作的原因并不是人们的合作意愿，也不是因为他爱而是因为自爱，而是因为由此得到的产出效用要比自给自足多。在这里，他给我们展示出一种经典的经济学思维，即为了实现效用最大化，人们可以放弃彼此独立和自给自足的状态而相互依赖，并且可以仅仅是因为生产率提高的原因而开展分工、进行交换，从而进行合作。这样，只要我们坚持经济人的假定，那么我们就没有什么理由能够拒绝通过合作而获得的额外利益。②

为了方便分工后的交换，产生了货币媒介，但是以货币表示的商品价格的背后又是什么呢？斯密的商品价值论不同于后来的效用价值论，而是劳动价值论。但是他的劳动价值论显然与后来马克思以揭示资本家剥削工人剩余价值为目的的劳动价值论在出发点上是完全不同的。在《国富论》第五章“论商品的真实价格与名义价格或其劳动价格与货币价格”中，他开宗明义地指出：“一个人是穷是富，就看他能在什么程度上，享受人生的必需品、方便品和娱乐品。但自分工完全确立以来，个人所需要的物品，仅有极小部分仰给于自身劳动，最大部分已须仰给于他人劳动。所以，他是贫是富，已须看他能够支配多少劳动。”③ 这样，在斯密看来，财富就是权力，或者更准确地说是购买力，也就是对于各种劳动生产物的支配权。而且，所有商品都可以还原为一定的劳动量，从而都是可比的，因而就是可以彼此交换的。

① 亚当·斯密：《国富论》，郭大力、王亚南译，上海三联书店 2011 年版，第 3 页。

② 然而，穆兰 Moulin（1995）认为，尽管此后经济学的研究从来没有偏离过这个公理，但是却没有明确定义“合作剩余”这个概念。而离开了对合作剩余的定义，我们就难以测度分工带来的生产率提升。

③ 亚当·斯密：《国富论》，郭大力、王亚南译，上海三联书店 2011 年版，第 23 页。

所有商品之间的可比性是交易的前提。换句话说，如果认为商品是可交易的，那么在不同商品之间就一定是可比的。对于斯密来说，苹果和大米本身是不可比的，但是如果将苹果和大米都看成是包含了人类劳动的产品，那么它们就可以通过劳动量来进行比较。当然，在以后的效用价值论者看来，苹果和大米则都是对人类具有效用的产品，因而它们也可以通过效用量进行比较。这样，在标准的经济学研究中，我们发现存在隐含的第一个假定。

假定1：因为所有商品都是可比的和连续可加的，所以它们才是可交易的。

斯密在《国富论》的第七章“论商品的自认价格与市场价格”中指出，商品的市场价格受这种商品的供求比例支配。愿意并且能够支付商品自然价格的人是有效需求，因为他们的需求是使这种商品投入生产的基本条件。如果供给量不能满足有效需求，则购买者之间就会出现竞争，市场价格就会超过自然价格；反之，如果供给量超过有效需求，销售者之间就会出现竞争，使得市场价格低于自然价格。如果说自然价格代表了商品生产的成本，那么自然趋势就是供给量等于有效需求，此时购买者的利益和销售者的利益都能够得到满足。

显然，这里又存在两个隐含的假定，其一是不论对于购买者还是对于销售者来说，在自然状态下，他们都能够实时地并且清楚地了解商品市场上的实际供给量和有效需求量，也就是说市场信息是完全的和充分的，从而能够灵活地、没有时滞地调整自身的供给和需求；其二是市场供求信息的传递不是直接的，而是通过价格波动来实现的。所以，为了保证充分信息的假定，我们还必须假定价格是自由波动的。这样，在标准的经济学研究中，我们发现存在的第二个隐含假定。

假定2：市场信息是完全的和充分的，并且是通过价格自由波动来实现有效传递的。

从斯密的经典论述中我们发现，合作是经济学研究不可回避的一个命题，而标准的经济学合作是一种利己主义者之间的互助行为，可以从个体自利行为的理性选择逻辑中得到解释，而不需要利他主义的考虑。但是，如果说在利己状态下的合作是为了获得比自给自足更高的收益，那么从逻辑上讲，合作者不仅能够准确预期合作的收益，并进行有效的比较，而且还能够精明地通过市场价格的波动来调节供给和需求，并最终界定合作的规模与范围，从而实现稳定的合作。因此，经济分析的一个主要任务就是寻找各种方法和途径来实现或促进市场合作的帕累托最优状态。

即使我们承认合作可以从个体自利行为的理性选择逻辑中得到解释，合作的达成也一定要求合作方的认知是一致的，而这个基于个体自利之上的一致认知至少包括两个意义：通过合作能够取得合作剩余；能够在所有的合作方案中鉴别出能够使所有合作方都达到最优的那个合作方案。这样，我们在标准的经济学研究中，还必须明确第三个隐含的假定。

假定3：合作者基于理性预期寻找合作的帕累托边界，进而稳定合作关系。

理论与现实的差别就在于通过假定使纷繁的现实得到简化，从而方便逻辑推导。由于经济问题难以通过社会实验进行检验，因此经济理论研究的核心就是逻辑推导，而且相比其他的社会科学研究而言，经济理论在使用假设来简化现实方面表现得就更明显。

由于分工和交换最终导致了客观合作，那么从上面的分析中我们也不难得出这样的结论：经济学对合作的解释也正是建立在上面的三个假定的基础上。也就是说，实现理想合作的三个前提是：第一，不同合作之间的合作剩余是可比的；第二，有关合作的信息是充分、完全且能够有效传递的；第三，合作者是基于理性预期博弈结果来确定最优合作方案的。

此后，即使经济学研究从古典派进化到影响更深远的新古典派，这三个假定保证了经济研究始终不会偏离一般均衡的美妙世界。但是现实显然与此理想假定存在距离，合作因此面临挑战。

二　经济合作的逻辑：得自对外贸易的收益与贸易和平论

分工能够带来专业化，专业化又能够提高生产率，而生产率又是经济学研究的核心。按照这样的逻辑，在技术条件一定的情况下，提高生产率的简单途径就是分工和专业化的不断细分。分工和专业化的合作又引致了交易与贸易合作，进而产生了不断扩大市场规模的冲动①，而市场规模的扩大又使得合作变得更加复杂。国内贸易向国际贸易的转变标志着基于分工和专业化的贸易合作进入了一个新的阶段，特别是对国际贸易的考量开始涉及了国际关系的内容。要维持贸易合作，不仅需要我们在前面讨论的那些逻辑前提，还必须要避免冲突。国家间的战争会影响贸易，而贸易本身会不会消弭冲突和战争呢？

在通常意义上，和平总是与战争相对，而合作总是与冲突相对。因此，柏拉图的《理想国》从纯粹理性的角度探讨了正义秩序得以建立，战争得以消除，进而实现理想城邦和谐的人性依据；亚里士多德的《政治学》则更多的是从经验的角度提出如何完善城邦，进而实现合乎正义秩序的实践智慧。而在两千多年以后，康德在《永久和平论》中论证了贸易与经济的相互依赖对于和平的意义。他认为，商业精神与经济的相互依赖会在贸易双方生成一种交易纽带。这一纽带将会加强结构制约，促进认知和共识，从而使交易双方更倾向于进行调和而不是冲突。因此他认为，贸易的商业精神和经济相互依赖，是实现“永久和平”的支柱之一。几乎与此同时，经济学研究也得到了相同的见解。早期的代表人物大多是一些自由主义经济学家，如詹姆斯·密尔（James Mill）、约翰·斯图尔特·密尔（John Stuart Mill）、理查德·科布登（Richard Cobden）以及赫伯特·斯宾塞（Herbert Spencer）等，而他们的理论基础又是来自大卫·李嘉图的比较利益学说。在《政治经济学及赋税原理》中，大卫·李嘉图指

① 在这里，我们已经可以得到的一个逻辑结论是：对规模经济和范围经济的追求最终导致了国际贸易。但是，将规模和范围纳入国际贸易原因的理论研究却是在之后很久才流行起来的。引力模型的本质其实也反映了贸易动机中对规模经济的追求。

出，“自由贸易增加了各国的生产总额，使人们都得到了好处，并以利益和相互交往的共同纽带把文明世界的各民族结合成一个统一的社会”①。事实上贸易之所以产生就在于每一方都能从贸易中获利，而战争则对双方均无利可图。因为即使是战争中的胜利者也不会因战争而获利，只不过胜利者一方的损失比失败者小些而已。所以依靠战争发财致富只是一种幻想。这样，任何扩大领土的企图，无论是通过吞并邻国还是掠夺殖民地都被视为愚蠢之举。相反，自由贸易才是正确的政策，因为通过自由贸易就能得到靠征服或占领所获得的同样的收益。②

即使到了“冷战”时代，理查德·罗斯克兰斯（Richard Rosecrance）仍对经济依赖和平论的观点进一步加以深化和完善。他认为，现代经济的相互依赖使得越来越多的国家成为贸易国家，这反过来又进一步促进了经济的相互依赖。而在相互依赖条件下，一个依赖度较高或开放性较大的国家因割断对外经济联系所受到的经济损失将很大。除此之外，这个国家还必须支付重新建立国民经济体系而导致的同样巨大的“调整成本”。所谓机会成本是一个国家因停止自由贸易而失去从自由贸易中可以获得的收益，而调整成本是指贸易停止后需要重新调整国民经济而付出的成本。所以，这些国家一般不倾向于挑起破坏经济联系的战争或冲突。也就是说，不断紧密的国际贸易将导致合作而不是冲突。

经济交流可以通过降低不确定性来促进和平的原因还包括：(1）与相对比较封闭的国家相比，开展贸易往来的两个国家拥有更多的交流方式，例如他们可能需要设立更多的使领馆和其他主管经济的机构，所以交流也更加频繁，更加了解对方的情况。这

---

① 李嘉图：《李嘉图著作和通信集·政治经济学及赋税原理》（第一卷），郭大力、王亚南译，商务印书馆1962年版，第113页。

② 从明治维新以后日本发动的几次对外战争，特别是中日甲午战争的结果来看，贸易和平论者的这个论断并不总是成立。日本屡次从战争赔款中获得巨大的收益。当然，事情也总有例外，日俄战争的结果就完全不同，日本在西方国家干预下的普利茅斯协议中并没有获得预期的收益。

将有利于降低信息的不透明度和不确定性，避免国家之间由于信息不充分而爆发战争。（2）国家之间的经济交流也是一种可置信的威胁信号。当两个国家发生利益冲突时，其中的一方都可以通过经济方式如切断彼此的经济联系、经济制裁或者冻结财产来威胁对方，使对方作出让步或者妥协，这有利于防止冲突的升级。而对于两个没有经济联系的国家来说，他们一旦有了利益冲突，所采取的方式不是进行政治上的谈判，就是付诸武力，无法使用经济手段来发送信号。

贝思·西蒙斯（Beth Simmons）认为，对国家和社会之间的关系进行不同的界定，所建构的理论也就不同。在考虑相互依赖与冲突之间的关系时，需要将社会关系考虑进来。具体说来，由于开放贸易通过专业化和提高效率能创造更多的财富①，也使消费者有更多的选择机会，最大限度地满足消费者的偏好，因此消费者是自由贸易的获益者，支持自由贸易。但是经济上开放的国家，国内的政治力量绝不仅限于生产者和消费者两种集团的斗争与冲突，还涉及如政府各部门之间以及国内各产业联盟之间的斗争和冲突。由于每一个政治力量的利益不同，因此对贸易和经济开放的支持度不同，因而对国际政治的影响也不同。当国内支持自由贸易和经济开放的力量占上风时，国家则倾向于尽量避免冲突升级，和平解决利益冲突。当国内支持保护主义政策的力量占上风时，国家会更不愿意作出让步。杰拉尔德·施奈德（Gerald Schneider）和冈特·舒尔茨（Gônther G. Schulze）的研究从国内不同部门之间的博弈着手，从贸易部门与军事部门之间的力量对比出发，得出结论：当贸易部门的力量占上风时，国家会倾向于和平解决军事冲突。

相比基欧汉和奈（2012）对相互依赖的全面分析而言，贸易和平论者的观点可能片面了一些，没有看到相互依赖也可能是产生冲突的原因。在充满不对称性和权力的国际关系中，华尔兹甚至认为，

① 按照贸易创造的逻辑，只要实行自由贸易，原来国内生产的高成本产品被其他国家的低成本产品取代，从而创造新的贸易增量。显然，在这个过程中，消费者节省了开支，提高了福利水平；生产者提高了生产效率，降低了生产成本。

“将世界理解为一个整体并称之为‘相互依赖’（的世界），这在逻辑上是错误的，在政治上则是蒙昧主义的”①。但是，不可否认，贸易和平论者的研究将经典经济学对贸易合作的视角拓展了，并在事实上提出了贸易合作自身是否能够自我强化并消弭冲突，从而将贸易合作的可持续性内生化。从第一次世界大战以来的历史来看，尽管以贸易合作为标志的全球化可能因为战争的原因而中断，但是在过去的100多年中，国际贸易领域的合作不论是广度还是深度都无可争议地得到了迅猛的发展。

三　合作的深化：产业（产品）内贸易、一体化与全球化

如果说基于比较优势、资源禀赋以及规模经济的自由贸易具有提高福利水平和提高生产率的作用，并且能够消弭冲突、促进合作，那么按照经济学的逻辑，国际贸易的发展就没有理由不在广度和深度两方面得到迅速的发展。从实际数据看，尽管有波动和反复，但是总体趋势也的确如此。

从历史上看，在运输成本较高的情况下，率先获得发展的贸易形式一定是互通有无的产业间贸易，此时资源禀赋成了决定贸易关系的核心。正是由于贸易品本身是不可替代的，所以即使运输成本很高，贸易也是有利可图的。但是从这里，我们就已经可以看到贸易合作由于相互依赖关系的必要性而可能走向反面的趋势，也就是可能从贸易合作走向冲突。因为如果建立在比较优势基础上贸易中断了，可能只是使得机会成本变成了现实成本，而建立在资源禀赋基础上的互通有无贸易则关系到一个经济体经济活动的续存。因此，这种贸易合作关系的刚性要远远强于单纯出于追求比较利益的贸易关系。也就是说，在基于资源禀赋的互通有无贸易中，只要有需求，只要这种需求成为当前经济活动的重要内容，那么价格可能是次要的考虑，而对运输成本考虑排位更加靠后。在这种情况下，供给端的资源禀赋也可能就成了垄断优势。结果，在一方面，产业间贸易的发展最终使经济全球化

① 参见华尔兹《国际政治理论》，上海世纪出版集团2008年版，第171页。

进步，使各国经济因此受益；但是在另一方面，正如彭慕兰在《贸易打造的世界》一书中所说的那样，建立在这种贸易关系之上的刚性依赖可能是如此重要以至于可能常常不得不依靠暴力去维持。这样，贸易合作就可能会带来冲突。

相比之下，李嘉图更早提出的贸易优势理论主要分析的是成本优势的贸易理论而不是互通有无的贸易理论，所以在逻辑的发展方向上显得更平和一些。① 事实上，建立在贸易优势基础上的互利贸易的一个重要结果可能是区域化合作的兴起。这是因为这种贸易是以实现贸易优势为目的，那么其所承担的贸易成本，就主要将以运输成本为限。因为一旦贸易成本超过了贸易优势，贸易合作就会自然中止。区位、空间和集聚的力量成了贸易优势发挥作用的前提条件。在运输技术和关税水平给定的情况下，区域贸易自然就更容易显示出其成本优势。因此，在李嘉图的经典案例中，也是以英格兰生产的罗纱与葡萄牙的葡萄酒为例的欧洲区域内贸易。而在讨论与英格兰距离要远一些的波兰的贸易时，由于假定波兰仅生产谷物、家畜和粗布，为了换取金币，波兰也必须参与贸易，即使此时由于“从远道运输像谷物那样大容积的货品，即需大宗费用，从远道运输金币，又需大宗费用”②，导致金币在波兰的价格比较高也不得不为之。这就是区域贸易的成本优势与互通有无的产业间贸易之间的区别，即基于贸易优势的区域贸易对运输成本比互通有无的产业

---

① 在这里，我们常常会想到使用比较优势的概念。在李嘉图的贸易理论中，贸易优势包括绝对优势和比较优势。绝对贸易优势是国内产业对外国同类产业的生产成本优势，而比较贸易优势意味着在一个国家内部不同产业之间（特别是都不具备对外国贸易优势的情况下），对国外贸易劣势相对较小的那个产业与国内其他产业相比的生产成本优势。如果我们在这里使用了比较优势，实际指的是国内产业对外国同类产业的绝对贸易优势。此时的比较含义，已经不是指李嘉图理论中国内不同产业的比较，而是国内产业对外国同类产业的比较，因此，实际已经是李嘉图贸易理论中绝对贸易优势的含义了。

② 李嘉图：《政治经济学及赋税原理》，郭大力、王亚南译，北京联合出版公司2013年版，第74页。

间贸易更敏感。[①]

相比之下，由于所追求的利润边际更精细，产业内贸易对空间距离也更敏感。[②] 在这个特性上，产品内贸易又比产业内贸易表现得更明显。但是更重要的是，与单纯的贸易优势相比，产业内贸易和产品内贸易更推动了区域经济合作的深度，所以这两个现象成为近年来研究区域经济合作的一个热点。换言之，与禀赋贸易和成本优势贸易相比，产业内贸易和产品内贸易导致贸易各方内在的相互依赖程度更高。[③] 毫无疑问，当本国生产取决于他国产出的时候，或者说，当本国的生产仅仅处于国际生产网络的一个环节时，这种经济上的相互依赖程度是历史上从未有过的。当然，与第一次世界大战之前的国际关系不同，在贸易各方的相互依赖程度不断提高和深化的情况下，一旦面临各种可能的冲击，对各方经济体系稳定性的影响也就更大，而此时，再依靠暴力来维持这种刚性依赖不仅可能得不偿失，而且也不再是首选的政策了。[④] 结果，对加强区域经济合作的探讨就逐渐转向了推动区域经济一体化的建议。

---

① 严格地说，贸易优势所涵盖的范围可以很大，既可以包括产业间贸易，也可以包括我们马上就要说到的产业内贸易。我们在这里关于成本优势贸易对运输成本比互通有无的产业间贸易更敏感的判断只是阶段性的，因为我们马上就要分析成本优势贸易与产业内贸易的异同。

② 尽管对产业内贸易还没有一个统一的定义（参见喻志军《产业内贸易研究》，企业管理出版社 2009 年版），但是我们在这里对产业内贸易的定义主要是以垂直型产业内贸易为主，因为水平型产业内贸易可能更多地表现出互通有无式产业间贸易的特征，而产品内贸易更直接地表现出垂直型产业内贸易的这种特性。

③ 在互通有无的产业间贸易中，相互依赖的程度同样可能很高，但是正如我们在前面所说的那样，这种相互依赖的刚性也是很高的，而且贸易双方的刚性需求是不对称的。这可能才是产业间贸易与产业内贸易之间的根本区别。

④ 正是在这个背景下，经济合作成为国际关系压舱石的说法就产生了。毫无疑问，这是贸易和平论的一个现代版本。如果考虑到国际关系中普遍存在的不对称权力特征，或者承认在贸易合作中双方相互依赖刚性的不对称性，那么任何寄希望于经济合作以稳定国际关系的想法都是值得怀疑的。在权力不对称的合作中，要么合作演变成妥协，要么合作终止。本书后面的研究将表明，不对称合作中的妥协虽然不能直接改变弱势一方与合作方的不对称（甚至还会加剧这种不对称），但是可能改变弱势一方与局外其他博弈方的权力对比，进而间接改变与合作方的不对称程度。如果从权力指数的角度考虑，这种情况发生的可能性会更高。

毫无疑问，不论是对贸易合作的刚性需求还是这种需求刚性的对称程度上，也不论是在合作的广度还是合作的深度上，区域经济一体化的概念要比区域经济合作走得更远，大大超越了对合作剩余的简单追求，所以常常会通过在这种合作中加入制度因素进行保障。我们稍后在第四章对合作概念的讨论中会指出，制度合作是合作的最高阶段。这是因为制度的强制已经使合作开始脱离了合作中自发、自主和自愿的特征，所以从制度合作向前再迈出的每一步都将超越了合作的范畴。正是在这个意义上，制度合作才可以被称为合作的最高阶段。另外，尽管从逻辑上看，区域化合作是全球化合作的起点，而且相比全球化合作，区域化合作的内容也更具有实质性的含义。但是，由于区域化合作的集团成员相对较少，因此合作中的不对称性也表现得更明显。按照奥尔森集体行动的逻辑，每个成员对合作剩余的边际贡献就更明显，所以收益分配中的不对称性，或者选择性激励和授权惩罚更容易得到认可和实施。在这个意义上，如果我们认定不对称性下的合作策略也是合作的一个现实特征，那么我们也可以说区域合作比全球化合作更接近现实的合作更务实。

同样，全球化在相当大的程度上也是建立在国际贸易基础上的。但是，由于全球化的集团成员比较多，搭便车的问题就会变得比较突出。因此，从合作深度上看，全球层面上的经济合作就没有区域经济合作那样进展显著。事实上，建立在国际贸易基础上的全球化合作主要集中体现为全球治理合作和全球公共产品供给，所以在国际货币制度、全球排放公约、贸易争端机制等问题上的合作就超出了国际贸易的范畴，主要表现为一个形式上平等的治理过程和一个国际规则的制定过程。在这个意义上，全球化与合作的本意更贴切，但是在合作的具体内容和影响上则要比区域化合作更务虚一些，结果在合作的广度上却又更全面一些。

这样，与区域化合作相比，全球化合作的广度要大一些，但是深度要浅一些。而反过来说，如果合作比较深入的区域化贸易合作在广度上也得到扩展，特别是当区域合作涉及货币金融政策的协调，甚至财政统一以后，区域合作也就演变为区域一体化了。这也许就是全球化合作、区域化合作与区域一体化之间的联系与区别。

四　战略性贸易政策与分配性冲突：自由贸易与合作博弈

从斯密的分工和交易理论逻辑推演下去，我们不难得出国际贸易有助于提高所有参与方的福利水平，最终将推动经济增长的结论。因此，国际贸易理论直接的政策含义就是各国都应该彼此合作，相互配合，共同实行自由贸易政策。在俄林的资源禀赋理论中，这个逻辑推论也依然成立。对自由贸易理论的另一种表述就是：如果外部的贸易机会不变，那么专业化以及随之产生的贸易将使各国获益。或者反过来说，贸易为各国从事专业化生产，从而提高生产率和福利水平创造了条件。

但是，与“看不见的手”一样，自由贸易理论要取得预期的结果也有两个重要前提：（1）价格机制要充分发挥作用，必须反映真实的成本，不能有干预或管制；（2）一个国家贸易机会必须独立于自身的贸易政策。显然，这两点在现实中常常出现背离。一个国家为了保护自己的幼稚产业可能采用关税措施来限制进口或进行政府补贴以鼓励出口，从而使得市场价格偏离其真实成本。而当一个国家采取这样的保护性贸易政策时也很可能遭到其他国家的报复，从而抵消贸易保护的收益。巴格沃蒂指出，尽管主张自由贸易的经济学家对贸易保护提出了种种置疑，并且在全球化和生产网络国际化的时代，自由贸易也得到了一些利益集团的支持，但是，即使是主张专业化并且通过贸易取得利益的传统自由贸易理论也认为应该对幼稚产业加以保护。更何况专业化生产初级产品对于一个现代国家来说在政治上也是完全不可能被接受的。所以，相信总有一天贸易保护的实施者所遭受的巨大损失将会促使他们转而拥护自由贸易，或者相信一些国家自由贸易的成功将成为其他国家竞相效仿的典范的想法可能都是对贸易保护可持续性认识的谬误。[①] 也就是说，贸易保护的思潮还会时时泛起。事实上，当一个国家经济繁荣，实力大增的时候，他们的国家利

---

① 贾格迪什·巴格沃蒂：《贸易保护主义》，中国人民大学出版社 2010 年版，第 23—24 页。

益导向就一定崇尚自由贸易以寻求拓展海外市场，而当经济不景气的时候，保护主义压力又会显著上升。20 世纪 70 年代的石油危机和 2008 年的全球金融危机都使得贸易保护主义卷土重来。

在这个意义上，就自由贸易还是贸易保护进行争论难以得到明确结论，更难以辩出胜负。特别是在面对当外国政府采取出口补贴而使得本国消费者受益的时候，也就是当外国采取贸易保护主义，而本国坚持单边自由贸易政策，从而对自由贸易理论具有足够挑战的时候，也许弗里德曼上升到经济哲学高度的提问是终极性的：一个人仅仅因为便宜就接受偷来的财物，或者因为全局考虑而宁可禁止这种交易，哪种行为是明智的呢？显然，不能因为贪图便宜而丢掉原则！但是这里问题在于，凭什么就可以说基于市场机制的自由贸易就是经济哲学唯一的原则取向呢？

自由贸易还是贸易保护是一种经济理念，更是一种博弈行为。按照我们前面对自由贸易前提的说明，要满足“一个国家贸易机会必须独立于自身的贸易政策”的条件，就意味着各国都要合作遵守相同的游戏规则，都要实行自由贸易政策。否则，单方面的贸易保护很可能招致报复。不过，巴格沃蒂也注意到，尽管事实说明报复不能排除一个国家在贸易中通过关税发挥垄断力量后最终仍可能获得收益，但是一些分析已经表明报复行动会使这样的国家贫困化，甚至具有垄断力量的国家通过关税可以最终受益的做法开始也受到了质疑。因此，“在国内扭曲（或市场失灵）情况下，最优的政策干预是国内干预，关税只是一种次优的政策；只有当外国市场扭曲或失灵时，关税才是恰当的；只有当外部市场存在垄断力量时，关税才是最优的政策”①。在这里，我们已经可以察觉到在自由贸易和贸易保护之间进行政策选择的博弈性质。而类似于 GATT 和 WTO 这些被巴格沃蒂称为契约式的机构，其本质内容是成员国权利和义务的对等，而不是自由贸易中的单边主义。结果，多边合作和机构已经成为国际贸易磋商的主要形式。

---

① 贾格迪什·巴格沃蒂：《贸易保护主义》，中国人民大学出版社 2010 年版，第 27 页。

这就是因为自由贸易需要合作，而贸易保护是一种非合作的政策。

巴格沃蒂还特别指出，发展中国家之所以能够让 GATT 或 WTO 采取“特殊和差别待遇”的原则，从而使其在进入海外市场程度不断提高的同时，却不必提高本国市场的开放度，并不是因为它们进行磋商的政治力量很强大，而是因为它们在国际贸易中是微不足道的。因为这时对于美国等发达国家来说，只要它们扮演了领导者的角色，只要它们把 GATT 或 WTO 当作他们提供的一种国际公共产品，那么它们也会允许一些国家搭便车，也就会允许这些国家暂时履行非对称义务。这是实际是存在高度不对称权力的情况下合作秩序得以维持的一种常见交易。

在自由贸易与贸易保护的论战中，保罗·克鲁格曼是最具有戏剧性的一位学者。作为自由贸易的代表人物，他在理论上与詹姆斯·布兰德、吉恩·格罗斯曼、巴巴拉·斯潘塞以及埃尔赫南·赫尔普曼等人一起引领了国际贸易理论的第三次革命，打破了传统贸易理论建立在完全竞争和规模报酬不变的假定，提出了报酬递增和不完全竞争，不仅解释了产业内贸易，而且深化了对分配性冲突的认识，改变了传统理论有关贸易能够使所有参与者获益的结论。克鲁格曼认为第二次世界大战以后的国际贸易不能简单地归因于国家的比较优势或资源禀赋。由于没有人认为实行自由贸易会使沙特阿拉伯变得更加富裕，所以不能再按照传统的理论逻辑来为自由贸易辩护了。他认为第二次世界大战以后，贸易更反映了来源于规模经济或在技术竞争中取得领先地位的优势。

传统的自由竞争的贸易理论认为不存在战略部门，因为竞争会使任何不同部门之间同质的劳动或资本获得的报酬不大可能有太大的差别，而克鲁格曼等人认为，存在所谓的战略性部门。由于规模经济以及由此造成的较高的行业进入门槛，在国际市场上竞争型厂商的数目相对较少，处于不完全竞争状态。规模经济在解释贸易模式中的作用日益重要。对于一个国家来说，重要的贸易部门是那些“租”不会轻易因竞争而消失的部门，而且这些部门还会产生很强的外部经济。显然，通过贸易政策就可能使国家获得更多的“租”。因此，支持自由贸易的极端观点，即市场已经运作得非常好，不可能再对它做任何改进的看法可能是不成立的。[①] 这意味着贸易保护可能是有利可图的。

由于存在规模经济门槛，造成了不完全竞争。而在不完全竞争的情况下，一国政府通过贸易保护政策全部或部分封闭本国市场，就会在事实上赋予本国企业垄断地位，这些企业的边际成本将随生产规模的增加而递减，形成规模经济优势，进而增强本国厂商在国际市场上的竞争力。克鲁格曼（1987）还使用空客和波音竞争的例子来说明政府补贴的作用。他假设空客和波音都生产同一类型的飞机销往世界市场，如果两家公司都生产，则都将亏损 5 亿美元；只有一家公司生产，则生产的公司盈利 100 亿美元，停产的公司既没有盈利也没有亏损；当然，两家公司都停产，也都没有盈利和亏损。如果欧洲国家意识到市场巨大的盈利机会，给予空客 10 亿美元补贴，那么空客在进入市场以后就可以承受两年的亏损，并对波音公司形成可以置信的威胁。此时如果波音公司得不到美国政府的补贴，则最优的策略就是退出市场。结果，空客依靠政府的 10 亿美元补贴就可以获得 100 亿美元的巨大收益。贸易保护是有利可图的。

在这个案例中，空客公司由于获得了政府补贴，改变了它在与波音竞争中的地位，并且最终在竞争中获胜，取得巨大的收益。而这也是赫尔普曼讲的分配性冲突。赫尔普曼指出："当一国并不是所有居民都相同的时候，一般会存在分配性冲突，这种冲突会影响个体对贸易的态度，这些态度因经济地位和工作性质而存在个体差异，并且与贸易对个体收入的影响相联系。"[②] 也就是说，一个国家更好的消费机会并不必然会转化成其所有居民更好的消费机会，而在李嘉图的世界中则不存在分配冲突，因为它假设能确保所有的收入归于工人并且所有的工人得到平等的报酬。但是在赫尔普曼的世界中，由于收益递

① 参见克鲁格曼主编《战略性贸易政策与新国际经济学》，中国人民大学出版社和北京大学出版社 2000 年版。

② 埃尔赫南·赫尔普曼：《理解全球贸易》，中国人民大学出版社 2012 年版，第 40 页。

增、不完全竞争和异质性的存在，贸易的结果并不能保证空客和波音以及它们与客户之间，甚至客户与客户之间享有平等的贸易利益。也就是说，合作是不对称的！

克鲁格曼的战略性贸易理论给人留下的最深印象是为贸易保护提供了可能性，甚至是必要性，但是他置疑政府是否有能力来识别战略贸易部门，因此坚持了他自由贸易的一贯立场。而且他指出，战略性贸易理论使一些与贸易政策利益攸关的利益集团能轻易地找到借口去支持那些有利于自己而对整个国家并不有利的政策，因而实行战略性贸易是有风险的。“这样做会破坏国家之间的合作，从而导致世界范围的‘以邻为壑’的贸易政策盛行。”①

第二节　从非合作博弈到合作博弈：模型的演化、挑战与问题的解答

经济学理论研究主要依赖逻辑推导来建立分析框架并明确经济学的理念，但是同样依赖逻辑推导的博弈论却对经济学的基本框架和理念提出了挑战。战略性贸易理论通过改变规模报酬不变和完全竞争的假定，就得到了贸易保护的非合作结论。

按照源自斯密的经济分析假定和逻辑，传统微观经济学在解释个体经济行为的时候抓住自由价格的均衡机制，分析生产者如何配置资源以获得最大利润、消费者如何支出以获得最大效用等问题，因而传统微观经济学也被称为价格理论。但是，从1944年冯·诺依曼和摩根斯特恩出版《博弈论与经济行为》到1994年纳什、泽尔腾和豪尔绍尼三位博弈论巨匠获得诺贝尔经济学奖的半个世纪中，博弈论的应用已经在某种程度上改写了微观经济学。此后，研究博弈论相关理论的学者在1996年、2001年、2002年、2005年、2007年和2012年多次获得诺贝尔经济学奖，显示出博弈论在推动经济学研究中发挥的重

① 保罗·克鲁格曼主编：《战略性贸易政策与新国际经济学》，中国人民大学出版社2000年版，第28页。

大作用①。

在博弈论者看来，在标准的经济分析中，除了上述三个假定外，还存在一个重要的隐含假定，即市场中每一个经济人的决策不仅是在给定价格和收入参数后的最优选择，而且更重要的是他的决策是依据个人理性独立做出的，并不依赖于他人的决策，也不会影响别人的决策。传统经济学一般均衡的研究思路作为一种理论假定无可厚非，但是在现实市场中很难存在。双方最终的利益诉求尽管昭然若揭，但是这个最终诉求的实现却是要通过决策策略。由于一方作出的决策必须要考虑到对方的决策及其对双方可能产生的后果才是有意义的，所以在作出决策的时候就必须预期对方决策及其影响。同理，对方的决策也必然是建立在预期己方决策及其影响基础上的。这样，在博弈论的分析范式中，不仅人与人之间在决策上是相互影响的，而且由于存在信息成本，决策时掌握的信息也不是完全和充分的。博弈论研究的就是在这种情况下的决策问题。所谓博弈，就是根据对方可能的决策来做出自己相应的决策。

在信奉自由市场传统经济学理论中，自由贸易需要合作才可以使各方获得收益，但是，克鲁格曼的理论证明，从经济学的逻辑中也可以推导出贸易保护的结论，并在现实中也时时成为自由贸易合作的威胁，背离了“看不见的手”的经典结论。这样的情况在囚徒困境博弈中得到了再现。

一　起点：非合作的囚徒困境

著名的囚徒困境常常是理解博弈论的一个起点。在这个案例中，一个富翁在家中被杀，财物被盗，警方在侦破中发现两个嫌疑人并从他们的住所搜出被害人的财物。当然，他们都否认杀人，只是承认发现富翁被杀，然后顺手牵羊偷了东西。于是，警察把他们拘捕后交检察官对他们进行了单独审讯。由于盗窃已有确凿证据，因此检察官可

① 自从1969年诺贝尔经济学奖颁布以来，获奖者共68人。其中，10名博弈论学者获奖，7名从事应用博弈论或密切相关领域学者获奖，总计17人，占比不可谓不高。

以起诉他们 1 年的刑期，但是检察官本着坦白从宽、抗拒从严的政策分别对两个嫌疑人讲："如果你招认杀人罪行（背叛同伙），那么只起诉 3 个月的刑期而对方要被判刑 10 年；如果你不招认杀人（与同伙合作）而被对方检举，那么你将被判刑 10 年，他只被起诉 3 个月。但是，如果两个人都招认，则都要被判 5 年。"

在此，我们假定两个人都是斯密式经济人的利己主义者，只追求自身的最大利益，而不关心另一个人的利益，且具有足够的理性能力。毫无疑问，在这种情况下，对方的决策将影响到己方决策的后果，是一种标准的博弈情形。尽管他们之间不能协商，但是他们理性的思路还是非常简单的：尽管双方都不招认（合作）的结果最好（1 年），但是如果对方不招认（合作），那么我方招认（背叛）的结果（3 个月）会好于不招认（合作）的结果（1 年）；如果对方招认（背叛），那么我方也招认（背叛）的结果（被判 5 年）也会好于不招认（合作）的结果（被判 10 年）。而且后两种情况也都不会比双方都招认（背叛）的结果（5 年）更差。显然，招认（背叛）总是一种最优的选择，是一种占优策略。因为不管对方采取什么样的策略，招供所面临的刑期总要低于不坦白所面临的刑期，至少也不高于双方都招认的结果。虽然双方都不招认的结果最好，但是在没有信息沟通，不能串供（即非合作博弈）的情况下，一旦对方招认，则己方不招认的代价将是 10 年的刑期，高于前面所有的可能结果。所以招认就成为一个唯一最优选择，一个唯一的纳什均衡，一个稳定的策略组合点，或者说是一个非合作博弈均衡。[①] 在这一点上，没有人愿意主动改变策略，因为除去双方串供合作的情形之外，双方各自的收益在对方采取各种策略的情况下是最优的，而双方串供由于没有信息沟通充满了不确定性。只要双方没有攻守同盟的默契，一旦对方背叛，那么己方的代价是巨大的。甚至即使确定了攻守同盟，对方背叛而己方合作的结果是对方仅被判刑 3 个

---

① 在这里，非合作博弈有两层含义：一是博弈双方没有信息沟通，二是双方进行的是零和博弈。

月和己方判刑10年的巨大利益反差也很有可能使事先约定的攻守同盟土崩瓦解。当然，在这种情况下，己方的最优策略（背叛）也是对方的最优策略（背叛），因为同样的逻辑于对方也同样适用。最终全面得利的只能是检察官！

囚徒困境表明，博弈双方通过各自理性的计算，不合作是一个最优策略[①]，并由此陷入了一个困境：即他们双方都不合作的策略收益（5年）要比双方都合作的策略收益要低（1年）[②]。这意味着每个人都在追求个人利益最大化的时候，个人理性与集体理性在这里发生了冲突，各人追求利己的行为所导致的最终结果偏离了帕累托最优，每个人都无法获得最大利益。

也正因为如此，囚徒困境和纳什均衡对斯密“看不见的手”原理提出了挑战，动摇了西方经济学的基石：只要接受信息不完全的假定，那么每个人都从利己的目的出发，并不能够使全社会达到利他的效果，而是损人不利己，或者说既不利他也不利己。事实上，这种情况也常常在现实生活中表现为诸如军备竞赛、关税战、企业之间的价格竞争、公地悲剧和环境污染等困境，而且，这种不理性的结果却是理性结算的选择和策略，是一种理性的困境。尽管我们可以说这主要

---

① 合作博弈与非合作博弈事实上是本书所论证的合作的一个关键。两者的区别是在博弈双方之间是否存在一个具有约束力的协议，如果没有就是非合作博弈。或者说非合作博弈研究的是决策相互依赖的参与人不可能达成可约束协议的情形。这个协议本身可能涉及两方面的内容：信息的沟通并不再单纯以个人理性作为行动基础。由于从个人理性上升到集体理性，则会突破自利经济人的基本假定，并且可能涉及利他和信任等一系列新的概念，所以合作博弈比非合作博弈要复杂，在理论上的成熟度要相对较低。另一点也非常重要，那就是合作博弈揭示了合作竞争，或者说在竞争和冲突中合作的可能性。事实上，非合作博弈关心的只是策略，也就是说博弈者期待通过恰当的策略达到自己的利益最大化，而合作博弈关注的是结果，是把合作视为先验而队联盟收益分配的处理，也可以说，在合作博弈中，人们期待的是最终得到的结果，而不是在最终结局之前的利益得失。也就是说，尽管在合作博弈中也在追求利益最大化，但是此时博弈者的眼界可能会更开阔一些。这也就是成语中常说的“退一步海阔天空”。由于在合作博弈中不仅要满足个人理性，也要满足集体理性，参与人在联盟收益中的分配不能少于不合作单干时的收益，结果，合作博弈就会涉及一些解的概念，比如特征函数、核、谈判解、Sharply值等。就本书的主题来说，如何促进群体成员在博弈中的合作是至关重要的。这可能包括：重复性博弈、通过谈判制定可约束的协议、聚焦和寻找谈判均衡、设置机制，特别是联盟博弈的有关内容。

② 当然，双方都合作的收益也比一方背叛一方合作情形下背叛方的收益低。

是因为囚徒困境中没有信息沟通的假定情形造成的，但是在现实中，又有谁能保证信息的时时、完全、充分和及时呢？基于个人利益的市场机制可能并不能保证社会福利的最大化！

当然，如何评估囚徒困境还取决于评估者的角度。我们上面的分析，都是从囚徒的角度展开的，如果与他们是零和博弈关系的检察官角度看，则恰恰取得了收益最大化的结果。进而言之，囚徒困境究竟是不是给斯密"看不见的手"理论提出了挑战也同样取决于经济学家站在什么角度：对于企业（囚徒）来说，显然没有达到收益最大化，但是从消费者（检察官）的角度来看，则恰恰是证明"看不见得手"（这里也许称为信息不对称更确切）给他们带来了最大的利益。有关这方面更详细的论述，我们将在第五章讨论纳什解与纳什公理时对个人理性的内容进行更具体的分析和说明。

二　非合作的扩展：有限次蜈蚣博弈及其评价

Rosenthal（1991）和 Aumann（1998）将一次性博弈的囚徒困境扩展为有限次博弈。他们假定甲乙两方轮流进行策略选择，可供选择的策略是合作与背叛。从甲开始选择然后交替进行，博弈次数明确为 199 次。如果选择合作，则双方的总收益会增加 1，并且被对方获得，如果选择背叛，则背叛方得 2，对方损失 1。如果甲乙双方初始收益均为 1，那么在博弈开始时甲如果合作，则收益分配为甲 1 乙 2；下一步如果乙也合作，则收益分配就是甲 2 乙 2。相反，如果甲从一开始就采取背叛策略，则收益分配为甲 3 乙 0，那么在第二步乙也采取背叛策略，则收益分配的结果就是甲 2 乙 2，以此类推。这样，收益分配的结果就是如此直到第 199 步，甲乙双方如果一直采取合作的策略，甲方收益就会落后乙方 1 个单位，而如果甲方率先并且在此后的博弈中一直采取背叛策略且乙方也一直以背叛策略来应对，那么直到第 199 步，甲方就会对乙方取得 2 个单位的收益优势。甲乙的博弈过程收益对比可以表现为：

0　　1　　2　　3　　4　……　　198　　199

合作策略：1∶1—1∶2—2∶2—2∶3—3∶3……99∶99—100∶101

背叛策略：1∶1—3∶0—2∶2—4∶1—3∶3……99∶99—101∶99

这个有限次博弈与单次博弈的差别在于由于博弈不止一次，所以每个人在策略选择时能够根据上次博弈中他人的行为而行动，也就是“轮流出招”。由于是有限次的博弈，所以双方都可以对每一次博弈后的收益对比形成明确的预期。如果是双方在博弈中的目标都是试图取得对对方的收益优势（比如在寡头竞争下己方市场占有率的提高），那么在双方此前一直保持合作的情况下，甲可以预期到在第199次博弈后将落后于乙方。为此，甲在第198次博弈中，背叛就成了理性选择。此时双方的收益对比至少没有发生变化，维持博弈开始前的状况，而各自收益的绝对水平都实现了大幅度的提高（市场规模扩大了）。而此时，乙也会预见到甲将看到在第199次博弈后在收益对比上落后于己方，所以甲将在第198次博弈中采取背叛策略，那么乙就必然在第197次博弈中抢先采取背叛策略以维持自身的收益优势地位。反过来，这又会引致甲方在196次博弈中率先采取背叛策略。按照这样的逻辑如此推导的结果就是甲方从第1次博弈开始就选择背叛策略。[①] 而乙方在这种情况下发现，即使他在此后博弈中一直采取背叛策略作为应对，也至多能够拉平双方的收益对比，并且在下一次的博弈中再次落后于甲方，直到最后的第199次博弈。那时，虽然甲乙双方收益的绝对水平都得到了大幅度的提高，但是只要双方博弈的目标是取得对对方的收益优势，则在这种情况下，乙方从一开始就不会与甲方合作，因为合作的结果是丧失了乙方在开始时与甲方平等的收益对比。

至此，我们可以有必要作出以下几点评论。

（1）只要博弈双方的目标是取得对对方的收益优势（也就是零和博弈），那么合作就无法出现。这种有限次蜈蚣博弈的结果与囚徒困境一样，双方对每一次博弈的理性预期使得他们在博弈的第一步，或者甲方不会选择合作，并且成为蜈蚣博弈的纳什均衡点，而乙方压

---

① Rosenthal（1981）使用图形来说明这种从最后一次博弈结果倒推出第一次博弈策略的情形看似蜈蚣的百足，因此这个有限次的博弈又被称为蜈蚣博弈。

根就不会使自己参与到博弈中来。结果双方都无法实现收益增长的结果。

（2）这个合作之所以无法实现，原因就在于双方将博弈的目标设定为取得对对方收益优势这样一个零和目标上。如果双方的关注点从取得对对方收益优势的零和目标变成绝对收益增长的目标，忽略最终的微弱的收益差距，则合作就是可能的。我们在后面将指出，由于相对利益对比是国际关系中的权力基础，而国际关系理论关注核心又是国际关系中的权力，因此国际关系理论看到的更多是零和博弈，是冲突而不是合作。相反，经济学尽管也关注竞争，但是也关注福利的绝对水平，博弈不仅是零和的，也可能是非零和的。因此相对国际关系理论，国际经济理论对合作的态度就显得更开放一些，更宽容一些。

（3）蜈蚣博弈的悲观结论显然与现实中广泛存在的合作现象形成冲突。造成这种情况的原因可能是多方面的。蜈蚣博弈假定博弈参与者确切了解博弈的次数在现实中是一个相当严格的假定。博弈何时终止决定了双方的博弈结果，但是在现实中很难确切了解即将展开的博弈的重复次数。一旦博弈的次数难以确定，那么博弈终止时双方的收益对比也就难以确定。按照蜈蚣博弈的逻辑，哪一方合适采取背叛的策略就是不确定的，而这将对合作的续存产生重大的影响。

（4）应该看到，蜈蚣博弈只是理论逻辑推演的一个侧面。由于蜈蚣博弈仅考虑了双方博弈的情形，因此它所遵循的逻辑推论是简单的，考虑的视角也就难免单一，并没有深究和扩展。毫无疑问，在这个双方博弈中，乙方不会取得对甲方的收益优势，如果我们放开眼界，尽管乙方不会取得对甲方的收益优势，但是只要乙方能够在与甲方的合作博弈中提高其绝对收益水平，进而形成对丙方的收益优势，乙方的策略可能就会发生变化。甚至在考虑到甲、乙、丙、丁进行两两博弈或多方博弈的情形后，相对权力的变化可能使得乙方成为关键投票者，即使其绝对收益依然低于甲方，但是其权力指数甚至可能超过甲方，合作就不再是绝对不可能的了。事实上，我们在后面还将说明，不对称合作的结果并不一定是弱势一方没有赶超的机会。

（5）如果考虑到多方博弈的情形，那么蜈蚣博弈假定中的另一个缺陷就是没有考虑声誉的影响。合作能够带来合作收益，背叛也可以带来背叛的收益，但是在完全信息和多方或多次博弈的情况下，背叛的收益很可能是一次性的，而合作既可以带来眼前的收益，未来也可能带来更多的合作剩余。这样，仅仅根据一次蜈蚣博弈的收益来决定采取合作还是背叛的策略就显得过于简单化了。

三　打破个人理性困境的重复博弈：信息、声誉与合作的进化

不论是囚徒困境还是蜈蚣博弈，逻辑分析的结论最终都导向了非合作，无法实现取得合作剩余，也无法实现帕累托改进。尽管非合作博弈在现实中广泛存在，但是我们不能否认在现实中也存在着大量的合作案例。合作现象四处可见，并且构成了人类文明的基础。运用个人理性而达到某种形式的合作可能是人类社会区别于其他动物群体的一个重要标志。没有人与人之间的合作，没有对囚徒困境的超越，就没有人类的文明。合作问题既涉及个人选择的优化问题，也涉及社会组织的发生机制和原理。所以，合作理论既是重大的理论问题，也是不可回避的现实问题。

那么，合作究竟是如何产生的呢？

阿克塞尔罗德（1984）试图回答的问题就是：人类能否从个人利益最大化的逻辑推理中自发产生合作？也就是说在每个人都具有自私动机的情况下，人们通过怎样的博弈才能形成自发的合作，从而走出囚徒困境？利维坦式的集权和权威能够产生秩序与合作，但是显然，阿克塞尔罗德对寻找人们“在什么条件下才能从没有集权的利己主义者中产生合作”① 这样更具有一般解释力的答案更感兴趣。在这里，他要解决三个核心问题是：合作的动力（为什么要合作）、合作的策略（何时合作以及何时不合作）以及合作的稳定和持续（如何使对方也合作）。通过拓展经典囚徒困境，阿克塞尔罗德研究了合

① 阿克塞尔罗德：《合作的进化》，上海人民出版社 2007 年版，第 3 页。

作的生存和进化。

蜈蚣博弈表明，即使进行多次博弈，但是只要对局者确切知道博弈的次数，那么在最后一次博弈中一方就可以主动采取背叛策略而获益，而一旦形成这样的预期，则另一方在前一次的合作中就会抢先采取背叛策略，最终导致一开始就背叛而根本不会出现合作。因此，阿克塞尔罗德（1984）提出了重复囚徒困境（iterated Prisoner's Dilemma）的概念：博弈在多人之间一对一地进行，且次数未知。他对个人博弈策略回报的设计是：（1）个人背叛的收益大于双方合作，也就是说单方面背叛是有利可图的，而且收益很高；（2）双方合作时的收益大于双方背叛时的惩罚，即共同合作可以给双方都带来合作收益，且比双方都背叛收益更高（合作剩余）；（3）双方背叛时的惩罚大于个人采取合作时的收益，也就是说双方不合作的损失要大于单方面合作策略的收益，因此单方面合作策略从理论上说并不是完全不可取的。①

他设计的支付矩阵是：

	合作	背叛
合作	R =3，R =3	S =0，T =5
背叛	T =5，S =0	P =1，p =1

资料来源：罗伯特·阿克塞尔罗德：《合作的进化》，上海世纪出版集团 2007 年版，第 6 页。

其中，R 是博弈双方都采取合作策略时的报酬支付（reward for mutual cooperation）；T 是自己采取背叛策略而对方采取合作策略时的报酬支付（temptation to defect）；S 是自己采取合作策略而对方背叛（sucker's payoff）时的回报；P 是双方背叛时遭受的惩罚（回报）（punishment for mutual defection）。显然，$T > R > P > S$。因此，谁在重复的博弈中最终得到的总支付最大，那么对谁来说这种策略就是占

① 引入重复博弈来破解合作的难题是一个非常自然的思路，因此也被称为无名氏定理。但是，只有阿克塞尔罗德证明了这个结论。重复博弈与多次博弈的主要区别在于前者没有确定的博弈次数，从而避免了蜈蚣博弈的困境。

优的。

阿克塞尔罗德的模拟基于从全球同行中征集的 14 种策略模型，加上他自己提供的随机策略①一共 15 种模型进行计算机模拟，在重复的囚徒困境中一一对垒，反复博弈。这样，就总共形成了 225 场对决，每个对决重复 200 次。这样，在理论上一种策略在所有 15 场，每场 200 回合的博弈如果都处于己方背叛而对方合作的状态，总分就能达到 15000。而在一场对局中，如果双方都始终采取合作的策略，那么最高得分是 600。这样，阿克塞尔罗德以 600 分为基准，将所有参赛策略获得的回报成绩换算成基准成绩的百分比。最终结果是只包含 4 行 Basic 语言的简单“一报还一报”策略（TIT FOR TAT，以下简称 TFT②）取得了胜利，平均得分 504. 5，为基准分数的 84%，而其他 8 种领先的策略得分处于 28. 6%—83. 4%。而最复杂的一个策略得分最低。之后，他公布了第一次的结果并给出了分析，然后使用再次征集到的更细致和精密的 62 种策略模型，再加上他的“随机策略”进行更多次的博弈。尽管这些新策略包含了超级宽恕、“两报还一报”（TIT FOR TWO TATS）以及更狡诈和更不友善的策略参与竞争模拟，结果“一报还一报”策略依然取得了胜利。

阿克塞尔罗德模拟结果的含义是深刻的。他指出，与其他各种或“精明”或“狡诈”的策略不同，“一报还一报”总是在第一回合采取合作，然后在以后的每一个回合中都重复对手在上一回合的策略。因此，当遇到对手合作的时候，它就一直保持合作。这样，在遇到同类的时候，由于都是以合作开始，所以就一直保持合作，从而能够享受到合作收益；遇到“狡诈”策略的时候，“一报还一报”的结果也不会比对手差。这是因为对手在前一个回合中通过单方面背叛获得的收益己方在

① 也就是没有策略的策略，将随机给出合作或背叛的策略。

② 从 TIT FOR TAT 的原意应为“以牙还牙”，报复的手段（以及强度）都与挑战相同。但是在这里，“一报还一报”显然更符合游戏的情景。当然，如果换一种思路，不是从报复，而是从报恩的角度说，TIT FOR TAT 也可以更温和地表述为“投桃报李”的意思，但是这只反映了策略的一个侧面。

下一个回合中也通过背叛扳平。[1] 这意味着，不论对手是善良的还是狡诈的，“善于合作的好人”在长期社会博弈中总得分是最高的。

那么，为什么只有采取“一报还一报”策略的人才算是“善于合作的好人”？或者“一报还一报”的策略是一个好的策略呢？阿克塞尔罗德（1984）认为这应该包括四个原因：

首先是“友善性”。即使是出于自私的目的，也从不在对手背叛之前背叛对方。

其次是“报复性”。即如果对方背叛则就马上报复，因而是不可欺的，使对方背叛一次以后就会因为收益的损失而不敢再背叛，所以不会因为超级宽恕而纵容狡诈，而无条件的合作就是纵容背叛。

再次是“宽恕性”。虽然一定要报复背叛，让对手因为背叛而付出代价，但是也不能因为一次背叛就没完没了地报复，也就是要原谅对方的“狡诈”，只要不继续背叛，就会退回到初始的合作状态。这样就可以防止报复和反报复的恶性循环，有助于恢复合作，争取最大化的收益。

最后，一个好的策略还必须具有清晰的“可识别性”，能使对方通过几次博弈对局就能轻易地识别己方的策略，很快发现这个策略的规律以及己方策略的友善性、报复性和宽恕性特点，从而在以后的博弈中为了取得最优的收益而不得不采取合作的态度。[2] 在这个意义上，太复杂的策略并不一定是最好的。

此外，“一报还一报”的策略还具有“不忌妒”的态度，也就是即使别人通过单方面背叛一时收益比自己高，也不会被单方面背叛的高收益所引诱而主动采取单方面背叛的策略，或想尽办法去争取高于对手的收益，而是始终坚持“一报还一报”的策略，并不试图在博

① 此时，如果对方在这个回合的博弈中依然采取不合作的策略，就成为双方背叛的情形。而由于双方合作的收益要大于双方背叛的惩罚，所以在下一次的博弈中将促使对手采取合作的策略，而在这次博弈中己方将根据对方在上一次博弈中依然不合作的表现继续不合作，从而造成己方不合作而对方合作的情形，这与己方在第一次博弈中对方不合作而己方合作的情形相同。

② 这是因为虽然单方面的背叛收益高于合作，但是此后却造成了双方背叛的局面，而双方背叛带来的损失却高于双方合作的收益。

弈中取得超过对方的高额收益。[①]

事实上，“一报还一报”的策略从来没有在任何一次对局中取得比对手更高的收益，也就是说从来没有真正地赢得任何一次对局，甚至可以说这种策略是更喜欢与对手共享收益，但是最终，它的总体收益却是最高的。从这个角度看，“一报还一报”的策略看上去是与博弈争取超出对手收益的零和性质相悖，但是它的长期收益却是非常稳定可靠的，因为它不忌妒对方的高额收益，所以这个博弈策略的成功实际是建立在别人失败从而取得高于对手收益的结果上，而不是建立在通过背叛策略来获取收益的基础上的。

一般来说，博弈往往先验的假定具有要取得比对手更高收益的零和性质，结果其策略往往是最理性、最精明的，但同时也是最愚蠢的（聪明反被聪明误），它最终无法避免导致永远背叛的策略。这些策略都只是短视地看到了他与对手进行的博弈，而没有意识到他们其实是与对手一起在与庄家博弈。事实上，囚徒困境，不论是单次、有限次还是无限次的囚徒困境，其具有的更深一层含义是对局双方实际都是在与作为支付者的庄家（检察官）博弈。囚徒困境看上去是人（嫌疑犯）与人（嫌疑犯）的博弈，但实际上是庄家（上帝）给人设计的人的理性与道德的博弈，是人的理性的自我博弈。

与囚徒困境一样，重复博弈的囚徒困境依然以个人理性和利己主义为前提，但是阿克塞尔罗德揭示出利己的博弈策略被一再重复以后，即使从利己的角度来判断，最终，背叛策略的获利也将趋于减少，因而相比之下，合作的策略将被更多地采用。结果，通过自然选择，合作就可能从最初纯粹的利己动机中进化出来。当然，在这种情况下，斯密的经济人假定也还是成立的，自利的个人为了自利的目的会趋于友善、宽恕和不忌妒，会趋于合作，并且友善的合作者最终将获得最大的利益。事实上，在阿克塞尔罗德组织的第二次比赛中，在

① 这一点是非常难得的。因为在阿克塞尔罗德的实验中，博弈是零和的，而能够在零和博弈中不试图取得超过对方的高额收益，需要相当的情怀。

前 15 种策略中只有一种不是友善的策略[①]，而在后 15 种策略中只有一种不是狡诈的策略。即使在上述不同的博弈环境中，善良的策略最终都表现出了比狡诈策略明显的优势。[②]

“一报还一报”的策略在阿克塞尔罗德的前两次对抗赛表现出众，那么在博弈演进的长期历史过程中，这些策略能否生存和发展下去呢？整个群体将向合作的方向演进还是向不合作的方向演进呢？或者换一种说法，如果大家开始都不合作，那么能否在未来的长期演进中趋向合作呢？于是他又进行了第三次比赛，试图寻找出演进稳定策略。

阿克塞尔罗德假定的策略进化规则包括：（1）试错；（2）遗传；（3）学习。他将第二次比赛的 63 种策略作为第一代进行对抗，然后对每次对抗的评价是以每种策略产生的子代策略为标准，这样策略的结构就会发生变化，从而可以确定策略的演进方向。在经过 1000 代的推演和模拟以后，这些策略的比例和环境都不再改变而达到某种程度的稳定，而且更令人震惊的是，几乎所有狡诈的策略在所有的演进中经过 200 代就完全消失了，而“一报还一报”的策略依然表现出色，所占比例从 1/63 发展到 24%，博弈策略的总趋势是越来越合作了。这样，在单次囚徒困境中失灵的无形之手又变得有力了。

那么，在一个极端自利的非合作博弈环境中，“一报还一报”的策略能否生存下来呢？阿克塞尔罗德发现，在得分矩阵和对未来的折现系数一定的情况下，只要群体中有超过 5% 的成员采取“一报还一报”的策略，那么合作就能存在下去并且范围会越来越大。与此相对应的是，不论背叛者的初始比例有多高，都不可能自下而上地得到

---

① 这个策略是所谓不善良的哈林顿（Harrington）策略。它首先采取合作，如果对方一直合作，就突然来一个背叛；如果对方报复，就恢复合作，否则就一直背叛下去。

② 阿克塞尔罗德也发现，“两报还一报”的策略由于过于善良和宽厚而被精明而狡诈的策略捕杀。由此他也推断，“一报还一报”的策略之所以获胜可能是因为在第二次博弈对抗赛中的策略大部分是相对友善的策略，也就是说，如果在一方实施“一报还一报”的策略后，对手不顾双方背叛的惩罚大于双方合作的收益而依然背叛，那么“一报还一报”也就会持续下去。也就是说，如果 62 个策略全部是极度狡诈的策略，那么“一报还一报”的策略可能就不会赢了。

发展。

阿克塞尔罗德最后总结道："合作的基础不是真正的信任，而是关系的持续性。当条件具备了，对策者能通过对对方有利的可能性的试错学习，通过对其他成功者的模仿或通过选择成功的策略剔除不成功的策略的盲目过程来达到相互的合作。从长远来说，双方建立稳定的合作模式的条件是否成熟比双方是否相互信任来得重要。"① 也就是说，第一，友谊不是合作的必要条件，信任也不是，即使是敌人也可能合作，一个战壕中自己活也让别人活就是很好的例子；第二，预见性也不是合作的前提，动物和植物的合作就是出于本能，但是有预见性的人类了解了合作的规律以后，合作的进程就会加快，学习也越来越重要。

在阿克塞尔罗德看来，有关合作的假定与经济学理论还是有些差异的，至少要避免很多限制分析者的约束型假定。这些可以放松的假定包括：（1）博弈者的收益不必是可比较的；（2）收益不必是对称的；（3）收益值只是相对的，不是绝对的；（4）决定是否合作不必顾及别人的看法；（5）不必假定博弈者是理性的；（6）博弈者的行为不必都是有意识的选择。这其中的有些问题将成为本书的研究基础。

阿克塞尔罗德的重复博弈可以是一种非合作博弈，但是却得到了合作的结果。究其原因，恐怕主要在于他将有限次博弈扩展为无限次博弈，因而完全无信息的博弈在事实上就转化为能够进行不完全信息沟通的博弈，并为学习博弈和动态博弈提供了可能。因为在一次性囚徒博弈中，无论对手采取什么样的策略，己方最好的策略都是背叛。但是，在重复囚徒博弈中，最好的策略则取决于对手的策略以及他们对背叛和合作将作出怎样的反应。这样，促进合作的必要条件可能包括：（1）关系要持续，因为在一次性或有限次的博弈中是没有合作动机的；（2）增大未来的影响力；（3）对合作和背叛都要给予回报；（4）要维护声誉；（5）不要首先背叛；（6）不要忌妒别人的成功；

---

① 罗伯特·阿克塞尔罗德：《合作的进化》，上海人民出版社 2007 年版，第 126 页。

(7) 提高辨别对方行动的能力；(8) 不要耍小聪明；(9) 改变收益值；(10) 相互关心。

阿克塞尔罗德的实验模拟还证明，随着理性决策者彼此间的长期互动，在所有参与方之间有关合作的默契、规则、道德和制度就可以自发产生，尽管在一开始的互动和以后的合作中，自利主义经济人假定依然可以维持存在。

四　合作的复杂性：阿克塞尔罗德想到的和没有想到的……

在阿克塞尔罗德的博弈模拟中，不论专家们提供的策略如何精巧，但毕竟只是一种预先设定好的博弈策略固定程序，而现实中的博弈情况则要复杂得多。

第一，博弈者是有血有肉的人，是有道德感和情感的，所以在博弈中可能出现的情绪波动也会影响博弈双方，并由此改变自己的策略。博弈者在进行策略选择时不一定总能像计算机程序那样保持一定的理智，会受一时情绪的左右，也会受成见的影响，更会出现一些的赌徒型的非理性冲动。为了更好地模拟现实中合作的出现、维持和演进，阿克塞尔罗德在写了《合作的进化》以后又写了《合作的复杂性》，就是要处理合作中的“噪声”问题。具体来说，这主要是因为“一报还一报”的策略存在一个非常明显的问题，即对噪声会表现得非常敏感，而且一旦遇到奉行同样策略的对手，并在重复博弈中双方相遇，一个偶然的错误就会引起无穷无尽的相互惩罚，从而再也不可能恢复并维持合作的状态。

对此，可以适当对“一报还一报”的策略进行修改。

第一，从被背叛的一方来说，在他的策略中要增加宽容度，不对所有的背叛都立即进行惩罚；其次，对无意中背叛的一方来说，要增加悔悟，也就是如果自己无意的背叛招来对方的报复，那么就不要以报复回应报复，因为自己不应该被因自己无意背叛引致的报复所激怒，从而使博弈双方从一方的错误中摆脱出来；最后，双方还应该设计出巴甫洛夫式的条件反射机制，一旦在博弈中因“一报还一报”采取的报复和背叛出现太多而使大家收益都下降的时候，博弈双方都应该幡然悔悟，自动调整到合作的策略选择上。他的实验结果表明，当对手无意采取了背叛策略时，宽容的“一报还一报”对于维持合作是一种非常有效的策略，而对双方持续故意的背叛来说，增加悔悟机制的“一报还一报”是更加有效的策略。当然，巴甫洛夫策略要发挥作用，或者是因为被背叛方的宽容，或者是因为背叛方的悔悟等前提的存在才能达到预期的目的。也正是由于这个原因，巴甫洛夫策略的效果在现实中并不具备鲁棒性。

第二，阿克塞尔罗德还研究了规范和元规范、结盟、支配、威慑、社会认同、成员身份以及法律等因素在维系合作中的作用。在其中，元规范是指不仅要惩罚那些违背规范的人，还要惩罚那些看到有人违背规范但自己却没有采取行动来惩罚违背规范的人的机制。他发现由于存在惩罚心理，采取违反规范的冒失策略（背叛）出现概率就会下降；但是由于惩罚背叛者要付出一定的成本，且对于惩罚行为没有直接的激励，因此一旦主动进行惩罚的参与者数量下降，则冒失的概率又会上升，结果合作的崩溃又会成为一个稳定的结果。所以，元规范可以提高和维持合作水平，减少冒失行为出现的概率。

阿克塞尔罗德的这些研究已经脱离了此前使他获得巨大学术声誉，基于重复囚徒困境博弈模型的计算机模拟实验的纯技术模拟路线，而采取了更接近现实的逻辑假设。他的这些研究极具启发性，也与我们在后面将涉及的二阶搭便车、强互惠行为等概念不谋而合。

第三，在阿克塞尔罗德研究的博弈对局中，存在着一些可能关乎博弈策略选择和结论的致命限定或脱离现实的理想化假定。他的计算机推演是抽象的，其最重要的抽象是没有考虑现实社会中人的差异性，没有考虑国家与国家之间的不对称性和权力，因此可以自由地施展“一报还一报”的策略。而在现实的博弈对局中，双方不会像计算机模拟中那样是完全无差异的，博弈者之间很可能是不对称的。这种不对称可以表现为双方在报复能力和报复手段上的差距。而这些差距可能来源于双方的实力差距，也可能纯粹就是技术方面的差距。因此，当一方采取背叛策略时，另一方的报复强度可能强也可能弱，而不一定出现阿克塞尔罗德所假定的相互背叛和报复后的双方收益得分完全相等的情形。换言之，由于可能存在一方报复能力不足[①]而造成报复或惩罚强度不够的情况，背叛方还是可能获得较高的收益，进而在重复博弈的条件下其累积收益也会上升，进一步强化不对称的局面。只要现实中的博弈者存在能力差距，这种情景在现实博弈中还是时有所见的。

不管是由于博弈双方自身的实力差距，还是双方在国际动员力或联盟影响力方面的差距，也不论是他们在舆论操纵和媒体传播[②]方面的差距，都造成他们在报复和反报复过程中在持久性、波及性和影响性方面的不对称，使得一方在应该实施报复时的顾忌比另一方更多，而另一方明确的或隐含的威慑承诺更有力，也更可信，这最终使得“一报还一报”的策略在现实中的实施受到外部的或自身的掣肘。[③]

第四，重复博弈可能既不是无限次的，也不是独立的。尽管历史记忆可能是有限的，但是也可能是影响深远和传播广泛的。这样，每一次重复的博弈本身可能是独立的，但是实际上更可能是不同的。事实上，有限次博弈甚至一次性博弈是大量存在的，特别是在主博弈与子博弈彼此独立的时候，都可能会刺激形成大量的不合作策略。而在一些举足轻重的关键性博弈对局中，由于利益巨大，或者对未来格局影响深远，甚至结局事关生死，也可能会出现不合作的策略。

第五，尽管在阿克塞尔罗德通过计算机推演的上千次重复博弈模拟中的确可以推演出制度形成的一般结论，并因此指明了合作理论研

---

① 即使被背叛方有能力报复，即使被背叛方报复给背叛方造成的绝对损失可能等于此后背叛方反报复给被背叛方带来的绝对损失，但是由于实力的差距，报复给背叛方带来的相对损失要小于背叛方对报复进行反报复时给被背叛方带来的相对损失，从而使得背叛方反报复给被背叛方造成的实际打击程度更高。

② 由于每一个博弈者都可以把下一轮对手在上一轮博弈中的表现作为未来自己与其进行博弈的策略选择依据，因此一方在媒体传播方面的优势可能会造成另一方以后与别的对手博弈时对方策略的改变，从而影响重复博弈的结果。也就是说，不同博弈者之间的重复博弈就不会是不完全信息的博弈，而且可能是歪曲了信息的博弈。更何况现实中的博弈者是有理性、有记忆、能学习、易受别人影响、有复杂情感和个体判断，甚至是容易形成先入之见、固执的和偏见的活生生的博弈者。

③ 当然，在这种情况下，弱势一方也可以采取规避，重新选择博弈对手继续游戏。这样也会使强势一方因冒失的背叛行为而声誉受损。只要博弈者的范围比较小，信息传递比较充分，也可以达到淘汰或教育背叛者从而维持合作秩序的目的。

究，特别是对合作起源研究的基本方向，但是这个结论在短期的单次博弈或数次博弈现实中却很可能充满了反复，在现实中更常遇到的短期次数不定的博弈中，这样的策略却不一定能够成立并导致合作的结果。①

第六，阿克塞尔罗德假定在博弈中或者博弈的结果只能在得分上战胜对手而不能消灭他们，这就使得博弈仅仅影响到输赢而无关生死，失败者永远有机会卷土重来，“一报还一报”在受到背叛以后总有机会报复，背叛者不择手段进行竞争的收益就受到了限制。尽管一方背叛而另一方合作时，背叛的收益是5而合作的收益是0，差距已经很大，但是相比现实中背叛者置合作者于死地的可能来说，背叛还只是取得了小便宜而已，最终造成了相对善良的策略能够笑到最后，取得博弈优势的结果。如果背叛者可以在一次博弈中背叛可以一招致命，置“一报还一报”策略者于死地，那么他们的数量就会越来越少，而面临这样的生死抉择，其他奉行“一报还一报”策略的人也可能因此改变策略。②

所有这些都使得阿克塞尔罗德的研究对现实可能产生偏离。现实的结果显然不是“一报还一报”策略者完全占优，更不是背叛者总占劣，而是两者处于不断的抗衡之中。也许正是由于受制于我们前面所提出的诸多问题，“一报还一报”策略在现实中甚至可能没有表现出明显的优势。因此，千百年来，文学作品在不断地赞美扬善抑恶的美好结局。也正是由于在现实中博弈者的策略是多变的，好人多了坏

① 春秋时期国际体系的退化就是一个现实中的例子。参见冷鸿基《制度内恶性竞争与春秋时期国际合作规范退化》，载《世界经济与政治》2013年第3期。

② 在博弈事关生死的情况下，按照阿克塞尔罗德游戏的假定，奉行“一报还一报”策略者还都是一条路走到黑的倔脾气。兔死狐不悲，杀一儆不了百。一个“一报还一报”者倒下了，千万个“一报还一报”者站起来。甚至在阿克塞尔罗德的元规范中，“一报还一报”者们不仅要惩罚那些背叛者，还要惩罚那些看到有人违背规范但自己却没有采取行动来惩罚背叛者的“一报还一报”者。显然，在这种情况下，“一报还一报”者的固执假定也应该受到质疑。而一旦假定“一报还一报”者将有可能改变他们的策略，那么博弈的结果可能也随之有所变化。

人会得利，背叛策略就可能在多局博弈[1]中取得优势，而坏人多了又应了“恶人自有恶人磨”的古训[2]，结果背叛者与合作者可能就会在一定幅度内处于此消彼长的均衡状态。除了惩罚机制，也许只有文明，特别是信任与合作理念的弘扬和扩展才能改变均衡水平，降低背叛者比例。

五 从哈贝马斯到谢林：对话、默式谈判与合作[3]

在前面我们已经指出，在阿克塞尔罗德那里，成功的合作并没有涉及语言交流，只是根据对方的行动策略作出回应。而他所钟爱的一个例子就是在第一次世界大战中协约国部队与轴心国部队之间在没有语言交流的情况下就曾经达成的“自己活也让别人活”的合作。[4]

赵汀阳（2007）因此提出的一个问题是：“‘正确的’语言活动是否能够化敌为友？是否能够促成由背叛到合作的进化?”[5] 据此，他认为应该讨论一个与罗尔斯和阿克塞尔罗德情景不同的哈贝马斯情景。因为作为实验室游戏，罗尔斯和阿克塞尔罗德情景都省略了一些不能省略的条件，语言活动就是其一。[6] “说话的内容能够表达利益和价值冲突，因此，话语的世界必定是个政治的世界……这是支配心灵的最有力的政治，语言规定的思想空间、思想方式以及思想对象变

---

① 多局博弈是我们在本书中特别强调的一个视角。在后面将反复提及以解释一些看上去有悖常理的现象。比如在不对称合作中强势方收益超过弱势方的情况下，弱势方何以实现崛起，改变强弱对比。

② “恶人自有恶人磨”出自明·周楫《西湖二集·周城隍辨冤断案》中“近奸近杀古无讹，恶人自有恶人磨”。

③ 本标题的内容虽然涉及诺贝尔经济学奖得主谢林的思想，但却是从哈贝马斯的语言哲学中引申出来的。所以，本来这个标题下的内容也可以归入第二章第一节中。只是考虑到我们的分析重点其实还是谢林的聚焦点，并且最终用冲突双方在默式谈判中在聚焦点上的默契取代了哈贝马斯式语言交流的必要性，所以我们还是将这部分内容归入“经济学中的合作”一章。

④ 谢林在《冲突的策略》中也以有限战争为例说明了默契合作的可能性。

⑤ 参见赵汀阳《冲突、合作与和谐的博弈哲学》，载《世界经济与政治》2007 年第 6 期。

⑥ 这种指责恐怕也并无不可，毕竟关于假设是无所谓正确和错误的，只有是否接近现实之分。阿克塞尔罗德也是通过改变一次博弈，通过引入重复博弈来走出囚徒困境。正是由于重复博弈有了客观交流和学习，结果非合作博弈才可能变为合作博弈。

成最大的政治问题，甚至可以说，没有语言活动就没有政治。在这个意义上，哈贝马斯设想的以语言活动为核心的游戏是更值得分析的模型。哈贝马斯游戏不必是初始游戏，而是任何阶段都可能出现的一个游戏状态，它实际上是哈贝马斯推荐的一个据说能够保证形成合作的理想化游戏状态。对于哈贝马斯来说，初始游戏是什么样的状态并不重要，只要能够进入'交往对话'游戏，就有望消除冲突。"① 显然，这种分析已经从博弈论又完全回到了传统人文研究的视角。

赵汀阳承认，尽管从技术上说，哈贝马斯提出的"理想说话环境"和对话沟通的有效性标准在现实中也存在一定的困难②，但是哈贝马斯把康德的实践理性发展为"交往理性"，把"独白式"理性变成了"对话式"理性，那么通过理性沟通、相互理解、相互接受就有可能达成一致同意。但是，赵汀阳也明确指出："对话虽是避免暴力冲突的理性之路，但不能避免非暴力冲突，它仍然是个艰难无比的博弈，其难度并不亚于行动博弈。对话游戏的优势在于能够以纸上谈兵的方式把各种问题和底牌提前亮出来，它是一个信息更加充分的游戏。虽然在对话游戏中各种问题变得清楚起来，但所有困难的实质并没有改变，因此还需要进一步寻找真正能够解决问题的秘密。"③ 最终他提出了孔子改进的"和策略"，从充满政治的合作走到了充满哲学意义的和谐。

罗尔斯情景虽然没有明确规定不许进行语言活动，但是无知之幕

---

① 参见赵汀阳《冲突、合作与和谐的博弈哲学》，载《世界经济与政治》2007 年第 6 期，第 12—13 页。

② 哈贝马斯理想对话环境的规则是：(1) 任何人都有资格参加对话；(2) 任何人都有资格提出自己的任何观点和质疑任何观点，也都有资格表达其欲望、需要和态度；(3) 任何妨害 (1) 和 (2) 的行为都被禁止。另外，对话沟通的有效性标准是：(1) 所说的话必须是"能懂的"(comprehensible)；(2) 所说的话必须是"真的"(true)；(3) 所说的话必须是"真心的"(truthful)；(4) 所说的话以及说话方式必须是"正当的"(right)，即论辩必须合乎理性标准，观点必须有正当理由。但是在现实中，人们需要说的话的大部分都很难说是符合真理要求的。例如，关于未来的判断、关于历史的讨论、关于政治的分析、涉及道德和审美价值的评论以及关于趣味、偏好和主观态度的议论，甚至关于当下事实的描述，都不是真的或很难是真的。而按照王阳明的观点，格物也是认识世界的一个前提条件。

③ 参见赵汀阳《冲突、合作与和谐的博弈哲学》，载《世界经济与政治》2007 年第 6 期，第 14 页。

使得大家都缺乏信息。因为什么都不知道，也就不知道应该说什么，所以对话就没有了意义；在阿克塞尔罗德的情景中，他相信只要有重复博弈，没有语言交流也同样能够达成合作，而且博弈者的策略是预先设计好的程序，即使可以交流也不能更改，所以语言交流是无用的，也是可以省略的。

不过我们在此更感兴趣的是这种对话游戏本身，这使得我们联想到了谢林谈判。

无独有偶，谢林对冲突与合作的研究也是从谈判开始的，而且特别强调并分析了默式谈判在从冲突走向合作中的作用。

谢林认为，冲突不一定是一场冲突双方都“志在必得”的竞赛。这是因为在冲突中“胜利”一词的含义并没有严格的界定。事实上，冲突中的胜利常常只是相对于冲突一方，而非冲突的另一方的价值观而言。[①]因此，这种胜利就可能通过冲突双方的讨价还价、互谅以及避免采取互损行为得以实现，否则就会出现所谓的“完全冲突”，而《冲突的战略》中所说的战略，仅涉及武力威慑（potential force）而非武力的有效使用。因此，他关注的不是冲突双方的利弊得失，而是如何达到一个实现冲突双方最大化利益的结果。最有趣的国际冲突不是“零和博弈”，而是“非零和博弈”，博弈一方的所失并不意味着另一方的所得。这样，对冲突中的博弈双方而言，寻求一个双赢结果就是他们的共同利益。所以，大多数冲突都存在讨价还价的可能性。而将冲突视为一个谈判过程，有助于我们摆脱非敌即友的传统思维模式。谢林还指出，讨价还价谈判的实力也可以被看作是欺骗（bluff）和愚弄

---

① 著者注：这就意味着冲突并不一定是零和的，一方认为在冲突中取胜的同时另一方可能并不认为自己在冲突中失败，因此存在双方在冲突中双赢的可能性。或者说，双方志在必得的“得”可能并不相同。这就是谢林之后提出的聚焦点的问题，即双方在冲突中的聚焦点不同。不过，这似乎与哈丁在《社会冲突》中给出的冲突定义相悖了：如果双方的聚焦点不同，双方还会存在冲突吗？当然，也许是存在冲突双方在对自身聚焦点认知方面的不一致，对问题和矛盾的理解并不一致，因此冲突本身可能就是假冲突，而通过谈判中的交流和思考，撇清了自己对自己的误判，从而有助于冲突的化解。但是，这可能仅仅是一个推脱而已。事实上，谢林自己在《冲突的战略》（华夏出版社 2011 年版）一书第 5 页中曾经明确地，但是却让人有些费解地指出：“此处所指的冲突双方也不是完全誓不两立的敌人，而是互存疑虑与分歧的伙伴!!!”

（fool）的实力，即威慑必须可信、有效，当然这在很大程度上取决于现实条件，但是这又涉及是否履行承诺以及如何履行承诺的问题。因此，谢林在2009年以《承诺的策略》为名又集结出版了他此前关于承诺的一系列研究论文。

其实，早在阿克塞尔罗德在1984年出版《合作的进化》之前的1960年，谢林就在《冲突的战略》中以有限战争为例，对如何通过谈判和沟通使冲突转化为合作进行了深入的论述。毫无疑问，战争双方无法进行有效的沟通，因此双方要在信息沟通不完全和无效的情况进行默式谈判（tacit bargaining），而这里的默契是建立在共同利益的基础之上的。谢林强调，就这点而言，默式谈判和面对面的显式谈判并无本质区别。人们通常只有在得知别人将作出和自己同样的行为时，才会与他产生共鸣，达成某种共识，从而出现合作的契机，也就是谈判协议的形成。这也是所谓的求同存异。

在这里，聚焦点（focal point，后来又被称为谢林点）就是使冲突双方成功地对彼此预期作出判断，即每个人期望的聚焦点是他人期望他本人期望被期望作出的选择，因此也是达到某种默契的关键。而这个聚焦点一定具有某种显著特征，易于发现，在很大程度上取决于双方的直觉而非逻辑思维推理，或许依靠来自双方对相似事物之间的类比经验、先例、偶然巧遇、对称性、审美观或几何原理、诡辩推论，以及当事人的自身条件和对彼此情况的了解。他在书中前前后后举了大量的例子来说明这一点。比如两个人独立不能交流的人，都被要求从四个球中选择一个，当且仅当两人选中同一个球时获得奖励。四个球中三个是蓝色，一个是红色。假设两个人都对对方一无所知，但又都希望得奖，那么他们基本上一定会选择红色的球。这并不意味着红色的球就一定比蓝色的球好，事实上，他们如果都选中一个蓝色的球一样可以得奖。但是红球在直觉上是最保险的选择，也是最明显的球，所以绝大多数人会选择红球。

在显式谈判中双方可以通过语言沟通寻找这个聚焦点，而默式谈判的关键就是一个在默契中寻找聚焦点的问题，即任何一方都要根据对另一方对自己行为预期的预期调整自己的行为。在这个过程中，没有语言交流，靠的是心灵的沟通，靠的是双方对对方准确一致的猜测的猜测（博弈），进而协调自己的行为。

总之，在谢林这里，冲突不仅是可以转化成合作的，而且默式谈判的情景与阿克塞尔罗德的情景一样。在这里，没有哈贝马斯式的语言交流并不意味着没有交流，更不意味着无法实现合作。只是阿克塞尔罗德靠的是重复博弈的学习，而谢林靠的是心灵的沟通和对预期的准确预期，语言似乎并不是必需的。

第三节　集体行动的逻辑

也许是有关合作的研究更偏向于是一个规范经济学的问题，也许是传统经济学更强调竞争机制的作用，因此在主流经济学研究中，作为经济学起点之一的合作问题却在相当长的一段时间内被有意无意地忽略了，直到 1964 年曼瑟尔·奥尔森出版了《集体行动的逻辑》，才勉强算被纳入经济学研究的视野。

集体行动是指能形成公共产品/集体产品供给的行为，也就是集团行为，而合作剩余本身又被假定为具有公共产品的性质，因此，我们在本书中就常常把集体行动看作是一种合作。① 奥尔森也明确指出："由于两个或两个以上的成员必须同时行动才能获得集体物品，所以至少得有心照不宣的合作或组织。"②

① 我们在后面将指出，由于需要克服搭便车的行为才能够形成集体行动，而从合作的元定义来说应该具有自愿性和自发性的特征，因此，在这个意义上集体行动还不是上述意义上的合作。不过，从构成集体行动的特征要素——配合——的角度来看，我们也可以将集体行动看成一种合作来展开我们的分析和研究。

② 参见曼瑟尔·奥尔森《集体行动的逻辑》，格致出版社、上海三联书店、上海人民出版社 2011 年版，第 38 页。值得注意的是，从集团行为的角度出发，奥尔森特别重视对组织和国家的研究。这也就成了我们在第二章从国际关系理论中的合作角度研究合作的一个依据。

一　智猪博弈：共同利益背后的公共产品的供给与搭便车

尽管奥尔森没有在形式上明确地使用博弈论的研究思路，但是从逻辑上看，他同样也是从个人理性和集体理性的角度来解释集体行动的逻辑，从而展开对合作问题的研究。

奥尔森在《集体行动的逻辑》一书中一开始就明确指出："有共同利益的个人组成的集团通常总是试图增进那些共同利益，这一点至少在涉及经济目标时被认为是理所当然的。正如单独的个人往往被认为是为他们的个人利益行事，有共同利益的个人所组成的集团被认为是为他们的共同利益行事。这种关于集团行为的理论不仅在一般性的讨论中时有所闻，也经常可以在学术著作中发现。"但是，奥尔森却开宗明义地指出："认为从理性的和寻求自我利益的行为这一前提可以逻辑的推出集团会从自身利益出发采取行动，这种观念事实上是不正确的。……有理性的，寻求自我利益的个人不会采取行动以实现他们共同的或集团的利益。……除非在集团成员同意分担实现集团目标所需的成本的情况下给予他们不同于共同或集团目标利益的独立的激励。"因为"正如可以假定一个组织或一个集团的成员拥有共同利益，他们显然也拥有不同于组织或集团中其他人的纯粹的个人利益"①。毫无疑问，集团意味着一些有共同利益的个人，但是那种认为只要有共同利益就可以形成利益集团，并形成一致的集体行动，而且集团中的个人会联合起来共同追求共同利益的直觉是不成立的。奥尔森指出，尽管亚里士多德在《伦理学》中就表述了类似的看法②，但是仅仅是因为有了共同利益，就一定形成集体行动或集团的观点是站不住脚的。

奥尔森以国家为例，来说明共同利益并不是形成集团的充分必要

① 曼瑟尔·奥尔森：《集体行动的逻辑》，格致出版社、上海三联书店、上海人民出版社 2011 年版，第 1 页。

② 亚里士多德指出："人们为了获得特别的好处，通过为生活的目的提供某些特别的东西而聚到一处；同样，政治社团看来是为它们所带来的总的好处而自发的聚到一处并继续存在下去。"参见曼瑟尔·奥尔森《集体行动的逻辑》，格致出版社 2011 年版，第 6 页。

条件。他指出，爱国主义可能是当代忠于某一组织的最强烈的非经济动机，国家还可能辅以共同的宗教、语言或文化来赢得更多的力量和团结，并且几乎每一个政府都能为其公民带来经济上的利益，但是历史却没有哪一个国家能以靠自愿的集资或捐款来供养自己，而必须依靠强制的税赋体系与制度，其原因就在于政府提供的公共产品，如国防、治安和法律体系实际是服务于国家中每一个人的。要想剥夺那些没有自愿承担政府开支的人受军队、警察和法律保护的权利，即便可能，也是不可行的。事实上，组织的核心特征之一就是向其成员提供不可分的、普遍的利益，没有人能够被排除在公共产品所带来的效用之外。因此，尽管集团中的所有成员都会有获得公共产品的需求，但是毫无疑问，他们都不愿意负担为获得这种公共产品而需要付出的成本。集团的利益是公共性的，所以集团中的每一个成员都能分享，而不管他是否为此付出了成本。这就是搭公共产品的便车。换言之，只要存在搭便车的可能性，又有谁还会愿意付出集团联合的成本呢？而如果大家都这样想，那么即使存在共同利益，也一定不会有集团的产生和出现！

纳什在 1950 年提出的“智猪博弈”对搭便车问题进行了经典的论述。他假设在猪圈里有一头大猪，一头小猪，猪圈一边是猪食出口，另一边是控制猪食的按钮。这样，去揿按钮的猪会付出相当于两个单位食物的成本来提供公共产品，而等着对方揿按钮来搭便车的猪却可以率先到达猪食出口的位置。如果大猪先到猪食出口，则大猪和小猪可以吃到的猪食比例是 9∶1；同时到猪食出口是 7∶3；而小猪先到猪食出口，则大猪和小猪可以吃到的猪食比例是 6∶4。那么此时小猪的最优策略是什么呢？

在大猪选择揿按钮行动的前提下，如果小猪选择等待奔向猪食出口，就可以获得 4 个单位的猪食，而小猪选择揿按钮行动的话则只能吃到一个单位，所以等待优于行动；如果在大猪选择等待的情况下，小猪采取揿按钮行动，那么小猪的收益甚至不抵成本，出现净亏损。在大猪选择等待的情况下，如果小猪也选择等待，则收益为零，成本也为零，这样，等待还是优于行动[1]。所以，小猪要成为智猪，占优的策略都是等待，也就是搭大猪的便车是收益最大的选择。

二　集体行动的分析思路之一：成员数量的影响

奥尔森的逻辑是强有力的，但是到此为止他的结论却是反事实的：毕竟在现实世界中合作、共谋、集团和集体行动是大量存在的。如何对此给出合理的解释呢？他首先给出了一种例外情况，就是小集团。

小集团的特征是成员少，因而每个成员在集团中的地位和贡献都是举足轻重，甚至可以说是不可或缺的，因而他们的贡献也就变得非常醒目。同时，这也意味着一个成员可以获得集体物品总收益中不可忽略的一部分。结果，某些小集团中的成员，或者至少其中的一个成员，会发现他从集体物品中获得的个人收益超过了他提供集体物品的总成本，甚至有些成员即使承担了提供集体物品的所有成本，他们得到的好处也要比不提供集体物品时来得多。那么，在这种情况下，集体物品就可以通过集团成员自发和自利的行为实现有效和持续的供给，集团的集体行动也能够存在下去，合作也就可以得到有效的维持。[2] 这里的一个关键在于在小集团中存在相当程度的不平等，包括成员规模的不对等或对集体物品需求的强烈程度的不对等。此时，由于某个成员对集体物品的需求越强烈，他从集体物品供给中所获得的收益和收益份额也就越大，结果使得他即使不得不承担全部成本，他也会欣然为之。因此，越是在不对称的小集团中，集体产品就越可能被稳定地供给。

---

① 如果大猪和小猪同时采取行动，之后同时到达猪食出口，那么小猪的收益是1，与大猪行动小猪等待的结果相同。除非小猪喜欢锻炼身体，否则它没有理由与大猪同时行动。

② 甚至极端地说，即使在有搭便车的情况下，集体行动或合作依然可以出现。但是，这种搭便车行为必须是有节制的，不能得到广泛的扩散和模仿，否则集体行动就变成了单方面的行动，也就很难称为合作了。

而从另一方面来说，在一个足够小的集团中，如果有某个人不再为他享用的集体产品付费，其他成员的负担就要大幅度增加，从而可能因此拒绝继续出力而导致合作破裂。如果第一个退出的成员意识到这一点，就可能重新权衡搭便车的收益与继续分担成本而享受到的集体产品的福利。但是，只要搭便车而导致的福利损失大于分担成本，搭便车就会变得不再有利可图，因而合作也就可能维持下去了。

而在一个大集团中，理论上没有某个成员的贡献会对集团整体产生很大的影响，也就是说搭便车的收益会远远大于为享受集体产品支付的成本，所以除非存在外部的强制因素引导这些大集团的所有成员为实现他们的共同利益添砖加瓦，否则难以自发地形成集团合作来实现集体物品的供给。[①] 也就是说，集团越大，为集团供给集体物品而分担成本的人获得的收益在总收益中所占的份额就越小，有利于他们进行集团行动而得到的激励也就越少，这样，成员在主观上就会认为自己为集团利益所作出的贡献无足轻重，因而对集体产品的贡献热情就会下降。另外，集团越大，成员越多，为合作而付出的谈判和协调成本也越大。结果，在大集团中，搭便车就是有利可图的。因此，对于大集团来说，仅仅因为存在共同利益并不一定能形成合作。小集团合作只是奥尔森集体行动逻辑的一个特例而非常态。[②] 不能用小集团存在理由来解释大集团。

至此，我们可以得到一个结论：相比大集团，小集团更容易出现合作。而在大部分对国际关系和国际政策协调原理的研究中，受制于技术手段的限制，大部分使用的还是两国模型这种小集团集体行动来模拟多国合作的情形，因而忽略了搭便车的问题。而两国模型在现实

① 奥尔森的这个观点实际上是他另一个有关合作起源的重要逻辑起点，也是他有关合作形成的最可能引起争议的观点，即选择性激励。而这个观点是此前对利维坦的延伸和此后不对称合作论的一个基础，并与阿克塞尔罗德有关合作自然、自发、不需要强制外力作用的进化理念形成了截然相对的两极。

② 不过，按照这个思路，只要存在共同利益，小集团合作，或者更极端地说双边合作依然是完全可能的。

世界中恰恰仅仅是一种最简单的合作，完全无法涵盖更常见、内容更丰富的多国合作的条件、动机、博弈和特征。

对于小集团合作的稳定性，奥尔森还做了进一步的研究。他指出除了一个成员的退出将对他自己和其他成员的合作剩余产生明显影响外，还必须要注意到不能给自己提供集体物品的大集团与可能为自己提供集体物品的寡头垄断小集团之间在集体行动成因方面的差别。

在前面的分析中我们已经知道，具有共同利益的个体能否在没有外部强制的情况下形成合作在很大程度上取决于集团中成员的数量。但是，如果我们由此断定是成员数量决定了合作与否，或者进一步断言大集团不可能形成集体行动，这样的判断也不完全准确，而且与现实相悖。集团成员之间的关系远不仅是数量所能反映出来得那么简单。首先，前面已经提到，不同成员对合作供给集体产品的需求并不相同，因此对合作剩余的主观评价也不相同；其次，不同成员在集体产品的供给能力，或者说在成本负担方面的能力也不相同；最后，不同成员在集团内部的影响力和号召力以及实力和权力也不相同。因此，具有共同利益的个体能否在没有外部强制的情况下形成合作在很大程度上就不仅取决于集团中成员的数量，而且取决于成员之间相互依赖的程度和格局。

三　集体行动的分析思路之二：选择性激励

到此为止，对于理论逻辑与现实世界广泛存在的合作、共谋、集团和集体行动之间矛盾，奥尔森对集团成员的数量分析之后，又对集体利益进行了区分。他认为有两种集体利益，一种是相容性的，一种是排他性的。

相容性的集体利益是指利益主体在追求这种利益时是相互包容的。例如，在同一个行业中的公司在向政府要求更低税赋或其他优惠政策的时候，其利益就是相容的，利益主体之间是正和博弈，一损俱损，一荣俱荣。因此，集团规模的扩大不会带来竞争，而是会使原来成员分担的成本减少。在这种情况下，分担成本和分享收益的成员数量越多越好，所以总是欢迎新成员的加入。相反，排他性的集体利益是指利益主体之间在追求这种利益的时候彼此之间是相互排斥的。例如，还是处于同一行业中的公司在试图通过限制产量来追求更高的价格时，他们之间的利益就是彼此排斥的。因为市场份额是一定的，这种集体产品提供的收益是固定的，但是谁为此付出了成本，限制了自身的产量，同时也就限制了自身享受集体产品的收益。减产会使价格提高，但是收益又是由减产后的产量与价格共同决定的。谁付出的成本越多，减产越大，最终享有的集体产品收益却越小！而你生产的多则我生产的就一定少。因此，他们不仅希望同行公司减产多，甚至希望这些企业尽可能离开，最后只剩下他一个来垄断市场，并提供全部的供给。所以他们之间都是竞争对手，他们之间的博弈也就是零和博弈。

显然，只有在正和博弈的情况下，相容的集体利益才可能孕育出合作。而只要存在零和博弈，出现冲突的可能性是很高的，合作也因此是困难的。这样，我们可以由此引申出有关冲突与合作的第一个命题。

合作命题一：在正和博弈中容易形成合作①

奥尔森指出，一个集团的行为是排他性的还是相容性的，取决于集团所寻求的目标，而不仅是成员的特性和品质。因此，同一个集团在追求某一个目标的时候可能是排外的，而这个集团在追求另一个目标的时候又可能是相容的。既然如此，集团成员之间就可能同时存在既合作又冲突的关系，即此时为合作，彼时为冲突。这个引申结论就是我们认识合作的第二个命题。

合作命题二：合作不仅取决于成员的品格和态度，更取决于共同利益的特点

针对可能形成合作的相容集团，奥尔森又在其中进一步区分出了特权集团和中间集团。所谓特权集团是指那些在集团中的每个成

---

① 在后面的第三章第三节将指出，在合作双方不对称且进行零和博弈的情况下也有进行合作的可能性，且合作可能会改变弱势方在未来双边合作中的地位。

员或者至少其中有一个成员受到激励，即使他承担全部成本，也会提供集体产品。因此，对于特权集团来说，即使没有任何组织进行协调也能够实现集体产品的供给。显然，在这种情况下，集体行动或合作就常常会出现。而中间集团是指这样一种状态：在这个集团中，没有一个成员获得收益的份额足以促使他有动力单独提供集体产品，但是这个集团的数量也并没有大到使这个集团的成员间彼此注意不到其他人是否正在提供集体产品。与此相对应，奥尔森将那些既不是特权集团又不是中间集团的相容集团称为潜在集团。潜在集团是成员数量很多的集团，一个成员参与或者不参与提供集体产品，是否作出贡献，其他成员都不会受到明显的影响，因此也没有理由作出反应。这样，潜在集团的成员就不会受到激励去参与集体产品的供给，去分担成本，去为集体利益作出贡献。所以，不管集体产品对潜在集团整体来说是多么得重要、多么得珍贵，潜在集团的成员都不会因为受到任何激励去承担实现集体行动的成本，不会自觉供给集体产品。因此，仅仅因为他们的存在也就不可能形成集体行动与合作。

由于集体产品的公共产品性质，或者说由于大集团中每个成员的贡献既微不足道又不引人注意，所以要实现集体行动，大集团集体行动的逻辑就在于必须对成员实行选择性的激励。而这首先需要对成员进行分类，把他们分成不太需要大的激励就能合作的特权集团、需要进行激励才能合作的中间集团，以及给予激励也不会参与合作的潜在集团。[①] 因此，要促成合作，不仅需要激励，而且需要选择性激励。

---

① 在奥尔森的原著中，潜在集团最初被称为“原子式集团”以表明其大集团的性质。笔者认为，原子式集团的名称比潜在集团的名称更符合奥尔森分析的这个集团的特点：“这样根据定义，‘潜在集团’中的某一个体不能为任何集团做出多少贡献，而且由于如果他什么也不干的话，集团中也没有人会作出反应，因此他就不会受到激励去做贡献。所以大集团或者‘潜在’集团不会受到激励为获取集体物品而采取行动，因为不管集体物品队集团整体来说是多么珍贵，他不能给个体成员任何激励，使他们承担实现潜在集团所需的组织成本，获益人和方式承担必要的集体行动成本。”（参见曼瑟尔·奥尔森《集体行动的逻辑》，格致出版社、上海三联书店、上海人民出版社2011年版，第41页）显然，既然这个集团根本不会因为受到刺激而参与集体行动，所以也就没有“潜在”之说。

而且那些没有为集团利益作出贡献的成员虽然也可以享受集体产品，但是他们所获得的待遇必定与那些为集团利益作出贡献、参与了集体产品供给的成员待遇有明显的不同。当然，这样的选择性激励既可以是积极的，也可以是消极的，既可以通过奖励那些为集体利益作出贡献的人以进行鼓励和诱导，也可以通过惩罚那些没有参与集体产品供给却无偿享受集体产品的成员以实现强制和压力。按照这样的思路，奥尔森自然得出了这样的结论："只有一种独立的和选择性的激励会驱使潜在集团中的理性个体采取有利于集团的行动。"①

总之，奥尔森对合作总的来说还是乐观的，他之所以将大集团称为潜在集团，就是因为他相信只要设计出选择性激励的制度，那么对大集团来说，参与并实现集体行动与合作的潜力和能力就会被动员起来。更进一步明确地说，"大集团被称为潜在集团，因为他们有采取行动的潜在的力量或能力，但这一潜在的力量只有通过选择性激励才能实现或被动员起来。"②

合作命题三：要实现合作，就必须有选择性激励

当然，从选择性激励中我们可以推导出一系列有关合作的非常重要的问题，比如，由谁进行激励？由谁来决定选择性激励的程度？如何决定选择性激励的对象等。这些将引出笔者在本书中准备重点说明的一个问题，即合作的不对称性。这种不对称性不仅来自合作方在合作之前实力或权力的不对称，而且退一步讲，即使在合作开始之前各方在实力和权力方面都是对称的，那么要实现有效的合作，平等的各方也必然产生不对称的权力。这里谈到的选择性激励是一种，还包括我们在后面将谈到的配合行动的协调权以及授权惩罚等产生的不对称权力。

---

① 曼瑟尔·奥尔森：《集体行动的逻辑》，格致出版社、上海三联书店、上海人民出版社 2011 年版，第 41 页。在这里必须指出的是，奥尔森在此实际逻辑上有些问题。按照逻辑，应该是选择性激励能够调动中间集团，但是他却反复强调选择性激励应该以调动潜在集团中的理性个体为主。

② 曼瑟尔·奥尔森：《集体行动的逻辑》，格致出版社、上海三联书店、上海人民出版社 2011 年版，第 42 页。

最后，如果我们将前面智猪博弈的结论一般化，那么它给我们的一个基本启示是，在不对称的对手之间，弱者的占优策略总是跟进，或者说总是等待。这里有两个核心：首先是对手之间的不对称[①]；其次是弱者的跟进策略。反过来，要形成集团集体行动，制造集体产品或公共产品，如果不能有效阻止弱者的搭便车行为，那么就应该对强者进行选择性激励。[②] 而这正是奥尔森的最终答案。大企业和小企业是如此，国家与个人是如此，大国与小国也是如此。

四　奥尔森与阿克塞尔罗德

对合作的研究可以从两个方面展开：其一是最终构成彼此协同行动的个人行为及其动机，其二是使合作者之间协调一致以成就联合行动的合作组织。在最近十年研究合作的文献中，以对前者的研究为主，而对后者的研究则相对不足。个人参与合作的动机从直接互惠、间接互惠、网络互惠、组间选择以及强互惠可以得到解释，而对于搭便车给合作动机造成的侵蚀则通过选择性激励加以克服。

我们在下面将提到，从奥尔森的逻辑来看，个人参与集体行动的临界点是对集体物品的边际成本分担比例与对边际收益分配的比例相同，因为只有这样才能产生合作盛誉，也只有当每个集团成员都根据自己的收益份额付出相应的成本份额时，集体物品的供给才能达到帕累托最优。但是，在自愿供给集体物品的集体行动中，由于存在搭便车行为，集体物品的供给就会偏离帕累托最优。集团越大，问题就越明显。这就引出了合作行为的协调组织问题。早在 1965 年，奥尔森就指出，“在大集团中，不借助某些集团协议、协调或组织就不可能获得集体物品。……组织成本是集团成员数量的增函数”[③]。因此，在集体行动中，大集团不仅受制于单个成员的净收益激励份额太小，

① 事实上，沿着智猪博弈的思路也可以发展出不对称的劝说型博弈和盟主情景。

② 一旦对博弈参与者中的强者进行选择性激励，智猪博弈就将在重复博弈中演变为不对称的盟主博弈，而这就是本书的主题。

③ 曼瑟尔·奥尔森：《集体行动的逻辑》，格致出版社、上海三联书店、上海人民出版社 2011 年版，第 38 页。

而且也受到组织成本过高的约束。显然，要促成集体行动，一方面要强化个人参与集体行动的激励，另一方面也要解决组织成本的问题。因为如果不实施选择性激励就无法实现集体行动。奥尔森对集体行动的组织之重视，以至于他在《集体行动的逻辑》一书中开宗明义："集团中的个人采取的或未来集团中的个人而采取的大多数（尽管不是全部）行动都是通过组织实现的，因此对组织进行一个一般性的或理论性的研究是很有益处的。"①

然而，在阿克塞尔罗德看来，在重复博弈的情况下，即使缺乏为了实现选择性激励而存在的中心权威，合作也可以在甚至是自利主义者之间出现。

一方面，与奥尔森的逻辑推导不同，阿克塞尔罗德的模型模拟结果只是给出了经验答案，给出了结果，并没有说明逻辑，没有通过逻辑将一系列概念联系起来，最多只是指出了一种后验的理论推导的目标，而与逻辑本身无关，所以也不能构成合作理论本身。而另一方面，奥尔森也有方法的局限。从逻辑上讲，合作产生和传播的前提在于能够将合作者和非合作者区别对待，对合作者给予信任和奖励，对搭便车者予以惩罚。这实际是一个有效信息的传播和沟通过程。奥尔森主要考虑集团规模对信息传播的影响，但是没有考虑交易频率和重复博弈的信息传递效应，这表现出一种静态分析的特征，认为只是一次性博弈。因此，集体行动理论认为规范只能在相互熟悉的小集团中形成。

当然，奥尔森和阿克塞尔罗德都试图通过改变个人的激励结构来诱导人们参与合作，遵守合作的规则，并相互协调形成联合行动。奥尔森的解决方案是实施选择性激励②，而阿克塞尔罗德的方法是由分散的合作者个体通过在重复的博弈中实施"一报还一报"的策略实施选择性激励。从这个角度看，两者之间有异曲同工之妙。而且，与

① 曼瑟尔·奥尔森：《集体行动的逻辑》，格致出版社、上海三联书店、上海人民出版社 2011 年版，第 5 页。

② 在奥尔森的理论体系中，由谁来确定并实施选择性激励本身就是一个非常具有挑战性的问题。

奥尔森集体行动理论逻辑指向的正式组织重要性[①]不同，阿克塞尔罗德的合作演进理论通过在重复博弈中塑造人与人的社会关系，是个人约束自己的机会主义行为以实现长期收益，从而形成合作的理念并遵守合作的规则。在这里，规范是指一种非正式的约束制度，具有自我执行的能力，能够抑制搭便车的行为。从逻辑上说，阿克塞尔罗德并不排斥正式组织或授权权威在确保这种人际关系中发挥更加频繁、持久和稳定的作用。

最后，作为奥尔森选择性激励的逻辑结论，权威依然会产生无穷尽的 n 阶搭便车问题。相比之下，强互惠理论是一个终极的解决方案，但是它进一步强化了合作中参与方之间的不对称倾向，进一步增强了合作的强制色彩，进一步弱化合作的自主性，从而逐渐使合作走向了终结。[②]

第四节　合作成本分摊

经济分析的一个核心思路是成本和收益的比较。对于合作来说，就是说合作成本与合作收益的比较，这决定了合作剩余的大小，也就决定了合作能否出现、能否持续、能否扩展等一系列重要问题。

在这个意义上，合作应该是参与者分担成本，获得集体产品，然后按照一定的规则分享集体产品。当然，合作能够成立的一个基本前提就是合作剩余，也就是不论对于个人还是集体来说，通过合作分担成本获得的总收益要大于每个成员分别付出同样成本以后得到的总收益。[③] 这又可以区分为两种情况：（1）合作成果是一种公共产品，因而不存在分配问题；（2）合作成果需要进行分配。显然，前者相对

① 因为正式组织或授权权威才能够设计和实施选择性激励。

② 可能也正是由于这个原因，奥尔森在后来的著作中开始强调治理问题，从而回归到强调合作的自发性与自主性的特征。

③ 卢梭的狩猎合作是一个极端的例子，也是最容易理解的、最简单的例子。在这种情况下，每个猎人独立捕猎可能无法实现围猎，因而很可能一无所获。由于合作决定了有无问题，因此合作就一定是必须的。

简单，后者则由于涉及分配权力而使得合作变得更复杂。因为合作从本质上说应该是平等的，但是一旦合作的成果需要进行分配，那么按照什么原则进行分配，特别是即使分配原则经投票得到一致同意以后，谁来执行和监督分配等一系列涉及需要权力介入的问题也会随之出现，从而就会在合作之间产生不对称，也会抑制合作中的自发性，客观上造成强制性上升，合作中的自愿性就会逐渐削弱，甚至难以为继了。[①] 在奥尔森的分析中，对导致公共产品的合作，或者说对不涉及分配问题的合作讨论最多。我们下面的论述也是围绕这种情况展开的。当然，这里对于合作成本的分析不仅适用于对成本份额的分析，也适用于对组织成本的分析。

一 公共产品供给与成员的人数和地位

奥尔森对公共产品供给与成本之间的经典研究是从这样一个基本假定开始的，即“如果有一定量的集体物品，获得它的成本与远远低于它所带来的收益，相关集团中的某一个人即使全部由他自身提供这一物品也能从中获益，这样就可以假设这种集体物品就会被提供”[②]。换言之，在这种情况下，由于总收益会大大超出总成本，因此即使是由一个成员承担全部成本，对于他来说，他所分享的收益也会超出他一个人承担的全部总成本。毫无疑问，此时就会出现合作。[③]

以减税政策为例，集团的收益（Vg）等于集团的总资产（Sg）与单位资产的减税收益（t）的乘积。个人总收益就是个人收益（V_i）在集团收益中所占的比例（$F_i = V_i/Vg$）与集团收益的乘积

---

① 这一点和本书所要重点论述的不对称合作是有本质区别的。在不对称合作的情况下，的确也会有权力存在，但是这种权力在合作一开始就得到了对方的认可，并且是以不对称为后盾的。因此，不对称合作中的权力和妥协是不对称合作的前提，不会因此危及合作的可持续性。与合作中产生的权力不对称是两个概念。

② 曼瑟尔·奥尔森：《集体行动的逻辑》，格致出版社、上海三联书店、上海人民出版社 2011 年版，第 19—20 页。

③ 此时由于只有一个人提供集体物品的供给成本而由众多人享用，也就是别人都在搭便车，因此还不是我们在本书中讨论的严格意义上的元合作概念。

（$V_i = F_iVg = F_iSg\ t$）。对于个人来说，从集团收益中得到的净收益（Ai）等于个人总收益（V_i）与其分担的成本（C）之差，即：

$$A_i = V_i - C \tag{1}$$

对方程（1）求导得到：

$$dA_i/dt = dV_i/dt - dC/dt \tag{2}$$

我们可以合理的假设个人净收益满足报酬递减，即 dA_i/dt 的二阶导小于零，那么对方程（2）求最大值就有：

$$dV_i/dt = dC/dt \tag{3}$$

至此，我们可以看到，个人愿意承担的公共产品成本以成本增长率等于个人收益增长率为限。只要个人收益的增长率超过个人承担成本的增长率，成员就愿意继续增加其所分担的成本。

由于 F_i 是常数，所有我们又可以得到：

$$F_i\ (dVg/dt) \geqslant dC/dt \tag{4}$$

$$F_i \geqslant dC/dVg \tag{5}$$

$$V_i/Vg \geqslant dC/dVg \tag{6}$$

从方程（6）中我们有可以发现，对于某一个特定的成员来说，只要他在集团中分享收益的比例大于他分担的成本在集团总收益中的比重，他就会继续积极地分担集团产品的成本，直到两者相等。①

这意味着，只要这个成员在集团中的地位越重要，或者集团人数越少，集团产品的供给就越有保障。显然，在这个集团只有一个成员的极端情况下，“公共产品”的供给就变成了自利的行为而不存在任何合作问题了。

二 联盟的经济理论：不对称的内生强化

在绝大多数情况下，组建联盟的核心目的是通过供给集体或公共产品来实现联盟的共同利益，制造合作剩余，但只要这种合作剩余是一种公共产品，就不可避免地会出现搭便车的问题。

按照一般的原则，联盟成本的分担应该是以各成员国的 GDP 为

① 这里由于涉及微分，实际上已经是一种对经济研究中边际概念的应用了。

基础的。但是，奥尔森（1966）指出，在当时北约这样一个典型的军事联盟中，美国和其他一些较大的成员国承担了集体防务成本中较高的份额，而较小成员国承担的集体防务的开支占其 GDP 的比例远低于较大的成员国。按照上面的分析结论，这就产生了两个问题：（1）由于经费问题的制约，北约可能无法像预想的那样发挥作用；（2）在小国缴费不足的情况下，大国缴费的重要性凸显，使得联盟决策机制发生变化，美国的影响在上升。类似的情况也出现在联合国会费问题上。尽管我们可以从道义上进行劝说，但是从经济学理论分析国家利益决策更具有现实性和说服力。

对于小国来说，在不参与联盟的情况下，他们能够投入国防的开支绝对额非常有限。但是他们必须根据军事威胁的评价来确定，而不是单纯地依赖于对 GDP 的比例来决定国防开支的绝对水平。他们评估军事威胁的因素包括：距离敌对国的地理距离，可能受到军事威胁的边境线，从历史角度对敌对威胁的评估，甚至包括它们对战争的态度和自我防御的能力等。在参加联盟以后，它们发现借助联盟的力量（集体产品），就很容易满足它们对国防的需求，而且它们承担的防卫开支在联盟总开支中又是微不足道的。一旦意识到了这一点，从它们国家利益出发，显然就没有分担集体防务成本的激励了。

在理想状态下，两个相近规模的国家共同面对一个敌人，而这个敌对国又比它们都要强大。这样，它们组成一个联盟共同对敌，就可以获得更多的军事安全或更低的国防开支，从而得到合作剩余。联盟一旦成立，那么成员国在合约期内就必须在法律上保持成员国的地位，但联盟成本的分担通常不是在联盟条约中规定了的，而且即使规定也难以得到有效的执行保证。事实上，很多联盟并没有明确的盟约，因为不论是否签署正式协议，共同的危险或目标给了国家将彼此看作盟友的激励。一个国家如果以牺牲盟国为代价获得收益，也就同时增强了敌对国的力量。但是，正如集体行动的逻辑所指出的那样，尽管有了共同利益，但是由于公共产品的性质和盟国不可退出的法律地位，小国一定能够搭便车，它所获得的相对收益就会比大国获得的相对收益大，而大国由于上述的原因也不能以不保护那些小国相威胁进行讨价还价进而导致联盟破裂。

这里需要用到的核心分析工具就是边际国防收益等于边际国防成本的概念。尽管对于国防收益的评估具有一定的主观性，因为对于小国来说，它们即使分担很多的成本，其承担的国防开支占其 GDP 很大的比重，但是，对于联盟的总支出却没有明显的影响，所以它们就没有通过提高国防收益的主观评估来刻意提高它们在联盟内部成本分担的动力。[①] 而与此相反，在其他情况相同的时候，一个国家越大，它对联盟公共产品的贡献就越大。事实上，我们在对集团成员数量的讨论中实际已经涉及了这个问题，即集团成员越少，每个成员对集团的影响就举足轻重。这就意味着集团成员越少，每个成员的地位就越接近我们在这里所说的大国地位。而由于大国在集体产品中分享的比例高，他们也愿意为集团分担更多的集体产品成本。因此，奥尔森指出：（1）联盟较大的国家应该比较小的国家在国防开支上投入更高比例的 GDP；（2）成员国履行或认缴配额的程度也与其规模呈正相关。

因此，联盟或国际组织的成员在整个集团的公共产品供给达到帕累托均衡之前就有激励停止了。这种情况对小国来说尤其明显。由于他们从这些公共产品中只需要获得一小部分就能得到满足，因此在大国提供了这些产品以后，他们就很少有或者没有激励提供更多的公共产品，结果集团成本在大国和小国之间就只能按照不成比例的方式进行分担，大国倾向于承担不成比例的较大份额，而且这种合作成本分担方式在现实中并不少见。[②]

三　平等合作中的成本分担与不对称

至此，我们对作为人类文明重要标志的合作从经济学角度进行了回顾。亚当·斯密最初提出的个人理性与集体理性的和谐观点受到了

---

① 正是由于小国缺乏影响全球平衡的能力，因此它们通常接受中立或消极的外交政策，流行和平主义思潮。

② 奥尔森（1969）在把这个思想用于联邦政府与地方政府的责任分担以追求财政对等原则的时候，也得出了类似的结论。

纳什博弈论的挑战，在没有充分信息的情况下，从个人利益最大化出发不一定就能达成共赢，而奥尔森更进一步从集体行动的角度指出公共产品搭便车的问题导致合作不再是一个仅仅依靠共同利益就能实现的想当然的结果。那么合作究竟是如何产生的呢？合作所面临的天然困境是什么呢？

从哲学的意义上说，霍布斯和卢梭代表了有关合作起源的两个极端。在霍布斯看来，如果没有一个强大的利维坦，人类合作将是不可能的。因此，存在一个强权的政府机构是必要的。而在卢梭看来，一些自由人在相互交往中会产生公意（general will），由此再辅以“社会契约”，就可以达成并维持人类社会的合作。卢梭反对霍布斯的君主专制，提出在自然状态下的人人自由平等，并通过自由人的公意契约建立政府，然后在政府的治理下实现社会合作。尽管卢梭在《社会契约论》中使用了大量篇幅来论述对政府的制约，但是由于卢梭最终也必须依靠一个公意代表来维持合作，因此，与其说卢梭的社会契约理论是想在人人自愿的基础上达成合作，毋宁说是一些人在社会公意的名义下实行专制，从而与霍布斯殊途同归。

不无遗憾的是，奥尔森从集体行动逻辑的角度对人类社会合作起源这个问题的理论研究，最终也没有逃离强权统治下合作的思路。他在导论中直截了当地给出了这样的判断：“实际上，除非一个集团中人数很少，或者除非存在强制或其他某些特殊手段使个人按照他们的共同利益行事，有理性的、寻求自我利益的个人不会采取行动以实现他们共同的或集团的利益。”因此，“除非在集团成员同意分担集团目标所需的成本的情况下给予他们不同于共同获集团利益的独立的激励，或者除非强迫他们这么做，不然的话，如果一个大集团中的成员有理性地寻求使他们的自我利益最大化，他们不会采取行动以增进他们共同目标或集团目标。在缺乏强制或缺乏上述的独立激励时，这样的大集团也不会建立组织以追求他们的共同目标”①。好在奥尔森还

① 曼瑟尔·奥尔森：《集体行动的逻辑》，格致出版社、上海三联书店、上海人民出版社 2011 年版，第 2—3 页。

进一步指出了促成合作的另一种方式，即对某些成员提供选择性激励，以便使他们乐于承担更多的合作成本。而按照这个逻辑，即使在合作的初始状态中，所有成员都是对称的和平等的，但是一旦要进行合作，就必须让一些成员有别于其他成员，并为此不惜提供激励。

这就意味着，从霍布斯到卢梭，再到奥尔森，合作从一开始就是不对称的。或者退一步说，如果在最初的合作中所有成员本来是对称的，那么为了合作，也必须提供额外的激励来制造不对称。

四　从公地悲剧到奥斯特罗姆的公共事务治理：两个终极解决方案

1968年，哈定（Hardin）在《科学》杂志上发表的《公地的悲剧》中提出了这样一个场景：一群牧民一同在一块公共草场放牧。每一个牧民都想多养羊以增加个人收益，同时他也清楚地知道草场上的羊已经太多了，再多养羊肯定会使草场的质量下降。那么这个牧民将如何取舍呢？显然，如果每人都从自己私利出发，肯定会选择多养羊来获取收益，因为草场退化的代价由大家负担。而当每一个牧民都这样行动的时候，公地悲剧就上演了：草场持续退化，直至无法养羊，导致所有牧民破产。草场虽然是稀缺的，但它是公共产品，不需要分摊成本，或者说产权不明，缺乏监管。因此，这是一个典型的搭便车问题，最终导致草场的过度使用，或者说浪费了公共财产。“每一个模型的中心问题都是搭便车问题：任何时候，一个人只要不被排斥在分享由他人努力所带来的利益之外，就没有动力为共同的利益做贡献，而只会成为一个搭便车者。如果所有的参与人都选择搭便车，就不会产生集体利益。”①

在2009年诺贝尔经济学奖获得者奥斯特罗姆看来，公地悲剧从

① 奥斯特罗姆（1990）：《公共事务的治理之道》，上海世纪出版集团译文出版社2012年版，第8页。

破坏性的角度提出了问题，质疑了市场机制在公共事务（commons）[①]治理问题上的失灵，对亚当·斯密个人利益最大化最终可以自发导致社会利益最大化的命题提出了挑战，并且与囚徒困境和集体行动逻辑构成了分析公共事务治理的三个主要逻辑思路。

奥斯特罗姆指出，解决公共事务治理的分析思路最终或者以政府（利维坦）为唯一途径或者以市场为唯一的途径都是有问题的。

对于以政府途径（利维坦）为唯一的方案，她指出："遵循集中控制的建议所实现的最优均衡，是建立在信息准确、监督能力强、制裁可靠有效以及行政费用为零这些假定的基础上的。没有准确可靠的信息，中央机构可能犯各种各样的错误，其中包括主观确定资源负载能力，罚金太高或太低，制裁了合作者或放过了背叛者等。""与能够容易地设计出最优制度安排，并能够有一个外部权威以很低的成本去强制实施的看法不同，我认为'把制度搞正确'是一个困难的、耗时的和引发矛盾的过程。这个过程既需要有一整套能在文化上被认同的规则，又需要有关于时间变量和空间变量的可靠信息。新的制度安排在现实中不会如在抽象模型中那样运行，除非这些模型构建完整、有实际依据，以及现实场景中的当事人理解如何发挥新规则的作用。"[②]

而对于以市场途径为唯一的方案，她又指出："对于流动性资源，例如水和渔场，就不清楚建立私有产权指的是什么了。"而且"我认为，个人使他们自己从各种不同困境中解脱出来的能力因环境的不同而不同。……与把政策基础建立在相关个人都是孤立无助的假定不同，我希望能从实际场景中的个人的经历中了解更多的东西。为什么有些为解决公共池塘资源问题所做的努力失败了，而另一些却成

① 奥斯特罗姆（1990）是在宽泛的公共事务意义上展开研究的，但是她的案例研究却集中在公共池塘物品（common pool resource）上，这类物品具有竞争性和非排他性的特点。因此，她提出的集体行动机制可能仅仅是适用于公共池塘物品，政府的责任也就是起平衡私人组织和公益组织的作用。总之，她的研究虽然获得了诺贝尔经济学奖，但却是有局限的。

② 奥斯特罗姆（1990）：《公共事务的治理之道》，上海世纪出版集团译文出版社2012年版，第13、18页。

功了？我能够从他们的经验中学到什么，从而有助于促进我们发展和使用一种更好的集体行动理论，一种能对增强或减弱人们解决问题的能力起决定作用的关键性变量作出界定的理论”①？

就这些关键变量而言，奥斯特罗姆认为产生集体选择困境的原因主要有两个：个体之间沟通困难或者无沟通；个人没有改变规则的能力。而在复杂不确定的非合作博弈环境下影响个人策略选择的主要变量有四个：预期收益、预期成本、内在规范和贴现率。人们选择的博弈策略会影响未来对行动收益和成本的预期；个人具有的内在规范也受到其他人的共有规范的影响。如果这一规范成为与他人共享的规范，那么采取被其他人认为是错误的行动所要受到的社会非议便会对他形成制约；贴现率受到个人所处的自然和经济保障程度的影响。

奥斯特罗姆认为，解决公共事务治理的分析思路最终或者以政府途径（利维坦）为唯一或者以市场途径为唯一的想法可能过于肤浅。与存在单一问题和一种单一解决方案的思路不同，她认为存在许多不同的问题和许多不同的解决方案。现有制度要么是私有的要么是公共的，或者不是市场的就是国家的。而许多成功的公共池塘资源制度冲破了僵化的分类，成为两者的混合。不同的事物都可以有一种以上的管理机制，关键是取决于管理的效果、效益和公平。

奥斯特罗姆认为，在复杂的和不确定的环境下，个人通常会采取权变策略，即根据全部现实条件灵活变化的行动方案。“我会遵守承诺，只要大多数人也都这么做”就是一种基本的权变策略，也是一种非常典型的博弈策略。在一个自治组织的初始阶段，在大多数人同意遵循所提出的规则的情况下，一个人对他的未来预期收益进行计算后，可能会同意遵守这套规则。但是在以后，当违反那项规则所得到的利益高于遵守规则所得到的利益时，他也有可能违反规则，除非这种行为被人觉察并受到制裁。因此，遵守规则的权变承诺只有在存在

① 奥斯特罗姆（1990）：《公共事务的治理之道》，上海世纪出版集团译文出版社2012年版，第18—19页。

监督的情况下才是可信的。[①]

作为一个自治组织的群体，必须有适当的监督和制裁。他们必须在没有外部强制的情况下激励自己（或他们的代理人）去监督人们的活动、实施制裁，以保证对规则的遵守。自主治理理论的中心内容就是研究一群相互依赖的委托人如何才能把自己组织起来，进行自主治理，从而能够在所有人都面对搭便车、规避责任或其他机会主义行为形态的情况下，取得持久的共同收益。而基于对自主治理成功案例的研究表明，许多自治组织自主设计的治理规则本身既增强了组织成员进行相互监督的积极性，又使监督成本变得很低。监督成了人们实施规则、进行自主治理的副产品，因为不必付出太多其他额外成本。所有这些，都使自主组织内部的相互监督得到加强，而相互监督的加强又增加了人们采取权变承诺的可能，提高了人们对规则承诺的可信度。两者相互补充，相互加强。

尽管奥斯特罗姆强调自主治理和相互监督，但是依然无法回避在这个过程中的二阶搭便车的问题。我们在后面将说明，要解决这个问题，要么需要强互惠假定，从而彻底改变我们分析框架的前提；要么需要授权惩罚，从而在合作中引出参与者之间的权力不对称。

① 我们在第四章将重点讨论合作一般理论中的惩罚、二阶搭便车与合作秩序维持之间的关系。

第二章　国际关系理论中的合作

经济学的核心概念是效益，而且常常是从个体角度研究效用的最大化。经济学对合作的研究虽然也会涉及集体利益，但是一般是以个人利益为出发点和终点的，离不开对单个人利益的考量。[①] 正是因为经济学对合作的研究主要考量的是个人利益，所以所涉及的利益一般都是一种绝对利益而不是相对利益。换言之，只要强调个人利益，那么其着眼点一般就会集中于自身利益的增减，即绝对利益的水平，而不会涉及与别人的比较，即相对利益的对比关系。可能也正是由于这个原因，经济学对合作的研究总体还是乐观的。因为只要合作能增长单个人的利益，就是有利可图的，因而在经济学研究的范式中也就是可以实现的。这一点在亚当·斯密的经典经济研究中得到了充分的表现。

中国经济的对外开放就是一个有效运用经济学方法和理念的典型案例。在最初的对外开放中，我们对外国投资者减税让利是因为我们相信即使让他们多拿走一些利益，我们的发展也还是会比不开放要快。在这里，我们比较的依然是对绝对利益，或者说是在开放和不开放两种场景的假设下我们自己能够获得的绝对利益水平的差异比较。另一个案例则来源于美国20世纪初著名的金融家、股市投机家和政治家伯纳德·巴鲁克。尽管人们常说商场即战场，也就是说市场竞争的结果不是你死就是我活，但价格战的结果却常常是两败俱伤的。浸淫于看起来零和博弈的股市，伯纳德·巴鲁克却道出了“你并不需

---

① 这一点在奥尔森对集体行动逻辑的研究中就得到了比较明显的佐证。

要熄灭别人的灯以使自己明亮”的名言。[①] 这句话揭示出商业竞争的成功理念应该是既不能把商业竞争当作是战争，也不能把它视为和平，而应该是合作！孔子在《论语·雍也》中更明确提出了“己欲立而立人，己欲达而达人”的共赢而非竞争的理念。

国际关系理论研究的核心概念是权力，而对权力考量就不能仅仅从单个人的角度展开了。因为权力总是相对的，是与对手此消彼长的。自身权力的削弱往往就意味着对方权力的相对提高，反之亦然。在国际关系中，不论是对世界市场份额的竞争还是国家间的权力竞争，都是一种典型的零和博弈。[②] 所以，和经济学不同，国际关系理论所关注的就不仅仅是自己的利益，更要关注对方利益的变化，也就是说要对相对利益给予更多的关注。这种视角决定了国际关系理论研究研究看到的更多的是冲突而非合作。[③] 这是国际关系理论与经济学在对合作问题上的一个重要区别。[④] 邓肯·斯奈德尔（Duncan Snidal）、罗伯特·鲍威尔（Robert Powell）及约瑟夫·格里科（Joseph Grieco）等人就指出担心对手取得较大的相对收益阻碍了合作的

---

① 转引自拜瑞·J. 内勒巴夫和亚当·M. 布兰登勃格《合作竞争：博弈论战略正在改变商业游戏》，安徽人民出版社 2000 年版，第 3 页。

② 我们在此说的零和博弈是在假定世界市场总规模和权力总量既定的条件下作出的判断。从逻辑上说，市场占有率和权力的概念本身就是以总量既定的假定为前提的。即使考虑到市场规模和权力扩大的情况，在增量市场上竞争依然存在。因为在增量市场上放弃竞争就意味着在市场占有率和权力竞争中的落败。在这个意义上，帕累托改进的视角是经济学个人主义。事实上，只要考虑到实力对比，哪怕对方绝对收益的增加不是以己方绝对收益的下降为代价，也一定意味着己方相对实力的下降。市场占有率就是一种相对实力，而权力竞争也是以相对实力为基础的。因此，不仅是国际关系理论，而且包括经济学在内，最终都离不开实力对比、权力和零和博弈的窠臼。

③ 当然，这并不是说国际关系理论对相对利益的关注也会导致对合作的完全否定。所以我们在这里只能说国际关系理论研究看到的更多的是冲突而非合作。因为现实中的权力竞争不会局限在两个对手之间，所以在一个两两对局的权力竞争中采取合作的态度有可能使一方在与另一个两两对局的竞争中取得优势。甚至按照权力指数的定义，在强强竞争中，弱小的一方可能成为关键投票人，因而也会面临与哪方合作进而在博弈中取胜的策略选择。

④ 事实上，直到第 8 版，奈享誉盛名的教科书还一直称为《理解国际冲突》，没有将合作纳入书名。而在第 9 版中，他对于合作的定义，也仅仅是在第 220 页（参见小约瑟夫·奈和戴维·韦尔奇著、张小明译《理解全球冲突与合作：理论与历史》，上海人民出版社 2012 年版）引用了一般的词典解释，即“一起工作或行动”而没有展开自己的论述。

出现。[1] 国际关系领域在一般意义上对合作的讨论主要集中在20世纪八九十年代，肯尼斯·奥耶（Kenneth A. Oye）编的《无政府状态下的合作》（上海人民出版社2010年版，田野、辛平译）就是一项最重要的成果，从报偿结构、未来的影响以及参与者数目三个环境维度解释了合作的出现。而在最近十多年来，则主要关注诸如气候、军控和反恐等具体领域的合作问题。

不过，值得注意的是，尽管我们说国际关系理论看到和强调的更多是冲突，但是社会合作也是必不可少的，否则就很难解释国际秩序的产生和续存，就可能始终处于霍布斯的恐怖世界中。

在这一章，我们从国际关系理论的视角对合作问题的探讨主要是从国际关系理论对战争与和平这两个具体问题的分析展开的。

第一节　国际关系研究起点：合作秩序研究的不同范式

从方法论的角度看，结论往往是隐含在假定中的。对于主要以逻辑推理为基础的学科来说更是如此。这意味着，研究中的首要问题也是核心问题，即：作为理论硬核的假定又是如何给出的呢？从科学哲学的角度看，假定是公理，是不需要证明的信仰，是无法改变的世界观，体现了一个人的基本分析框架和理念。自由主义、现实主义和建构主义就是国际关系研究中的三种基本范式。也正是由于这个原因，为了弄清楚国际关系理论中合作理论的基础，我们在本节中将不得不对这三种范式进行研究。

---

① 参见 Duncan Snidal, "International Cooperation among Relative Gain Maximizers", *International Studies Quarterly*, Vol. 35, No. 4, 1991, pp. 387 – 402; Robert Powell, "Absolute and Relative Gains in International Rational Theory", *The American Political Science Review*, Vol. 85, No. 4, 1991, pp. 1303 – 1320; Joseph Grieco, Robert Powell and Duncan Snidal, "The Relative – Gains Problem for International Cooperation", *The American Political Science Review*, Vol. 87, No. 3, 1993, pp. 727 – 743。

一　政治人与社会人

社会科学虽然是以社会作为研究对象，但是社会的原子是人，所以不论是经济学还是政治学，人都是首先要研究的对象，或是需要给出假定的起点。[①] 卢梭在《论人类不平等的起源和基础》中明确指出："在我们对自然人丝毫没有认识以前，如果我们想确定自然人所遵循的法则，或者最适合于他的素质的法则，那是徒劳无功的。"[②] 在西方思想界，对于政治人假定的研究一般公认为起源于亚里士多德的《政治学》。李普塞特在他的《政治人》一书中开篇就对亚里士多德的观点进行了归纳。[③]

首先，人在本性上是一种政治动物。在亚里士多德看来，当时的城邦就是一种政治生活。"正如人各自统率着他的儿女和妻子，古先的人一般地受制于君王而且现在有些民族仍然这样"，而"由村坊组合而为城邦以后，社会就进化到高级而完备的境界，在这种社会团体以内，人类的'生活'可以完全获得自给自足；我们也可以这样说：城邦的长成出于人类生活的发展，而其实际的存在却是为了'优良的生活'。早期各级社会团体都是自然地生长起来的，一切城邦既然都是这一生长过程的完成，也该是自然的产物。这又是社会团体发展的终点"。"由此可以明白城邦出于自然的演化，而人类自然是趋向城邦生活的动物（人类在本性上，也正是政治动物）。"[④]

其次，人是向善向美的。"作为动物而论，人类为什么比蜂类或其他群居动物所结合的团体达到更高的政治组织，原因也很明显。"亚里士多德认为："人类所不同于其他动物的特性就在他对善恶和是否合乎正义以及其他类似观念的辨认（这些都由言语为之相互传

---

① 尽管我们可以从逻辑上寻找国际关系理论强调冲突的根源，但是，华尔兹《人、国家与战争》一书清晰地向我们展示出了他的思维逻辑硬核，而这又可以追溯到作为他学术研究起点的博士学位论文中。

② 卢梭：《论人类部平等的起源和基础》，商务印书馆 1962 年版，第 66 页。

③ 西摩·马丁·李普塞特：《政治人：政治的社会基础》，上海人民出版社 2011 年版，第 XVII—XVIII 页。

④ 亚里士多德：《政治学》，商务印书馆 1965 年版，第 6—7 页。

达），而家庭和城邦的结合正是这类义理的结合。”“城邦（虽在发生程序上后于个人和家庭），在本性上则先于个人和家庭……人类生来就有合群的性情，所以能不期而共趋于这样高级（政治）的组合……人类由于志趋善良而有所成就，成为最优良的动物……城邦以正义为原则，由正义衍生的礼法，可凭以判断（人间的）是非曲直，正义恰正是树立社会秩序的基础。”①

换言之，作为政治代表的合理城邦必须存在，因为与之匹配的是永久的人性，而不是昙花一现或不断变化的人性。这就是亚里士多德所说的“人在本性上是政治人”的基本含义。因此，在亚里士多德看来，“凡人由于本性或由于偶然而不归属任何城邦的，他如果不是鄙夫，那就是一位超人，这种‘出族、法外、失去坛火（无家无邦）的人’，荷马曾鄙视为自然的废物”，是违反了自然法则的人。

李普塞特由此提出了政治社会学的研究角度，并以此解释了十个政治现象。而政治社会学方法集中到一句话，就是人的政治性和政治的社会性。

二　秩序的起源：人的合作

要理解社会和秩序，就应该审视人类自身。但是，早期思想家对人类本性的看法存在着不同的见解。这里所说的本性不仅是善恶，而且包括社会性或政治性。而要理解秩序的起源，就难免会涉及作为逻辑分析起点一个初始状态。这个初始状态虽然是理论虚构，但它却在逻辑分析中可能是必要的，也应该是有效的起点。赫德利·布尔在《无政府社会：世界政治中的秩序研究》一书中的导言中指出，“国际组织在维持当今世界政治中的秩序上发挥着重要作用。但是，我们不应该从国际联盟、联合国等国际组织中寻找世界政治的秩序得以维持的基本原因。我们应当从先于这些国际组织而存在国际社会的制度中寻找问题的答案”②。

① 亚里士多德：《政治学》，商务印书馆1965年版，第8—10页。

② 赫德利·布尔：《无政府社会：世界政治中的秩序研究》，上海人民出版社2015年版，第3页。

与亚里士多德直接分析城邦的方式不同，霍布斯、洛克和卢梭都讨论了人类社会的自然状态（或原始状态），也许就是要通过对人性的讨论寻找来建立政治社会（合作）的基础。因此，从逻辑起点上看[①]，在他们那里，人类天生并不是社会性的，因此也就不是政治性的。

霍布斯认为，人类最深刻、最持久的畏惧是暴毙，因此大家都有保护自己生命的自由，这是一种自然权利。而由于人性中具有竞争、畏惧和荣誉这三种诱发争端的特质，不受节制的自由就会引发战争。结果，人类的自然状态就成了所有人反对所有人的战争。为了脱离这种困境，人类同意放弃不受节制的自由，以换取他人尊重自己的生命权，而利维坦政府便借助社会契约来保障大家天生应该享有，但在自然状态下又无法享有的权利。

相比之下，洛克在《政府论》中对自然状态的论述要比霍布斯温和很多，因为他对自然状态的基本看法不是放任的状态，不是一种弱肉强食的不安定的和不可忍受的状态，更不是人人都处于相互战争的状态，而是一种自然法统治的自然状态。由于自由、平等和财产都是人们的自然权利，所以是一种人人都有自由、有平等和有自己财产的状态，甚至在这种自然状态下，“为了约束所有的人不侵犯他人的权利、不相互伤害，是大家都遵守旨在维护和平和保卫全人类的自然法，自然法便在那种状态下教给每一个人去执行，是每一个人都有权惩罚违法自然法的人，以制止违反自然法为度”[②]。不过，在自然状

① 所有的自然状态都仅仅是一种逻辑上的起点或者说是逻辑分析中的假设起点，在历史上从来没有存在过的状态，或者说是一种完全的唯心史观。而卢梭在《论人类不平等的起源和基础》中开门见山地指出：“我们此时所从事的研究，不可当作历史真相，只算是假设性和有条件的推论。它适合于解释事物的本质，并不适合显示其真正起源。”因此，福山在《政治秩序的起源》中说道：“自然状态与其说是历史叙述，倒不如说是揭示人性的启发教具，也就是说，在去掉文明和历史所附加的举止后，人类最深刻最持久的特征。”从福山紧随上面这段话之后的论述来看，这个特征就是政治人的社会性，而不是自然状态下人的独立性。在本书看来，这个特征就是合作的特征。

② 洛克：《政府论》，商务印书馆 1964 年版，第 5 页。

态中虽然人人平等，但是却缺乏公共裁判者[①]，产生了不能得到申诉和仲裁的种种不便。此时也会使社会契约成为必要，政府就出现了。然而，政府虽然必要，但是也可能成为自然权利的褫夺者。因此，洛克承认在这方面，自然状态有着许多缺陷。

与洛克相比，卢梭对人性和自然状态的看法更加平和。这可能与他自身的生活经历和性格有关，所以也就成了他的信念。在《论人类不平等的起源和基础》中他明确指出："我们尤其不可象霍布斯那样做出结论说：人天生是恶的，因为他没有任何善的观念；人是邪恶的，因为他不知美德为何物；人从不肯为同类服务，因为他不认为对同类负有这种义务……这位作者，在根据他所建立的原则进行推理的时候，本应该这样说：由于自然状态是每一个人对于自我保存的关心最不妨害他人自我保存的一种状态，所以这种状态最能保持和平，对于人类也是最为适宜的。可是他所说的恰恰与此相反，因为他把满足无数欲望的需要，不适当地掺入野蛮人对自我保存的关心中，其实这些欲望那是社会的产物，正因为有这些欲望才使法律成为必要的。"[②] 对于人类的本性，卢梭指出："霍布斯认为人类天生是大胆的，只想进行攻击和战斗。另一位著名的哲学家的想法（指孟德斯鸠在《论法的精神》中所阐述的观点——译者注）则恰恰相反，这位哲学家认为（康贝尔兰德和普芬道夫也同样地断言说）没有比在自然状态中的人更胆小的了……我也决不怀疑。"因此，政治社会的产生，不代表拯救"所有人对所有人的战争"，反而是因为相互依赖。卢梭在《社会契约论》以开始就指出："人生来是自由的[③]，但却无处不身戴枷锁。""政治社会的首领就好比一个家庭中的父亲，人民好比家中的子女；大家生来都是

---

① 在当代对合作起源的研究中，这个公共裁判者就是惩罚搭便车的人，并由此引出了二阶搭便车和授权惩罚的问题。结果，授权惩罚的出现最终又引向政府的概念。但是我们有不能把政府这个概念直接引入到合作的元概念中，因为元合作是自主、自愿和自发的，是不存在搭便车的。搭便车只存在于集体行动中。

② 卢梭：《论人类部平等的起源和基础》，商务印书馆 1962 年版，第 98 页。

③ 卢梭在《社会契约论》的第四卷第二章对这句话的意思做了进一步的说明："每一个人生来都是自由的，是他自己的主人，因此，无论何人都不能以任何借口在未得到他本人同意的情况下就奴役他。"

平等的和自由的，每个人都只是在对自己有利的时候才转让自己的自由。”① 人类不平等起源于冶金、农业和私人财产的发展。自然人虽然很孤独，但却是胆小恐惧的，可能彼此躲避而不是交战，而人类的相互依赖几乎是意外发生的，如农业技术的发明使大规模合作成为必要。因此，任何人都有相互妥协，从而放弃自然的自由。②

从霍布斯到洛克，再到卢梭，包括马克思的原始共产主义以及荀子的大同社会假说，尽管他们对自然状态的理解各不相同，不论他们设想一开始就是冲突或合作状态，也不论他们假设人们是否可以为了个人利益而不择手段，但是他们之间有一点是相同的，即他们所关心的都是如何在个人利益冲突的现实中实现合作的。他们都遵循了原始个人主义的假定，一开始各行其是，以后经过理性计算，发现社会合作是达到各自目标的最佳方法。在他们这里，个人主义方法论得到了充分的发挥，并且在此后被诠释为自由主义的理念，即人类是理性的，并且能够通过理性计算将自己的效用实现最大化。③

但是，福山在《政治秩序的起源》中指出，亚里士多德关于人类天生是政治的论断可能比这些早期现代自由主义理论家更正确。他用人类出现前自然界就存在的两种合作来证明他的观点，即社会性先于个人主义：其一是亲戚选择，其二是互惠利他。前者指的是有性繁殖物种的个体对待亲戚时是利他的，而且利他的程度与他们分享的基因成正比。人类的裙带关系不仅基于社会的缘由，更是基于生物学的缘由。后者则存在于亲戚选择之外，是社会行为的第二生物学来源，是

---

① 卢梭：《社会契约论》，商务印书馆 2011 年版，第 4—5 页。

② 参见卢梭《论人类部平等的起源和基础》，商务印书馆 1962 年版。

③ 这里值得一提的是罗尔斯的无知之幕假说，它在讨论正义和“基本必需品”的时候是有效的，能够解释社会契约形成的博弈，但是不可否认的是，在无知状态下的博弈和有知状态下的博弈之间存在着无法过渡的鸿沟，它们是本质完全不同的博弈。事实上，谁也不能保证在无知状态下达成的契约不会在有知状态下不被更改，因为在此时，无知之幕暂时掩盖的差异又出现了，有些人发现了自己的优势和权力，更多的人则发现在无知之幕下达成的契约并不是他们所要的。这样，大家就会重新讨价还价、重新协商甚至揭竿而起。至少会绞尽脑汁去寻找契约的不完全性，使契约无法得到遵守，合作重新回到了背叛。也就是说无知之幕下达成的契约在无知之幕假定被移除以后的现实世界很可能是无法坚持下来的。

存在于不同物种之间的互惠共生和相互进化。[①] 这种思想在道金斯《自私的基因》中得到了更明确的表述："我们可以尝试传授慷慨和利他，因为我们生而自私。"[②] 事实上，在《自私的基因》中，作者讨论最多的不是自私，而是利他主义，强调的是种群利益，最终解释的是基因这种自然选择，并且这种自私基因的演化违反了自私基因的根本原则。道金斯还提出了"MEME"的概念以说明利他主义通过非遗传的方式，特别是模仿而得到传递的现象。[③] 这种现象使得利他主义在诸如语言、观念、信仰、行为方式等的传递过程中与基因在生物进化过程中所起的作用相类似。因此，道金斯承认，《合作的基因》是《自私的基因》另一个好的替代书名。[④] 社会性、秩序和合作在这里又相遇了。

毫无疑问，从马克思主义的理论看来，这种意念中的自然状态是一种唯心史观，而国家和政治秩序本质上则是阶级统治的工具。这种观点无疑要比上述意念中的纯逻辑推论更深刻。但是，我们在此想要说明的是，即使姑且不论唯心史观还是推理逻辑，西方古典自由主义本身也存在着不可回避的矛盾，所以必将走向衰落而被新的学说所取代。

相比自然状态的假定，赫德利·布尔对国际无政府社会条件下国际社会秩序研究的起点更接近现实。[⑤] 他指出，不管人们是否还追求

---

① 弗朗西斯·福山：《政治秩序的起源：从前人类时代到法国大革命》，广西师范大学出版社 2012 年版，第 30—31 页。

② 道金斯：《自私的基因》，中信出版社 2012 年版，第 IX 页。

③ 为了读上去与 gene 一词相似，道金斯去掉希腊字根 mimeme（原意是模仿的意思）的词头 mi，把它变为 meme，这样的改变还很容易使人联想到跟英文的记忆（memory）一词有关，或是联想到法文的"同样"或"自己"（meme）一词。

④ 参见道金斯为《自私的基因》写的 30 周年版简介中信出版社 2012 年版。。

⑤ 从表面看，布尔的很多观点似乎已经过时，背离了当前国际关系中国际制度日益强化的现实。他运用经典的国际关系理论，怀疑全球化和相互依存对国家的冲击以及国际体系向超越威斯特伐利亚方向的演进趋势。布尔的确也对包括联合国在内的正式的国际制度不感兴趣，而是坚信大国、均势和战争具有更持久的重要性。对此，安德鲁·赫里尔在《无政府社会》的第 4 版序言中就这些质疑替布尔进行了回应。值得注意的是，基辛格在 2014 年出版的《世界秩序》中特别强调以威斯特伐利亚体系为基础的世界秩序的生命力就体现在它在合法性和权力均势之间建立的平衡（亨利·基辛格《世界秩序》，中信出版社 2015 年版，第 75 页），而且秩序永远需要克制、力量和合法性三者间的微妙平衡（亨利·基辛格《世界秩序》，中信出版社 2015 年版，第 303 页）。由此也验证了布尔从大国和均势等概念展开分析的国际无政府状态的视角以及他对国际制度的有意忽略恰恰是牢牢把握了国际关系的实质。

其他什么目标，所有的社会度赞同这些主要和基本的目标，即生命、诚信和财产权，并采取措施以实现这些基本目标。因为如果一个由个人或集团组成的群体不反对暴力以保障成员的安全，不遵守协议，以及不确保所有权的稳定性，那么我们根本就不可能把这样的群体称为一个社会。而只有当人们普遍相信协议会得到履行时，他们才可能达成协议以促进人类在各个领域内的合作。[①]

三　理性与合作：理性主义的发展

自由主义的本体论内核是个人主义。作为自由主义的典型代表，洛克等人的基本方法是个人主义的，基本理念是理性主义的。自由主义者对自由的坚定信念可能反映了他们隐含的理想主义倾向，但是自由本身则一定在逻辑上会推导出多元论甚至最终背叛自由的结论。

社会是由个人构成的。所以，在自由主义者看来，社会不应该具有超越或高于这些个人的要求，因为社会的功能就是服务于个人。政治秩序是一种契约，但不是僭越他们的自由，个人不应该成为集体性或合作性行动的对象。联合或组织歪曲了社会中平等自由的个人之间获得的天然平衡，并给予了有组织的集团以不公平的利益。[②] 一方面，社会和秩序不过是个人的集合体；而另一方面，如果在个人与社会之间存在着不一致，或者说在集体行动和个人行动之间存在着质的差别，那么在自由主义的逻辑中就存在着矛盾。因为社会是一个由个人组成的集合体，那么任何社会与个人之间的冲突就是某些个人和另一些个人之间的冲突，而不是一方可以对另一方享有自动伦理优先性的两个本质上完全不同的实体之间的冲突。因此，在自由主义者看来，只有国家与国家之间、社会与社会之间、个人与个人之间的冲突，而没有国家与个人或者社会与个人之间的冲突。

自由主义者也承认，自由观不得不面对与许多人认为更重要的原

---

① 赫德利·布尔：《无政府社会：世界政治中的秩序研究》，上海人民出版社 2015 年版，第 8—9 页。

② 参见安东尼·阿巴拉斯特《西方自由主义的兴衰》（上），吉林人民出版社 2011 年版，第 56—58 页。

则，如社会正义和社会秩序等原则的对峙。但是，他们一再强调，在自由主义的范围内没有什么原则可以与自由对峙，因为自由不是实现目的的手段，或者说因为自由本身就是目的。由此，他们将自由主义的理念以最极端的方式表述出来，为了自由可以不计后果。[①] 然而，在自由的个人必须拥有的、以便适合于自给自足和自我导向模式的各种能力中，最为重要的就是推理，或者说理性。[②] 因此，古典自由主义假定，个人在某种意义上是理性的。但是这里又出现了问题：理性一定是有目标的，一定是为了达到一定的目标而进行的推理分析。这样，理性的合理性就意味着自由的终结，因为在真理面前是没有自由的。那么什么又是真理呢？自由主义者承认别人有信仰的自由，但是自由主义者拒绝把自己的观点强加于人，也反对别人改变他们的自由思维及其结果，他只接受自由理性。所以从本质上说，只有当其他的价值观念是对自由这一核心价值观的扩展或详细阐述时，自由主义才会与这些价值观念找到一致的基础。而理性与权威和传统的对峙使得自由主义与保守主义对峙起来。这是自由主义必然的逻辑结论。

以赛亚·伯林似乎意识到了自由主义逻辑的复杂性和潜在困境，因此他把自由的观念界定为决定的自由，即积极的自由，并把康德对个人自由的信念描述为自由主义的核心，而把托克维尔和密尔所理解的自由，即把保护个人对于对抗侵害的信念当作消极的自由概念。他在《浪漫主义时代的政治观念》中又将这两种自由称为浪漫主义和自由主义。消极自由（Freedom）是反对来自其他人的限制或强制的自由，是自由最低限度的意义；而积极的自由（Liberty）是做事的自由，是一种主要的，但却是工具性理想，是一种防止积极目标遭受挫折的必要办法，但其本身不是目的。每个人都想按某种方式来过自己的生活。因此，围绕着个人的某种“真空”环境必须得到保持，允许他们在其间实现其合情合理的希望，而这些希望与其他人相似的自

---

① 这里实际也与卢梭和洛克等古典思想家对社会契约起源的解释相矛盾了。

② 对于理性主义的先驱，以赛亚·伯林认为启蒙主义建立在“三大信念支柱”之上：理性、遍及于世间之中的人性认同与人的普遍目的之可能性以及借用第一支柱来实现第二支柱的可能性。

由并不相冲突。伯林没有给出浪漫主义定义，但是他把与浪漫主义不同但相关的一种信条确证为浪漫主义的核心贡献，即："价值不是等待发现的'宇宙构成要素'，而是人类的创造。"① 尽管伯林也拒绝就浪漫主义给出哲学上的定义，但是在此我们还是可以揣摩到他对自由的浪漫主义理解。

尽管伯林把对自由的渴望界定为不被其他人干涉的渴望，因此自由首先是一个消极的概念，并且他把这种消极的自由与作为个体或集体自我实现的积极自由区分开来。但是不可否认，积极的自由依赖于理解和屈从由理性的宇宙模式所专横支配的一个目的。在这个意义上，作为自由主义核心的积极自由这个概念本身就是自相矛盾的：理解就是接受，而接受就是排除选择。因此，选择的范围在不断缩小，而不是不断扩大！这就是伯林所说的自由及其背叛。②

卢梭试图调和个人自由重要性的信念与对存在着有序社会之正确路径的信仰这两者之间关系，而边沁也提出了功利自由主义。但是，个人自由始终被界定为自我主导，而有序社会则要求对秩序甚至对权威的服从，但需要证明这种服从的合理性。卢梭坚持自由之于道德的必要性；而康德也认为，剥夺个人按照他们自我意识之命令而作出决定的能力是对道德本质的否定。

自由和权威的问题始终是自由主义面临的最大挑战。而就对合作的看法来说，自由主义自身也因此存在着矛盾。在一方面，自由主义的内核是防止对个人权利的侵犯，而坚持个人主义不仅会削弱了人们对共同体的归属，也会淡化人们的道德追求和道德教化③的必要性。

---

① 参见约书亚·切尼斯为以赛亚·伯林《浪漫主义时代的政治观念》一书的前言"以赛亚·伯林的政治观念"，载亨利·哈代编、以赛亚·伯林《浪漫主义时代的政治观念》，新星出版社 2011 年版，第 24 页。

② 我们在本书中将说明元合作概念的自发性、自主性和自愿性特征，但是合作作为一种配合行为，就必须有协调，也就是说要放弃一定的元合作特征。这种强制性在制度合作中表现得尤其明显。此时，元合作的概念也将走向自己的反面。

③ 我们在后面将看到，道德教化，或者说强互惠的道德感对于合作的维持来说可能是非常重要的一个假说。在这个意义上，与国际政治理论的一般看法不同，从极端自由主义中也难以直接推导出合作的结论。

因此对于合作来说，这可能是一种无解的处境。事实上，自由主义许多最严重的弱点就植根于个人主义自身的不足，并因此忽视了人类自然的和潜在的社会性、合作性以及相互依赖性。而在另一方面，自由主义的理性主义硬核则使他们相信促进与扩大自由是世界秩序的基础。正如国家的起源那样，尽管人类生活因为利益冲突可能是不和谐的，但是在理性原则指导下，个人之间和国家之间都可以通过社会交往、秩序、贸易、制度安排和契约协调利益冲突。当然，如何协调冲突和共同利益、强制和自愿的规则以及道德和自我利益之间的平衡是自由主义者关注的重要问题。但是，合作是完全可能的，而且合作不仅可以促进自由，社会也是进步的而非循环的。从总体来说，自由主义范式在合作理论中似乎更强调理性主义的特征，结果个人主义就变成了一个逻辑基础而逐渐被淡忘。自由主义者对合作的态度总的来说还是积极的和乐观的。

四　不同分析框架下的冲突与合作观

保守主义虽然一直以与自由主义相对立的面貌出现，但是从根本上说，保守主义只是对自由主义的修正而不是对其硬核的颠覆。总的来说，保守主义和自由主义都认可自由的理念，但是保守主义强调人的非理性，认为秩序就是为抑制人的非理性而产生的，并且对历史传承的制度安排表示虔诚的信赖，因而是保守的，仅主张温和与渐进的改良。如果说自由主义的基础是个人主义，则保守主义的基础是秩序主义；自由主义强调人与人的平等，而保守主义则强调人与人的差别；自由主义相信人性善，而保守主义则不相信人可以至善；自由主义思考的更多是主观层面的人化世界，而保守主义则思考的更多是世界的客观层面。如果说自由主义是资产阶级大革命和自由竞争时代的理论，那么到了国家垄断资本主义，特别是经历了两次世界大战的冲击，在对理想主义的批判中发展起来的现实主义成为主流以后，自由主义就难免于衰落，转而以保守主义的形式出现。自由主义理论被现实主义者贴上了乌托邦和理想主义的标签。现实主义的兴盛和自由主义的衰落在“冷战”时期达到了顶点。

从词义上看，与现实主义相对的是理想主义，而理想主义又是自由主义的根基之一。所以，现实主义与理想主义的对立反映了其与自由主义的潜在冲突。与自由主义和保守主义的差别更极端，理想主义认为人性善，而现实主义认为人性恶；理想主义认为战争是可以避免的，合作是可能的，而现实主义认为战争是不可避免的，对合作持悲观的态度；理想主义认为通过国际机构、国际法和国际公约是可以实现和平与合作的，而现实主义认为均势才是维持和平与合作的最好手段；理想主义认为国家利益是可以协调的，而现实主义认为国家利益是不可以协调的；理想主义认为权力是国家矛盾的根源，而现实主义认为权力是国际政治的核心。总之，理想主义探讨的是应该如何，而现实主义要弄明白的是现状如何。现实主义不是由知识史而是由其基本假定和因果性确立的理念，其理论内核是独立于我们的思想和经验之外的现实。

在历史上，现实主义也是作为理想主义的对立面而产生的。“第一次世界大战”以后，为了防止再次出现惨烈的战争，以美国总统伍德罗·威尔逊为代表的理想主义者认为，均势理论是导致战争的重要原因，应该用一般道德原则下的国际法体系指导的新型国家关系来代替权力政治，以主张公平正义的世界舆论代替寻求自我利益的秘密外交。威尔逊据此提出了“十四点计划”，而这种思想的最终成果就是国际联盟。对此，卡尔后来指出，理想主义的根本问题就是在国际关系中无视权力因素，并将这种不顾国际政治现实的不切实际的政治理想主义称为乌托邦主义，认为这掩盖了国际关系的实质，将理想世界与现实世界等同起来。在卡尔看来，第一，在无政府的国际社会中很难界定一般道德，因此只有观点各异的国家舆论而没有统一的国际舆论，而正是由于没有国际舆论的压力和导向，所以国家只能在道德与权力之间寻求平衡；第二，没有国家权力的基础，国际组织将是软弱无力的，因此权力依然是影响国际关系的关键因素，而权力包括军事力量、经济力量和舆论力量这三种形式；第三，国家之间的利益冲突是现实存在，而利益冲突不是国家之间不理解或不沟通造成的，而是国际政治的实质属性。虚幻的道德、极端重要的权力和国家利益间不可避免的冲突构成了卡尔国际政治思想的硬核，奠定了国际关系现实主义的根基。[①]

在《国家间政治：权力斗争与和平》中，摩根索在卡尔的基础上提出了现实主义六原则[②]，进一步明确和细化了现实主义的理论硬核，也更能让我们理解其内在逻辑。首先，在摩根索看来，政治的客观性就在于人性，而利己、追逐权力和利益最大化的特点是决定现实主义悲观意识的根源。其次，从人的行为演绎出的国家行为也是以利己、追逐权力和利益最大化为特征的。[③] 而只要国家以自我利益为中心，则在国家间就必然存在利益冲突，且利益冲突只能以权力较量的方式解决。这样，权力斗争就成了国际关系的基本事实，其结果就一定是以权力界定的利益，而且也就不具备一个永久固定的含义。权力不仅是国家的政策手段，也是国家行为的目的。最后，既然争夺国家利益就是国家的道德，所以即使存在普世的道德准则，也不可能成为度量国家行为的标尺。国家不能以普世的道德指导自己的行为。在这个逻辑之下，摩根索将国家行为的所有动机都归结在权力斗争上：获得、维持和增加权力。这实际也反映出现实主义面对现实世界中广泛存在的合作现象解释力和逻辑一致性不足的天然困境。[④]

尽管摩根索强调现实主义是以客观法则为基础的，但是在他那里这个客观法则又是基于人性的。虽然人性是无法改变的客观事实，但是人性本身却是无法证伪和科学定义的，甚至是转瞬即逝和飘忽不定

---

① 参见爱德华·卡尔《二十年危机（1919—1939）：国际关系研究导论》，世界知识出版社2005年版。

② 这六大原则是：（1）政治受到植根于人性的客观法则的支配；（2）以权力界定的利益概念使现实主义找到了自己区别于其他社会科学的基石；（3）以权力界定的利益是一个客观范畴，但也因此并不具备一个永久固定的含义；（4）道德原则在抽象的普遍形式下无法适用于国家行为，必须经过具体时间和地点环境的过滤；（5）不能把国家的道德愿望等同于普世的道德法则；（6）政治现实主义是独立的。

③ 华尔兹植根于其博士学位论文的早期著作《人、国家和战争》对从人的行为演绎国家行为给予了详细的描述。

④ 参见汉斯·摩根索《国家间政治：权力斗争与和平》，北京大学出版社2006年版，第一章。

的。不论是人性善还是人性恶都是先验的判定，这就使得国际政治失去了科学性。因此，华尔兹更明确地指出，传统国际关系理论的最大问题就在于是用行为体的属性和行为体之间的关系去解释其行为和结果的还原主义路线。但是，没有价值中立的事实，或者说所有“事实”都是有理论导向的。因为如果没有理论导向，人们就甚至无法理解事实。他使用歌德的名言来强调事实对理论的依赖关系：“每一个事实都已经是一个理论了。”所以，华尔兹提出首先要把规范研究从实证研究中排除出去，就是要把价值选择和排序等涉及主观判断的问题排除出去；其次，要把传统研究中无条件接受为真并作为理论起点的先验知识，如人性善还是人性恶等排除出去；最后，只有可以观察的经验证据才是一切知识的唯一源泉和起点。按照这样的思路，华尔兹的理论假定只有三个：国际体系是无政府的体系，在国家主权之上没有更高的政治文化或权威；国家是国际体系的主要行为体，因而也是国际关系研究的基本单位；对国际体系稳定和行为体行为影响最大的因素是体系结构，即国家间实力的分配。它决定了国际无政府状态下的秩序，也是华尔兹结构现实主义最重要的自变量。体系结构决定了国家的行为和国际体系的稳定。这样，以无政府性为基本假定，以体系结构为自变量，以国家行为为因变量就构成了结构现实主义的理论框架。①

不论是华尔兹、摩根索还是卡尔，现实主义的核心概念都是权力，而国家是运用权力争取利益最大化的理性行为体。② 在这个意义上，现实主义与自由主义在理性主义的隐含假设上又会合了，并在此基础上都承认研究对象的客观存在性，坚持科学实证的原则，反对任何诠释性或表象性理论，接受物质主义，不承认观念的实质性意义，并且都是以国际无政府状态作为研究起点。因此，现实主义与自由主义之间的区别就已经不再那样分明，甚至步步趋同，最后的争论仅仅在于对国际合作的看法上。

---

① 参见肯尼思·沃尔兹《现实主义与国际政治》，北京大学出版社 2012 年版。

② 作为自由主义者，基欧汉对现实主义基本假定的归纳则是：国家是唯一重要的行为体；安全是主导性的目标；武力是最重要的工具。

冷战结束以后，不论是从人性出发的现实主义还是从无政府状态出发的现实主义，只要权力依然是国际关系的首要概念，只要国际体系依然是一个自助体系，只要国家之间仍构成潜在的威胁，一个国家可能永远不能确定另一个国家的真实意图。因此，国家之间的信任度极低，相互猜疑和欺骗乃至违约是常态。所以，只要权力，或者说作为权力基础的相对实力及相对利益对比是国家考虑的主要问题，国际冲突就在所难免，真正的国际合作就会困难重重。这种情况使得现实主义在解释全球化和全球治理兴起的问题上遇到了难以克服的逻辑范式困难，自由主义再次得到中兴。历史终结论、大战过时论、民主和平论、经济相互依赖和平论、国际制度和平论等制度自由主义思潮甚嚣尘上。[①] 但与此同时，国际关系理论的对立开始转移，以自由主义和现实主义为代表的主流理论开始面临以建构主义为代表的非主流理论的挑战。

现实主义的直接对立面是理想主义而非自由主义，而自由主义与现实主义在对理性主义的看法上也存在一些交集。在这个意义上，我们很难将现实主义和自由主义完全对立起来，阎学通就提出过道义现实主义[②]，约瑟夫·奈更直接把自己称为自由主义化的现实主义者(a liberal realist)。[③] 建构主义虽然没有提出自己的概念体系，但是它与理性主义在本体论、认识论和方法论上存在着本质的差别甚至对立，从而与自由主义和现实主义也存在泾渭分明的鸿沟。就国际关系

① 其实，“冷战”终结恰恰不是民主的胜利、经济相互依赖的胜利或国际制度的胜利，而是现实实力和权力对抗的胜利。在这一点上，历史终结论、大战过时论、民主和平论、经济相互依赖和平论、国际制度和平论等制度自由主义思潮恰恰遭到了反证。

② 有关道义现实主义，请参见阎学通（2014）《道义现实主义的国际关系理论》。道义现实主义认为现实主义理论否认道义原则是一种误解，他们认为现实主义理论并非不讲道义，而是强调要恰当地评估国际道义的作用。例如，摩根索在《国家间政治：为权力与和平的斗争》中就指出：“关于国际道德的讨论必须防止两个极端：一是过高估计伦理道德对国际政治的影响，一是过低估计它对国际政治的影响，否认政治家和外交官会受物质权力考虑之外任何其他考虑的驱使。”（参见《国家间政治》，北京大学出版社 2006 年版，第 266 页）事实上，在摩根索提出的六项政治现实主义原则中，第四项和第六项就是讨论道义的。

③ 参见约瑟夫·奈和张哲馨《自由主义化的现实主义者》，载《世界经济与政治》2007 年第 8 期。

来说，自由主义和现实主义都假定国家关系是一个外在的客观现实，可以通过科学的方法加以认识，而建构主义则否认存在一个客观的国际关系现实。如果说现实主义将结构定义为建立在经济或军事等物质力量之上的能力分配（distribution of capabilities）的话，那么建构主义的结构主要是观念分配（distribution of ideas）。或者说，建构主义虽然不否认物质性力量的重要性，但是更强调非物质性力量，包括知识、文化和观念的力量。

在本体论上，建构主义认为个体或组织的身份与利益是后验的[①]，强调的是主体间互动知识在反复塑造行为体身份与利益中的作用，而这是不可能通过先验的假设而得到的，更不可以当作理论演绎基础的常量或硬核。国际无政府状态也是个体和组织观念后验互动的结果。所以，建构主义也没有忽视客观物质，只是强调客观物质只有与观念结合起来分析才有意义。如果说建立在利益最大化基础上的理性主义可以被称为功利主义（或工具主义）的话，那么建构主义可以被称为建立在理性主义基础之上的观念主义。

在认识论上，理性主义相信人类具有理性能力，客观世界也是有规律可循的，因此人类可以通过逻辑演绎而非直觉或经验来发现世界的因果逻辑和客观规律。所以，对于好的理论来说，最好的到解释就意味着最好的预测。因为只要符合因果关系的条件，就一定能得到反复出现的结果。在这个意义上说，理性主义也是一种决定论。但是建构主义主张的仅仅是表意性，反对一式性与决定论的理性主义，反对客观规律，认为理论无法脱离价值、权力和互动。[②] 理性主义关心的是行为体的行为，并把行为体的身份和利益当作常数和研究中的不变

① 这一点与先验的理念有着本质的区别，也就是说所谓建构主义绝不完全是单纯强调观念的作用，因为观念本身是后验的。

② 理性主义坚信，一切活动都应该由理性来主导，只有理性是至高的权威。但是，理性主义又难以避免机械理性主义的陷阱，走向决定论，泯灭了人的自由、自主和灵性，而这种道德本身是否有价值是值得商榷的。因此在19世纪末和20世纪初，各种非理性主义就开始盛行，浪漫主义、意志主义、直觉主义、弗洛伊德主义、存在主义、新托马斯主义等不一而足。事实上，即使在康德那里，理性也被区分为纯粹理性和实践理性，之后更别细分为工具理性（技术理性）和价值理性。

因素，而建构主义者认为行为是重要的，但只有在确定了行为体的身份和利益之后才能表述行为体的行为。所谓客观世界和规律无非是理论界定了我们认为是客观世界的东西而已，而且由于不存在客观性和科学判断的基础，对理论检验本身就是徒劳的。

在方法论上，理性主义一般遵从个人主义，也就是说理性首先是人的理性，个人的理性，是个体选择才产生了集体结果，环境只是个体选择的背景因素。而建构主义则坚持集体主义，研究的是个体行为的社会性决定因素。主体间的观念形成过程在建构主义看来是最重要的。

因此，建构主义反对主流理论将结构和行为者二元割裂开来的实证主义哲学观，强调行为者和结构之间相互建构的关系，从客观现实转向主体认知，试图揭示那些人们理所当然认为的一些客观概念实际都是人类能动作用和社会建构的结果，重视社会建构对客观世界作用，注重以心理学为基础的认知取向，拒绝纯粹按照物质的思维方式。① 因此，国际关系本质上是一种社会关系。

温特在《国际政治中的社会理论》的中文版前言中以教科书提纲挈领式的清楚文字论述了建构主义与现实主义和自由主义的差异。他指出：现实主义和自由主义“强调权力和利益是国际政治的动力，认为观念只起到无足轻重的解释作用，这是物质主义的理论假定……我的理论中包含了观念的内容，认为观念最重要的作用是建构作用，不是因果作用：权力和利益之所以具有意义并因此产生作用，首先是观念使然……观念的根本作用是建构具有解释能力的权力和利益”。现实主义和自由主义“相信国家身份和利益的内容完全是由内在或者国内因素建构的，国际体系结构仅仅是这些预先构成的行为体的集合而已，这是个人主义的假定。我的理论没有否认内在因素的作用，但其中讨论社会共有的内容表明：建构国家身份和利益的观念在很大程度上是由国际体系层次无法还原的整体规

① 我们应该注意纯粹这个词的限定意义，也就是说建构主义强调的是人对世界的认知，而不是形而上的过程。

范结构造就的”[①]。

温特还以最基本的国际无政府状态举例说，“无政府状态在某些历史时期是可以有这样一种逻辑的，但不是在所有时间和所有空间之内所有种类的无政府状态都必然具有这种逻辑，实际情况也不是如此”。具体来说，无政府状态就可以有三种文化：国家间相互定位为敌人的霍布斯文化（现实主义假定的世界），其特征是互存敌意且互为敌人；国家间相互定义为竞争对手的洛克文化（威斯特伐利亚体系）；维持现状以及相互间定义为朋友的康德文化（联盟与国际合作），其特征是非暴力和互助。无政府文化是“自我实现的预言”，因为国际所持的社会共有观念势必造就对外政策行为，这种行为又加强和再造这样的观念。例如国家以相互敌对的方式思维就会创造霍布斯世界。温特还指出，“一方面，期望的共有性质意味着任何一个国家、甚至几个国家都难以改变体系文化……另一方面，建构主义也意味着共有观念的存在取决于具有只是的行为体之间的互动……如果国家生活在洛克文化之中，但出于国内原因开始以霍布斯文化防止制定和实施对外政策，那么，洛克文化就会解体，除非足够的维护现状国家能够抵制这种行为。这正是第二次世界大战的情景”。正因为如此，与现实主义和自由主义比较起来，“建构主义理论更加强调对外政策决策者的行为选择，因此也就更加强调他们的道义责任”。显然，从这个角度看，建构主义不仅承认社会是进化和变化的，更强调了人的主观能动性而不是决定论。这一点无疑具有非常积极的意义。

对于国际合作，温特也看到，相互承认主权的洛克文化保证国家能够相信他们会受到国际体系中其他成员的尊重，从而可能孕育出康德文化，但是也可能促使国家以利己或自私的方式思维，从而可能退化为霍布斯文化。真正的挑战是发现一种既能够相互尊重主权，又能够把各国纳入国际共同体的道路，最终建构出一个国际无政府的康德文化。在这个意义上，至少建构主义给国际合作留下了一个理论可能

① 亚历山大·温特：《国际政治的社会理论》，上海人民出版社 2008 年版，第 32 页。

性。合作还是不合作取决于博弈者对冲突与合作的认知。

第二节　战争的原因：合作的反面

现实主义总对冲突感兴趣，并且认为冲突是国际政治中互动的常态模式。这是因为冲突是从他们的理论硬核中得到的一个重要逻辑结论。结果，合作的逻辑被放在了一边。由此，决定了他们对待权力的两个基本看法：权力具有破坏性，所以必须受到控制；权力必须得到运用。社会创造了道德，国家创造了法律。而在无政府的国际社会中，国家之外既不存在道德，也不存在法律。追求国家利益其实就是追求权力增长，而不是追求无私的正义或无瑕的道德理想。冲突存在于互动之中，不相容就导致了冲突。冲突可能会导致一种秩序的创建和维持，也可能成为摧毁它的途径。

那么接下来问题的就应该是应该如何对待冲突呢？库尔特·辛格区分了在面对冲突时可能出现的四种基本行为：退居屏障之后放弃自己目标的回归；试图消除或减少屏障的融合；撤离充满障碍领域的撤退；决心摧毁屏障的决意对抗。① 而在华尔兹以现实主义的角度看来，且不说决意对抗本身就要求一方努力战胜对方并摧毁其意志，这样主动解决冲突本身就意味着冲突，结果是通过可能在短期内加剧冲突的战略去管理或结束冲突，甚至成功的融合由于会促使双方更加密切的互动，结果也会使冲突的机会成倍增长。因此，和平不仅是脆弱的，而且常常是处于均势和平的微妙平衡之中。② 而在摩根索的分析

---

① Kurt Singer (1949), "The Resolution of Conflict", *Social Research*, Vol. 6, p. 241.

② 参见肯尼思·沃尔兹《现实主义与国际政治》，北京大学出版社 2012 年版，第 31 页。在这里，"和平处于微妙的平衡之中"的观点也是对摩根索关于权力具有破坏性的一个推论。肯尼斯·汤普森和戴维·克林顿在给摩根索《国家间政治》写的导论中曾经有这样一段现实主义者的自我表白："现实主义者认为权力具有破坏性，并害怕权力被滥用，因此他们认为权力必须受到控制。现实主义基本不依赖信任，它唯一接受的是，确信人会追求自己的利益超过他人的利益。如果没有良心的内在约束，就只有依赖外在的制约，而在国际场合就依赖权力均衡这一著名的权宜之计。"参见汉斯·摩根索《国家间政治：权力斗争与和平》，北京大学出版社 2006 年版，第 5 页。

中，追求权力的斗争主要体现为两个状态①：现状政策和帝国主义，实际上也可以看成维持权力分配现状和霸权形成两个状态。

一　大国政治悲剧与零和博弈：假定还是现实？

肯尼斯·汤普森和戴维·克林顿在给摩根索《国家间政治》写的导论中曾经有这样一段文字："现实主义者看起来在鼓励克制，提醒大家：拥有巨大权力会使强国的领袖受到统治欲的诱惑，信心受到误导，热情变成非理性，而这曾给许多国家带来灾难。"② 然而很明显，不论是在语言的冲击力上还是在行文重点上，这句话给人印象更深的不是克制和提醒，而是它的后半部分。在"冷战"后现实主义受到挑战的时代，现实主义者的出路也正在于此，进一步走向极端的逻辑推论。而这就是进攻性现实主义的现实基础。

作为进攻性现实主义的代表，米尔斯海默在其成名作《大国政治的悲剧》中文版前言中明确指出国际体系是一个险恶而残忍的角斗场，要想在其中生存，只得为权力而相互竞争。遵循现实主义的一般逻辑，这种安全竞争的根源就在于大国之间由于相互具备攻击能力，这使得它们总是以怀疑的眼光看待对方国家。结果在它们之间几乎没有任何真正的信任，彼此视为假想敌和潜在对手。而当一个国家受到另一个国家的威胁时，没有他可以求助的更高权威来帮助它，或者使侵略者受到惩罚。对他国的猜疑和畏惧引起自助的冲动，而自助又必然使国家走向权力最大化。这样，它们就不得不时刻为战争做好准备，就要获得更多的权力来保护自身。对国际体系中的大国来说更是如此。他们的最终目标就是要取得凌驾于他国之上的支配性权力，因为这是确保自身生存的最好方式。力量确保安全，最大的力量确保最大的安全，权力是大国政治的货币。这样，理想的结果就是要成为

① 摩根索还提出了寻求权力斗争的威望政策，但是这只是现状政策和帝国主义政策在实现其目标时使用的一个工具，并且主要是指外交界所习用的贵族式社交礼仪。为了与现实主义的理论基础取得逻辑一致性，摩根索将炫耀武力也纳入威望政策中。

② 汉斯·摩根索：《国家间政治：权力斗争与和平》，北京大学出版社2006年版，第5页。

国际上的霸权国家。当国际体系中的每一个大国都意识到这一点并且不得不卷入其中且身体力行，都要取得对潜在对手的压倒性优势，最大限度地占有世界权力的时候，这种安全困境就是一种悲剧，特别是大国国际关系的悲剧。

从《大国政治的悲剧》的理论逻辑上看，国际政治是大国政治，大国政治的历史是修正主义国家（revisionist states）间冲突的历史。大国之间之所以要进行无休止的安全竞争又是基于如下两点假定：首先，大国之间的安全竞争是一个零和博弈。每一个国家压倒一切的目的是最大化地占有世界权力，而这就意味着一个国家获得的权力是以牺牲他国的权力为代价的。权力在这里就是一个相对权力和相对收益的概念。这也是人性现实主义与结构现实主义的核心区别，前者强调权力即自身强权（绝对权力），而后者强调的权力是国家在国际体系中所占据的份额。支持国际安全困境这种悲观循环史观的另一个假定就是在国际体系中没有维持现状的国家，大国很少对眼前的权力分配感到心满意足，因此总处于进攻状态。这又涉及防御现实主义与进攻现实主义的区别。前者认为防御明显强于进攻，征服是困难的，因此国际结构几乎不为大国提供任何寻求权力增加的动诱因，所以大国一般不会萌生用武力攫取权力的动机，而是集中保护自己已经拥有的权力，维持现有的均势。守住权力才是大国最重要的目标。后者则认为，由于进攻更容易得手，国家就非常渴望征服他国，国际上几乎看不到维持现状的国家，因为国际体系为大国牺牲对手创造了巨大的诱惑。在这个意义上，进攻性现实主义将霍布斯主义发挥到了极致。退一步说，即使防守使进攻变得困难，国家间相对力量不断变化的事实也会诱发不断的进攻。

上面的讨论回答了为什么大国想要权力和国家争夺权力的根本逻辑以及国家想要多少权力的问题。而这几个问题的答案如果用一句话来表述就是：国际体系的结构鼓励国家追求霸权。①

对于权力，米尔斯海默给出的进攻性现实主义定义非常简单，权

① 在这个意义上，我们认为霸权就是一种具有高度不对称优势的权力。

力以国家拥有的某些物质力量为基础。[①] 从这个角度出发，军事权力就不难理解，而潜在权力就是用来构筑军事权力的社会经济要素。当然，在米尔斯海默看来，军事权力应该是更重要的权力。这里存在的一个逻辑结论就应该是在各国追求最大权力的过程中，军事权力就应该等于潜在权力，或者说潜在权力的最大限度发挥才能支持权力最大化的判断。[②] 但是，米尔斯海默又指出，潜在权力并不等于军事权力，“权力本身并非总能反映财富的梯级”。这主要有三个原因：第一，并不是所有的财富都能够且必须最终转化为权力；第二，财富转化为权力的效率在各国是有差异的；第三，军事权力的选择也取决于对军事均势的评估。后两点在逻辑上是联系在一起的。即使富有的国家能够负担得起强大军事权力的代价，但是它们常常也并不一定真的追求它们所能达到的最大化的军事权力。这是因为从经济分析的角度看，由于报酬递减规律的作用，在技术水平一定的情况下，一国追求军事权力最大化的努力由于其回报越来越接近曲线的最高位置，或者对手能够很容易与之抗衡并维持均势时，它发动军备竞赛也不会使自己处于更有利的战略地位，这样潜在权力向权力的转换就可能停下来。

但是，当出现一个大国威胁要打破均势，或者说在大国面对出现竞争对手的情况下，建立均势和推卸责任就成了其他大国获取或维持权力的手段：通过建立均势，受威胁的大国投入大量资源，承担起遏制对手的任务；或者通过推卸责任，被挑战的大国设法让另一个大国承担起遏制威胁国的责任。如果建立均势和推卸责任的条件都不具

---

① 就权力的定义本身而言，摩根索认为权力“是人支配他人的意志和行动的控制力……是权力行使者与权力行使对象之间的心理关系。前者通过影响后者的意志而对其某些行为有支配力量。这种影响源于三个方面：对利益的期待、对损失的恐惧、对领袖或制度的景仰和爱戴”，“权力是人控制他人的思想和行动的权力。只要人们相互间存在着社会联系，我们就能发现这种现象”。为了正确地理解权力，摩根索还认为要作出四种区分：权力与影响力、权力与武力、可用的与不可用的权力、正当的与非正当的权力。参见汉斯·摩根索《国家间政治：权力斗争与和平》，北京大学出版社 2006 年版，第 56—57、139 页。

② 显然，如果这样推理下去，全世界可能就只有一个霸权国家存在了。这显然与现实不符。如何对此作出解释，将是本章第三节讨论的内容。

备，威胁和冲突就会升级，战争就可能成为一个最后的选项。

二　作为冲突极端表现的战争产生的原因：投机与误判

如果说米尔斯海默分析了大国冲突的必然性，并且得到大国之间的冲突是不可避免的结论，那么大国之间就一定会出现战争吗？为什么冲突最终发展到了战争这种极端的形式？

战争与和平是一个事物的两面，正如冲突与合作一样。对于我们来讲，探讨战争的原因实际也是为了反思合作的原因，至少是避免冲突升级的合作条件。布莱内在《战争的原因》中就不是直接探讨战争的原因，而是在全书的一开始先研究和平的原因。这似乎更契合本书的研究主题。

在布莱内看来，“一场以温和的合约结束的战争更有可能造就持久的和平”。拿破仑战争之后在 1814 年和 1815 年签订的《巴黎条约》和《维也纳条约》造就了 19 世纪相对漫长的和平时期，相反，第一次世界大战以后的《凡尔赛和约》则被认为是在过去 3 个世纪至今最具有灾难性影响的合约。

而且更有意思的是，相比对战争原因的分析，布莱内在《战争的原因》中对当时在战争与和平问题上存在谬误进行的分析也给人留下了很深的印象。他首先指出，以往的战争理论解释的是敌对和紧张，而不是战争，而解释战争原因的关键是要说明为什么选择了武力手段。其次，以往的一些理论，例如均势的失衡趋于促成战争、把对外战争作为国内矛盾的替罪羊、忙于发展经济的国家不会有余力和时间去制造战争、国家间日益增长的接触，如语言、旅游、贸易和文化交流等接触能够去除偏见和有力地促进和平等观点都是站不住脚的；再次，人类天性好战的观念不能被延伸为一种战争解释，且没有任何战争是无意的或“事故性”的，出乎意料的往往只是战争持续时间和残酷程度；最后，社会、技术和战争方式的变迁不会改变战争本身，骑兵时代和洲际导弹时代的战争在本质上具有很大的相似性。

从马克思主义的历史唯物主义角度看，我们不难理解发生战争的深刻原因以及战争的不可避免性。只是我们在这里要进一步弄清楚的是，究竟是什么具体原因导致了战争的发生。力量是许多解释战争与和平原因的症结，然而对它的效应却看法不一。布莱内认为，发生战争可以归咎为一国的观念错误。这并不意味着这种看法就是建构主义观点的解释，相反，这意味着“战争通常在交战国对其相对实力看法一致的时候结束，又通常在交战国对其相对实力看法有歧义的时候开始”，“至关紧要的不是实际的力量分布或力量对比，而是国家领导人认为力量据以分布的方式”①。也就是说，在深层次原因之外，认为合作的终结，冲突和对立激化为战争的原因主要是一种误判。

埃弗拉更具体地说明了建立在这种误判之上的战争决策的具体原因。在同以《战争的原因》为名的专著中，埃弗拉提出了有关战争的五个假定②：

第一，当国家对战争的结果持有错误的乐观主义时，就可能率先挑起战争。

战争的一个根本原因在于对未来的不确定性，以及由于这种不确定性所导致的乐观幻觉，这使得这些国家投入战争。而从理性主义角度看，如果战争的失败方能够预测到战争大的结局，那么为什么还要遭受战争的痛苦而达到同样的结局呢?③ 也就是说战争本来应该是可以避免的。当然，相对力量往往不经过战场上的检验是难以事先衡量的，更何况如果考虑到双方同盟的忠诚度和力量，因此作出盲目乐观主义的误判是完全可能的。勒博（2010）研究了1945年以来包括没有大国参与的次要战争在内的所有战争后发现，三分之二的战争发动者输掉了他们所发动的战争。④ 除了对双方实力的判断，对战争代价的误判也是导致战争的原因。国家以为战争越廉价，那么战争发生的可能性就

① 杰弗里·布莱内：《战争的原因》，商务印书馆2011年版，第111、105页。

② 参见斯蒂芬·埃弗拉《战争的原因》，上海人民出版社2007年版。

③ 有必要指出的是，我们在这里的分析是从理性主义展开的，尽管被迫迎战在历史上屡见不鲜，但是以鱼死网破的心态挑起战争毕竟不是常态。

④ 参见理查德·内德·勒博《国家为何而战？过去与未来的战争动机》，上海人民出版社2014年版。

越大。即使战胜的一方事先准确地预测到实力对比和战争结果，甚至如果能够准确预计到战争胜利后两败俱伤的结果[①]，那么战争爆发的概率也会大幅度下降。换言之，政府认为战争的代价越高昂，就越会谨慎地避免而不是发动战争。当然，如果我们承认控制或消除盲目乐观主义误判可以防止战争的发生，那么其反命题就是当相对实力更清晰且战争的代价更明确的时候，战争的风险就是下降。因此，欺诈和保密政策是有害的，任何增加透明度的开放政策都是有益的。

第二，当抢先进行动员或攻击的一方可以获利的时候，挑起战争的可能性就更高。

错误的乐观主义误判能够挑起战争背后的一个逻辑推论是抢先进攻、抢先动员和抢先行动的利益驱动。毫无疑问，先发制人并将对方置于措手不及之中显然可以使己方获益。如果对战争的持续时间同时存在低估的话，那么收益会更明显。当然，是否在战争中抢跑还要考虑以下因素：实施突袭的可行性；突袭的预期效果对双方力量对比的影响；对方的防御情况以及对突袭政治成本的考量。在此，隐瞒战略意图、军事能力以及军事计划同样是必要的，而且抢跑本身可能会导致仓促草率地完成外交行为。[②]

第三，当国家间相对实力变动较大，机会窗口或脆弱性窗口也会提高爆发战争的可能性。

很多战争是由于担心而产生的：担心突然受到袭击，担心相对实力衰落，担心被别国征服等。这个假定实际是在前面抢跑假说下常见的一种具体情况。在一方面，即将发生的权力转移使正在衰落的国家在完成权力转移之前有动力提早发动一场战争，以避免在以后更劣势的情况下作战或在衰落以后进行不利的谈判。也就是说，正在衰落的国家更愿意冒战争风险。在另一方面，即将发生的权力转移也降低了

① “第一次世界大战”就是一个典型的例子。英德之战的后果就是两败俱伤，使得战前已经在经济总量上位居世界第一的美国的权力大幅度上升，以至于“第一次世界大战”以后美英曾在一段时间内互为假想敌。鹬蚌相争，渔翁得利，几乎是大国崛起的一个规律。

② 关于这一点的典型例子就是“第二次世界大战”前的日本。

正在崛起的国家提出和平提议的可信性以及正在衰退的国家提出威胁的可信性，结果战前的斡旋成效甚微，也就更容易发生战争。另外，对于崛起的国家来说，韬光养晦是为了避免提前引发预防性攻击，而这样做的结果，一是可能妨碍了外交进程，二是也会延缓组建一个防御性同盟并通过构建均势来遏制可能发生的战争。对于衰落的国家来说，则迫切想在他们进行讨价还价的能力丧失之前就确保达成协议，因此会仓促地进行外交进程，或者在外交行动之前就提前终止以诉诸武力。最后，即使崛起国家已经崛起，但是已经衰落的国家如果没有从其他地方获得勒索成果也不愿意轻易退让，拒绝屈服于已经崛起国家的显赫地位，那么依然可能爆发战争。尽管有“一战”的先例，但是不同于权力转移理论，勒博（2010）认为，主导大国与崛起大国之间并不会相互攻击对方，而是都倾向于攻击弱小的第三国和正在衰落的大国，因为这对于试图护持霸权的主导大国和寻求大国地位的崛起国家而言都是一个理性的决策。①

第四，当资源具有累积性时，即当控制资源能保护或获得其他资源时，战争更可能发生。

资源的累积性是其可获得性、保护其他资源的效用以及获取成本的函数。因此，累积性资源能使其拥有者控制核心资源或容易控制其他的核心权力资源。当资源具有更高累积性的时候，国际关系就具有更强的竞争性和扩张性，因此也就更可能具有暴力性。特别是当高度累积性资源暴露在国家边境附近时，和平很可能就是脆弱的。工业能力和原材料投入是累积性资源，军事基地和战略纵深也是，甚至军事力量和威胁的可信性都是累积性资源。累积性资源在不同拥有者手中的效用是不同的，因此会因为转让溢价而出现转让。这时战争冲突就变成了交易。“第二次世界大战”以后，核能力减少了许多物质资源的累积性，知识经济转型也降低了工业能力的累积性，总的趋势是向着资源累积性减弱的方向发展，国家过去

① 参见理查德·内德·勒博《国家为何而战？过去与未来的战争动机》，上海人民出版社2014年版。

努力争夺能够影响帝国重大利益的累积性资源变得不那么重要了，因此就出现了长和平。[①]

第五，当征服变得容易时，战争更可能发生。

尽管战争可能有很多深层次不可避免的原因，但是战争决策本身也一定包含了对成本和收益的考量。所以，从原则上说，当征服变得更容易时，战争更有可能发生，而当征服变得更加困难时，和平就更有可能得到延续。具体来说，当征服变得更加容易的时候，国家（主要是指弱小的一方）在达成协议时会显得信心不足，因为对方（主要是指强国）破坏协议的可能性更高，结果谈判就越困难，双方就越不愿退让，也就越容易导致政治僵局和外交失败，而与此同时，抢先动员或攻击能获得的收益也更大。当征服变得更加容易的时候，各国就越有动力加强各方面的保密，从而激起更多的猜疑和更激烈的军备竞赛。从建构主义的角度看，这也就越容易导致从洛克的竞争状态进入到霍布斯的敌对状态。

显然，不论是埃弗拉还是布莱内，他们探讨的不是战争深层次的根本原因，而是战争的导火索。恰恰是因为有一些更深刻的战争原因，所以势均力敌时可能会出现战争，而在背水一战的情况下也会出现战争。但是，不论是在埃弗拉还是在布莱内的研究视角上，战争是机会主义的行为和决策。尽管如此，我们也不能说战争是攻防技术变化的产物。但是，进攻优势可能是导致战争的前提。抢跑动机可能也是担心对手会在不久后掌握进攻技术。他们的观点实际反映了倾向实际使用武器技术的战术视角而不是以武力优势威慑或显示权力的战略理念。所以是立足冲突而不是立足合作。由于国际机制可能起到的拖延作用使攻防对比的不对称消失，所以在他们看来，外交斡旋就常常是一种匆忙的姿态。

赵汀阳从更一般的意义上对于在什么条件下暴力成为最佳策略进行了更理性的探讨。[②] 从理性主义的角度出发，他认为，暴力是可能

---

① 这个观点在约翰·刘易斯·加迪斯的《长和平：冷战是考察》一书中得到了更充分的论述。

② 参见赵汀阳《没有世界观的世界》，中国人民大学出版社 2003 年版。

谋取利益的各种手段中的最后手段；暴力是最冒险的手段；即使在有把握取得胜利的情况下，暴力行动也是“杀敌一万自损三千”的亏损性行为。[①] 但是，苏格拉底命题——没有人会故意犯错——试图说明，假如人们知道了在道德上什么是好的和什么是坏的，那么当然就会选择好的而不是坏的。不过这样又与“明知故犯”这样的常识互相矛盾。因此，赵汀阳指出，在某些特定的情况下，人们可能认为冒险使用暴力是值得的。至少有这样一些情况非常可能诱发暴力：赌博式的局面、别无选择的局面、以强凌弱的局面以及有进无退的临界局面。显然，他与埃弗拉相类似，暴力或战争，要么是机会主义的冒险，要么是置之死地而后生的孤注一掷。因此，赵汀阳最后写道：“对于这个危机四伏的世界，似乎不应该说乌托邦都是好的，而应该说好的事情全都成了乌托邦。”这或许就是理性主义者对现实世界的悲叹。

尽管对战争决策的分析可以从理性主义的范式出发，但是战争这种赤裸裸的冲突是一种实力的较量，或者是一种争夺具有权力累积性资源的间接实力较量，或者是在权力变化前的抢跑行为，现实主义的分析范式可能会更适用。然而，在大国与小国之间，如果不对称是如此的明显，以至于战争的结果昭然若揭，不确定性已经降低到最低的时候[②]，战争是不是就变成不可避免的了呢？和平与合作是不是就能够延续存在，以至于世界最终只能剩下大国之间的对抗呢？

三　现实主义的限度：小国为什么能够生存与不对称状态的维持?[③]

按照现实主义的逻辑思路，只要国际社会处于无政府的自助状

① 赵汀阳这里所说的亏损实际是从自身绝对利益的角度来看的，而从国际关系理论关注相对利益增减的角度看，“杀人一万自损三千”则是胜利。

② 当然，这种不确定性是无法从根本上消除的。例如，在1939年的苏芬战争，尽管芬兰最终失败，但是没有人相信小国芬兰能够抵挡100天之久，并且让对手付出了远远超出其预期的代价。

③ 本节的写作主要是受到周方银的研究启发，具体参见周方银《小国为什么能长期存在?》，载《国际政治科学》2005年第1期，第24—47页。

态，只要各国都有权力最大化的动机，那么在一个弱肉强食的霍布斯世界就很难有小国生存的空间。[①] 而在现实中小国的长期存在是否证明了国际无政府状态仅仅作为一个理论分析的初始假定或逻辑起点而没有现实意义呢？这是否意味着现实主义自身在理论和逻辑上存在的限度呢？

从各国的历史中可以发现，在从城邦国家向民族国家转变的过程中，的确存在小国被大国征服和合并的大量实例，因为帝国是那个时代一体化的主要形式。[②] 这种情况在欧洲表现得最为明显，也是那时战争不断的原因。但是，在《威斯特伐利亚条约》之后，随着国家边界的清晰化，小国的存在就不再是一种例外的情况，并且成为国际无政府假定的逻辑反例。这种现象涉及两个方面的因素：首先是大国扩张的限度，其次是小国存在的原因。当然，这两者是彼此联系在一起的，构成了一个事物的两个方面。

从大国扩张的角度看，在一方面，基于报酬递减律基础上的统治成本与国家利益之间的比较分析是对国家规模决定的一种理性解释。然而问题在于按照这种思路，超级帝国的存在本身就意味着世界上大多数国家的规模明显小于其最优水平。因此，一定存在着限制不少国家成为超级大国的因素。在另一方面，国际体系文化从霍布斯文化向洛克文化的转变，国家领土主权的国际规范可以作为限制大国在威斯特伐利亚时代以后赤裸裸扩张的约束条件，但是问题并没有得到真正的解决。因为如果我们要用规范来解释行为，我们就势必不得不进一步解释规范的形成问题。或者说，核心问题不在于是否有了尊重主权的《威斯特伐利亚条约》，而在于为什么各国愿意并能够遵守这个合约。换一个角度看，这使得我们的分析思路又回到了起点：大国为什

① 这个问题如果再引申下去就是，为什么在霸权下还存在不同国家，霸权为什么不一统天下？在这个问题上，除了米尔斯海默所提出海洋作为阻碍霸权的因素之外应该还有更深刻的原因。再引申下去，为什么在全球经济一体化的今天，大国依然不能将小国完全作为自己一个国家的经济附庸？

② Dennis M. P. McCarthy: *International Economic Integration in Historical Perspective*, Routedge Taylor & Francis Group, 2006.

么愿意扩张？

摩根索曾经指出："小国的独立总是依靠权力均衡（如第二次世界大战前的比利时和巴尔干国家），或者依靠某一保护国的优势（如中美洲和南美洲的小国以及葡萄牙），或者由于对于帝国主义的贪欲缺乏吸引力（如瑞士和西班牙）。"①

对于小国为什么在无政府的国际体系中能够长期生存的原因，一个直接而简单的解释是当两个权力不对称的国家角力的时候，决定最终胜负结果的不是各自总体的潜在资源，而是取决于双方愿意在这场角力中愿意投入的资源数量，以及当一方增加资源投入以后，另一方是不是愿意相应地增加投入以便维持之前的对比。因此，最后的结果不是简单的大国占优，而是取决于双方的意愿和决心。说到底，这取决于双方对角力收益的评估。尽管角力收益的绝对水平是不变的，但是大国和小国对这个绝对收益的评估，或者说这个绝对收益水平在其整个国家利益中所具有的重要性可能是完全不同的。对于大国来说，其国际视野越开阔，对均势的考虑也就越多，不一定愿意因为征服一个小国的原因消耗太多而有损于其在国际均势中的地位。在这种情况下，大国征服小国虽然是可能的，但是从国际均势角度看却很可能是得不偿失的。②

从理论上讲，不论是对于大国还是对于小国来说，其行为决策都可以分为两类：无视他国反应，将自己的收益独立于其他行为体相应行为和策略的一般均衡分析，此时各行为体各自面对各自的最优化问题；考虑他国相应行为以及这些行为可能带来的影响，并以这些预期来制定自身政策的纳什均衡分析。在纳什均衡条件下，各国不一定处于最优状态，某一个国家的边际成本可能并不等于边际收益。但是在这种状态下，所有利益相关方都没有能力单方面出于自身利益追求的考虑来改变这种均衡状态，也就是说这种状态虽然不能实现所有参与者的最优，但却是各个参与者在考虑到其他利益相关方行为以后都无

---

① 汉斯·摩根索：《国家间政治：权力斗争与和平》，北京大学出版社 2006 年版，第 214 页。

② 一个典型例子就是英国和冰岛的鳕鱼战争，最后冰岛达到了目标。

法再改变的一种稳定状态，而且这种均衡状态可能也不是唯一的。显然，纳什均衡比一般均衡更接近现实。

如果单纯地从大国的角度考虑，或者单纯地考虑大国与小国之间的关系，那么国家的行为决策可能适用一般均衡分析。因为在大国与小国之间存在明显的权力不对称，所谓小国是相对大国而言的，即小国无法通过主导或左右国家集团行动以对国际体系产生重要的影响，也难以运用自身的权力保证自身的安全，而必须依赖其他国家，所以大国在此时可以无视小国的存在进行独立的决策分析。但是，一般均衡分析显然不适用于大国关系，也不适用于存在第三方大国作为利益相关方时的大国与小国关系。

两次世界大战中德国践行的风险舰队理论实际就是建立在这样的多局博弈和纳什均衡的情境下。德国海军建设的目标不是击败英国，而仅仅是达到英国舰队实力的七成。这样，英国舰队的实力虽然能够保证击败德国，但是英国为此付出的代价将使得它丧失世界海军强国的地位，最终得不偿失。这样，英国就不会主动与德国交战，而在这个意义上德国海军也就达到了预期的目的。①

从这个角度看，小国的长期存在可能正是因为大国之间的对抗和均势而造成的。在一般情况下，由于双方都拥有巨大的攻击能力，很可能带来两败俱伤的后果，所以大国之间的冲突总是应该尽量避免的。结果，代理人的冲突和战争就成了大国对抗的衍生品；大国之间也需要小国的存在作为缓冲区、防御纵深和信号工具。大国对待小国的态度也成了其他国家判断这个大国行为准则的信号和依据。一个大国对小国的政策有助于其他国家判断这个国家的行为策略和准则，以便这些国家制定相应的政策。不论是大国还是小国，也不论是对抗还是联盟，了解对手的行为特征对于决策来说是至关重要的。即使是在霍布斯文化的国际关系中，如果不考虑大国吞并小国的行为在国际社会的反应，仅就大国吞并小国作为孤立事件来考虑，虽然很可能是有

① 从一般均衡分析转向纳什均衡分析，从双边比较转向多边均势是我们在此后分析的一种重要特点，也是我们解释不对称合作之谜的一个核心思路。多边均势中的权力指数变化实际也是分析的这种情况。

利可图的，也是比较简单的，但是如果把这个行为放在这个大国与其他小国的联盟博弈①以及大国间的博弈来考虑，就会复杂得多，也会慎重得多。在纳什均衡的条件下，并不是所有行为体对这种状态都满意，所以对于他们来说，可能采取单方面行动来改变这种状态的行为更不足取。因此，纳什均衡本身可能就会像阿克塞尔罗德《合作的进化》逻辑一样，逐渐演化出相应的行为规范。

总之，即使在无政府的国际关系中，即使在不对称的大国和小国关系中，在一方面，权力不是导致征服和吞并的唯一因素；而另一方面，国际制度规范也不能单独解释小国的长期存在。现实总是处于冲突与合作的两极之间，国家之间的博弈决定了现实究竟处于这个连续光谱上的哪一点上，而这一点一定就是一个纳什均衡点。

第三节　和平的原因：合作的起点

我们在前面已经知道，战争的根本原因是现实主义的，而战争的导火索则是机会主义的。那么作为战争和冲突的反面，和平与合作的原因又是什么呢？在本章第一节的范式分析中我们讲到，相比现实主义而言，理性主义在逻辑上更容易得出合作的结论，而这实际又是以理性主义为根基的。而在建构主义那里，理性被认识代替，因此理性可能导向合作，也可能导向对立和冲突。现实主义对现实问题的关注也使它超越了自由主义的理想化色彩和建构主义的心理学倾向。不过这样，现实主义的理论不仅在解释战争的原因时更容易被理解，而且在解释和平的原因时也同样容易被接受。

一　制衡、联盟和维持现状：现实主义的和平

现实主义不反对广义的合作，但是他们对合作的悲观认识体现在对联盟、制衡和均势等概念的理解之中，并使得联盟、制衡和均势成

① 正如我们对小国的定义那样，对于大多数小国来说，他们与大国之间的关系如果不是联盟，就是作为对立联盟中的一个成员。

为合作的主要形式和内容。在他们看来，联盟是为了取得均势，而均势则是为了制衡对手。因此，与其说这是一种消极的合作，不如说是为了在未来的冲突中营造优势，而这或许就是现实主义和平与合作的主要内容。或者说在现实主义者那里，合作主要是联盟的合作，或者说是为了制衡对手而进行合作。

从现实主义的角度看，国家对权力的追求一定会导致均势权力的失衡，因而就一定会带来制衡的需求。制衡即可以是出于自保的动机，可以是为了维持现状，也可以是为了争霸的目的，或者三者兼而有之。摩根索指出，均势不过是一项社会普遍原理的特定表现，不仅是无法避免的，而且也是使由主权国家构成的国际社会得以稳定的基本因素。[①] 因此，均势是一种普遍现象，而联盟必然有均势的功能。在国际权力竞争中，为了确保或提升自己的地位，可以有三种选择：增加自己的权力；把其他国家的权力加在自己的权力上；阻止其他国家的权力加到对手的权力上。前者就是军备竞赛和安全困境，而后两者就是联盟。[②] 毫无疑问，从后验逻辑上看，摩根索的观点可以被看作一种对现实的描述。但是我们所关心的问题是联盟究竟是如何形成的。

按照摩根索的逻辑，联盟不是一个原则问题，而是一个权谋问题。因此，如果一个国家相信自己的实力强大到不需要外援就足以自保时，或者在联盟内承担的负担超过预期收益时就会避免结盟。他认为这就可以解释英国和美国都曾经在历史上出现过的孤立倾向，但是却无法解释英国和美国为什么也曾经采取联盟政策。联盟首先意味着彼此尊重对方的独立地位，然后在此基础上展开合作。在国际关系中，这首先表现为大国至少在形式上要承认和尊重小国的独立和领土

---

① 参见汉斯·摩根索《国家间政治：权力斗争与和平》，北京大学出版社 2006 年版，第 205 页。

② 为了达到均势，还可以采取分而治之、领土补偿等措施，但是这些常常发生在大战见分晓之后，因此是一种预防性的均势措施。

完整，联盟国要彼此承担保护义务。[1] 其次需要回答的问题就是对于小国来说，为什么采取联盟而不是追随政策？最后，为取得制衡而进行联盟究竟要制衡的是什么？也就是说制衡的对象是威胁还是实力？这也涉及了联盟的原因。

希利和斯坦（1973）对1870—1881年欧洲国际关系史的分析发现[2]，联盟源自追随强者而不是希望制衡权力。奥特菲尔德（1984）从联盟的成本收益角度指出[3]，联盟并不是随意形成的，不能增强伙伴安全的联盟几乎从未出现过。纽曼（1984）则指出，由于实力正在增长的国家是更具有吸引力的伙伴，所以他们更有可能建立联盟。正如巴麦尊所言："我们没有永恒的盟友，也没有永恒的敌人，只有永恒的利益。我们的义务就是维护这些利益。"[4] 尽管在很多情况下在国际关系中常常可以看到推诿，米尔斯海默认为，在两极体系和不平衡的多极体系中，如果存在潜在霸主，制衡就是一种更普遍的行为，因为在前一种体系中不存在有能力承担责任的第三方，而在后一种体系中所有国家都会受到潜在霸权国的威胁，所以才会摒弃推卸责任而形成均势联盟。[5]

尽管有对权力制衡、威胁制衡和利益制衡的不同看法，但是沃尔特（1987）指出[6]，威胁制衡比追随强者更普遍，但是国家结盟是为了制衡威胁，而不仅仅是制衡权力。其实威胁制衡更看重的是联盟制衡的触发。沃尔特的逻辑也非常简单，如果追随强者是联盟的主要趋势，那么安全就是稀缺的，而如果制衡比追随强者更普遍，那么国家就会更加安全。联盟以制衡强国是传统均势理论的核心，而联盟制衡

---

① 关于合作尽管存在很多定义，但是其基本特征之一就是利他主义的，首先付出成本，以取得群体的更大利益。

② Healy, Brian, Arthur Stein (1973), "The Balance of Power in International History: Theory and Reality", *Journal of Conflict Relation*, Vol. 17, No. 1.

③ Altfeld, Michael F (1984), "The Decision to Ally: Theory and Test", *Western Political Quarterly*, Vol. 37, No. 4.

④ 转引自亨利·基辛格《世界秩序》，中信出版社2015年版，第24页。

⑤ 参见约翰·米尔斯海默《大国政治的悲剧》，上海世纪出版集团2008年版，第298页。

⑥ Walt, Stephen M (1987), *The Origins of Alliances*, Cornell University Press.

的原因在于，如果在潜在霸权国家在变得更加强大之前不能予以控制，那么其他国家的生存就处于危险之中，由此又引出了第二个问题，与潜在霸权国制衡就意味着与不太强大的国家联合。而如果制衡或追随强者都被看作对威胁作出比较恰当的应对，那么这些应对的产生就取决于影响威胁水平的因素，包括综合实力、地理的毗邻性、进攻实力和侵略意图等。

制衡应该是与弱者结盟，成立联盟就是要阻止强国的控制，这是均势理论的核心。联盟或者成为大国管理小国的工具，而追随强者则是与强者为伍。[①] 毫无疑问，与强国联合以及分享其征服的成果容易具有很大的诱惑，所以国家似乎应该总是被权力所吸引。国家越是拥有强大的实力并且显示出来，那么其他国家就越可能与之联盟，而国家相对地位的衰落则可能使盟友趋于中立，甚至背叛。这样，追随强者就会使大多数联盟极其脆弱。通过与拥有优势的国家联盟，可以将强国引向别处，以避免自己遭到攻击。而这又是建立在相信强国始终不会侵害自身利益的信念上。但是这显然是比较危险的想法。正如我们在第一章联盟成本的分摊中所分析的那样，弱势一方的加入可以增强强势一方在联盟中的影响，因为弱者需要更大的帮助。

毫无疑问，具有威胁性的国家将激起其他国家联盟的应对，这样，现状就会得以维持。相反，追随强者的世界却是一个极富竞争性的世界，因为如果国家倾向于与最具危险性的国家联盟，那么强大且具有潜在侵略性的国家将受到欢迎，国家间的对抗和竞争就会非常激烈。权力的变动和争夺会引起更多的背叛，可能标志着一方的衰落和另一方的兴起。

---

① 在这里，联盟还涉及一个重要问题，就是结盟。摩根索指出：“利益的一致要求采取共同的政策和行动，然而这并不意味着在任何情况下都需要明确的订立作为法律形式的盟约……在两国或多国的合作中，利益一致并非都一定要求用盟约的法律性条款将合作的内容予以详细规定。只有当共同的利益在政策和行动上体现的不成熟时，才需要借助联盟条约使之明确和有效。”因此，联盟不一定结盟，而只有联盟比较松散的时候才有结盟的必要。这个观点对于合作也很有启发性。真正的合作不需要制度来保障，而演变到制度合作这个合作的最高层次（也是最后的层次）的时候，合作的真正含义已经下降了。对此，我们还会在第四章进一步说明。

对于大国来说，追求制衡是一种常态，而对于小国来说，由于对防御性联盟的贡献比较小，却能引起具有威胁性国家更强的愤怒，特别是地理毗邻使得小国可能首先成为强者扩张的牺牲品，而联盟由于决策行动慢又帮不上忙，因此更可能采取追随强者而不是制衡。但是，由于难以预料强者的行为，追随强者可能是危险的。所以，只有当小国看到没有可能得到外来帮助时，它们才会被迫顺从最紧迫的威胁。而对于小国选择制衡来说，一个重要的先决条件就是存在有效的沟通，使潜在的盟国认识到合作的潜在收益。但是，过分相信盟友将鼓励小国采取搭便车的行为，依靠大国来保护自己的安全，而大国之间过分相信盟友，又将造成推卸责任的问题。沃尔特（1987）认为，在历史上，制衡比追随强者更普遍。国家越强大，彼此采取制衡的倾向越强；小国与强国越毗邻，强国进攻性和侵略性越高，就越可能追随强者。反之，小国与其他强国沟通越充分，对这些强国越信任，得到支持的可能性越大，进行制衡的可能性也就越强，而与此同时，搭便车的倾向也越强。最后，对于小国来说，其所提供的资源越有价值，其对资源的垄断性越高，也就是说小国对大国越重要，不对称程度越高，则小国越可能被大国拉入对抗另一个大国的联盟中。

二　从均势、不对称的权力到合作：制衡行为的变化与不对称合作的开始

在前面对联盟制衡的讨论中我们已经看到，联盟制衡是面对体系中某个大国谋求霸权的威胁时，其他大国为了维持权力现状和自身的生存与安全而采取的一种重要应对。[①] 也就是通过权力的调整或重组来增强相对实力，以抗衡潜在霸权国的权谋。因此，制衡首先是大国之间的游戏，是大国联盟小国以实现大国以彼此制衡的游戏。这就使得我们对联盟制衡的扩展研究不可避免地涉及了对霸权问题认识。这不仅是因为联盟国之间常常是高度不对称的，而且是否联盟制衡也取决于对潜在霸权国行为的判断。

① 米尔斯海默认为，其他可能的选择还包括讹诈、追随、观望、推诿和制衡等。

通过联盟取得的均势以反对潜在的霸权，但是一旦最终对决，大战胜利之后，多极体系可能变成两极体系，两极体系也可能变成单极体系。即使就联盟本身而言，作为大国之间建立均势的工具，联盟中必然存在大国与小国在争取联盟制衡和大国防止小国追随强者之间政策选择的博弈。这样，在联盟中也可能出现大国主导或大国权力高度不对称的问题。也就是说反霸权的均势最后可能走向了它的反面，最后导致了联盟中的霸权，甚至因此使得联盟发展受到限制的局面。

对“冷战”以后美国的单极体系，华尔兹提出了五点解释：（1）制衡成本高昂，因此很难操作；（2）其他国家与美国在经济、技术和军事上的差距非常大；（3）现代战争技术使得追赶变得困难，核武器的巨大威力不需要联盟实施二次打击，从而在战略层面上否定了联盟[①]；（4）美国有能力施加惩罚或奖赏，使得各国即使不坚持自己的立场也会保持沉默；（5）“冷战”结束后，弱者力量的联合也不能使联盟力量更强，只能等待某一个单一国家变得强大到足以与美国抗衡。[②] 沃尔特则认为，尽管美国在权力总量上大大超过了其他大国，但是从地理毗邻和侵略意图上看并不对其他大国构成威胁，从而大大削弱了大国制衡美国的倾向。[③] 伊肯伯里认为美国政治体系的开放性和透明性消除了其他国家对美国意图的不确定性，而且美国主导的国际秩序是高度制度化的，使其他国家形成了对美国霸权的路径依赖。[④] 里斯则从建构主义出发，认为安全共同体的特征，包括集体认同和共同价值观、政治经济和文化的相互依赖以及国际制度调节，使得制衡不再是大国的主要选择，其他大国也不必采取权力政治的形式

---

① 事实上，核武器的出现在很大程度上改变了权力基础，使得国家之间的均势出现了新的变化。而且这种恐怖平衡实际是一种预期中的迦太基式和平，而与霸权无关。

② 参见华尔兹《现实主义与国际政治》导言，北京大学出版社 2012 年版。

③ 参见斯蒂芬·沃尔特《维持世界的失衡状态：自我克制与美国的对外政策》，载伊肯伯里主编《美国无敌：均势的未来》，北京大学出版社 2005 年版，第 121—153 页。

④ 伊肯伯里主编：《美国无敌：均势的未来》，北京大学出版社 2005 年版，第三部分。

来应对美国。[①]

应该看到，这些解释虽然颇有说服力，但是在学理上并没有展示出足以服人的强大逻辑，论点破碎，主观辩护的色彩强烈，甚至有违历史经验。另外，他们的研究视野主要局限在美欧日等西方大国关系上。而事实上，即使在西方大国内部，对待美国霸权的态度也是有差异的。更重要的是，制衡的出现是一个过程，也需要一定的条件和诱因。

从制衡者的角度看，如果我们将权力制衡当作基础动因，那么威胁制衡就是直接动因。[②] 而从被制衡的霸权国家角度看，其在谋求和维持霸权的过程中，如果能减缓其他国家所感知的威胁，也会延缓制衡的出现。从现实主义的角度看，如果说权力本身就是威胁，那么能减缓其他国家所感知威胁的唯一手段就是增强霸权国家行为及其主导下的国际秩序可接受性和合理性。它主要依赖于霸权秩序的价值共享程度、规制建设水平以及国际公共产品的供给规模。毫无疑问，其他大国感受的威胁越高，均势制衡的倾向就越强。反之则制衡倾向越弱，霸权就会得到维持。

因此，从权力失衡变动造成威胁只是引起制衡的一个原因，是必要条件而非充分条件。在一定的情况下，霸权国家可能并不会遭到其他国家的抵制或反对，甚至可以得到其他国家乃至于其他大国的接受和认可，其原因也正在于霸权是否具有威胁性。

从一般意义上理解，霸权有以实力迫使别人屈服的强迫含义。文化霸权概念的最初创立者葛兰西对霸权的理解颇值得深思。葛兰西著作的译者和研究者最初将"Hegemony"译为"领导权"是因为葛兰西使用的这个词在他那里已经失去了传统"霸"的意味，是试图将某种特殊的意识形态转换为可以被大家接受的价值观，通过别人自愿的认可和赞同（consent）而实现的统治或控制，从而排除了暴力和强制性的色彩。[③] 这包含了类似于中国古代思想中"王"的理念，

---

① 参见托马斯·里斯《自由安全共同体中的美国权力》，载伊肯伯里主编《美国无敌：均势的未来》，北京大学出版社2005年版，第259—281页。

② 在刘丰《制衡的逻辑》一书中，他选取的变量是结构压力和霸权稳定性。

③ 从这一点来说，葛兰西对霸权的理解完全也可以用到对权力的理解上。

“远人不服，则修文德以来之”，德被四夷。[①] 因此，所谓霸权至少不全是依靠实力。葛兰西认为霸权不完全等同于统治，统治包括支配和霸权两种形式，或者说统治是以强力为盔甲包装起来的霸权。支配是建立在使用或威胁使用军队和警察等暴力机器之上的控制权，而霸权则可能是建立在理念、价值观、信仰和文化的影响力之上的。吉尔平也指出，“霸权或领导权建立在对它的合法性普遍信赖的基础上，同时出于维护霸权的需要，霸主国是受到制约的。其他国家之所以愿意接受霸主国的统治，是因为他在国际政治体系中享有威望和地位”[②]。在这里特别值得引起注意的是，尽管国际社会是无政府的，但是国家之间的威望等级会使得一些国家在一定程度上服从更强大国家的领导，从而印证了现存秩序的正当性和实用性，所谓存在即合理。

在一方面，从历史上看，霸权常常是建立在高度不对称的权力之上的，国家只能通过战争确立其霸主地位，因为战争是展现其实力的手段，否则其他国家很难自觉自愿地服从霸主国的领导和控制。而在另一方面，霸权国需要不断塑造其正当性。拉普金提出了四个霸权正当性指标：实质正当性（共享价值和规范）；过程正当性 I（公开决策和透明度）；过程正当性 II（自我克制和减少权力使用，霸权是有限度的，遵守国际法和既定程序，不独断行事，不是一致同意[③]）；结果正当性（全球公益和成功维持和平与繁荣）[④]。塔克也提出了类似的观点。[⑤] 在这个意义上，霸道的正当性说明其本身就是一种王

---

① 对此，我们必须指出，不能单纯地强调德化四夷。事实上，德化四夷并不是要主张放弃使用武力。德化政策是以实力为后盾的，《全唐文》卷一《金镜》就有李世民关于“理人必以文德，防边必以武威”的经典论述。

② 参见罗伯特·吉尔平《国际关系政治经济学》，上海人民出版社 2011 年版，第 70 页。

③ 在战争的问题上也有观点强调战争应该是经济制裁、外交努力和谈判失败之后的最后手段。参见布鲁斯·拉西特和哈维·斯塔尔《世界政治》，华夏出版社 2001 年版，第 302—305 页。

④ David P. Rapkin and Dan Braaten, “Conceptualising Hegemonic Legitimacy”, *Review of International Studies*, Vol. 35, No. 1.

⑤ Robert W. Tucker and David C. Hendrickson, “Sources of American Legitimacy”, *Foreign Affairs*, Vol. 83, No. 6.

道，比支配权能更深刻地体现了权力的本质。当然，这并不是说霸主国永远不会偏离霸权的正当性，霸权地位①的衰落可能恰恰是由于霸权正当性的下降。霸主国除了自律很少受到外部约束的现实使得霸主国在一些场合会抛弃正当性要求而表现出赤裸裸的现实主义，但是只要其霸权正当性没有受到明显的损害，依然是可以维持霸权和霸权地位的。② 霸主国总要在霸主有随心所欲的可能与维持这种随心所欲的霸主地位之间进行痛苦的权衡。

一般来说，霸权的威胁程度可以使用体系中大国（或制衡联盟）的数量，权力的分布（失衡程度）及其与其他潜在或实际霸权国的相对权力对比（权力差距）来度量。由于规则和制度本身就是霸权国主导和控制的，所以霸权本身常常就是不公正的。不过，在现实主义者看来，霸权的实用性可能比霸权的正当性更重要。

三　不对称的治理、冲突与不对称合作

尽管吉尔平从政治经济学的角度对霸权做了充分的研究，但是在有关霸权的经典文献中，查尔斯·金德尔伯格在 1986 年发表的《没有国际政府的国际公共产品》一文却使他成为所谓霸权稳定论的创立人。而如果抛开其明显的辩护色彩，霸权稳定论的核心强调的就是所谓霸权的实用性。如果说金德尔伯格是从国际公共产品的供给角度来论证霸权实用性的，而作为一个自由主义者，基欧汉则认为，由一个国家主导的霸权结构非常有利于强大国际体系的发展。因为这个体系的运行规则比较明确，并且得到很好的遵守。③

毋庸置疑，不论是从国家安全还是从国际经济的角度看，国际公共产品服务都是必需的，如环境保护公约、全球知识产权保护、国际安全机制、国际货币制度和贸易规则的制定与执行。从理论上说，国

① 注意，笔者在此使用霸权地位而不是霸权本身是想说明霸权地位是其他国家对霸主国的认可。

② 霸权国的双重标准正是霸权目的和霸权本身续存性矛盾的体现。

③ 参见罗伯特·基欧汉《霸权之后：世界政治经济中的合作与纷争》，上海人民出版社 2012 年版，第 30 页。

际公共产品的供给面临威斯特伐利亚困境，即没有一个具有权威性和广泛认同的国际政府监督各个平等的主权国家。国家主权原则决定了国家之间的平等和自在，仅仅靠一致同意的原则（或近乎一致同意的原则）在现实中常常难以达成共识，因而国际社会事实上处于无政府状态，使得公共产品的供给难以实现。但是在现实世界中，在权力和威望结构上，国际体系中的各国所处地位和层次就完全不同了，是一个具有高度不对称权力结构的，或者说近似于一个有霸权国家领导的国际体系。[①] 具有高度不对称权力的国家作为一个权力超强的国家，虽然在理论上说也仅仅是由众多彼此平等的国家组成的国际社会中的一员，但是他对国际社会及其他国家的影响要超过国际社会对他的影响，从而在国际体系中占据统治、主导和控制的地位。国际秩序就是国际社会各主要行为体，尤其是主导大国权力分配、利益分配和观念分配的结果。爱德华·卡尔在其现实主义名著《二十年危机》中指出，“在任何国际系统中，处于国际权力和威望结构顶端的国家组织控制系统中单位之间相互作用的过程”。此时，这个系统中存在极不平衡的权力分配就可以被视为存在霸权结构，这个国际体系就是霸权体系，而霸权国的权力从根本上又依赖于其明显的经济和军事实力。显然，在这样的高度不对称的权力结构中，国际关系的稳定是由非均势的、不对称的，也就是由大国明显的权力优势和利用权力优势的愿望所维持的。[②] 罗马治下的和平、不列颠治下的和平以及美国治下的和平都是历史上的案例。

一方面，国际公共产品的提供需要这个事实上主导国际体系的大国承担起建立和维护国际规则，惩戒违规者的责任。而另一方面，大国提供国际公共产品，建立和维持这种国际秩序显然也是出于对自身利益的考虑。在国际体系中，大国居于主导地位，因而体系对其约束小；大国反而可以通过提供国际公共产品，以体系的名义对其他国家实施影响。也就是说，大国对体系的影响要大于体系对他的影响。因

① 戴维·莱克在《国际关系中的等级制》（上海人民出版社 2013 年版）一书中对此进行了充分的分析。

② 当然，在霸权维持的表面稳定下，显然不一定是公平的。

此，由于权力结构本身就能够保证大国在国际体系中的利益，大国就是权力体系的主要受益者。这样，大国为建立和维持国际秩序所提供的公共产品一定会使其自身受益，从而实现不公平的、有利于大国自身的制度分配功能。当然，这样的大国也必须且依然要在形式上保持霸权的正当性。维持国际关系的稳定，从而使所有国家都能够从中受益又是一个最主要的方面，也就是霸权主导的稳定性的实用性。

一个稳定的国际环境，不仅是霸权国的目标，在一定意义上也能够被其他国家所接受。[①] 对于霸权国来说，冲突意味着不稳定，不稳定就会对霸权秩序或霸权本身造成威胁和挑战，而稳定则意味着其权力和威望可以继续存在，从而继续影响国家间在体系中的互动规则，也就是维持其霸权地位，获得霸权收益。而对于其他国家来说，稳定也可以为自身权力的增长提供一个基本的条件。[②] 因此，在霸权主导的稳定环境下，霸权国重点关心的问题是维持其在国际体系中的相对权力[③]，也就是防止权力竞争的问题。因为在国际关系中，绝对力量或绝对权力是没有具体意义的，权力本身就是一种关系，具有实际意义的是相对权力，也就是两个国家之间的权力差距。虽然从理论上说，只要其他国家的权力不超过霸权国的权力就不会对现有的霸权体系形成威胁[④]，但是从霸权国认知的角度看，只要体系中的大国与霸权国之间的权力差距在缩小，或者这个差距小于霸权国自己设定的临界值，甚至这个差距缩小的速度太快，就会被霸权国判定为威胁。霸权国的根本目的就是要消除对其霸权地位的威胁和挑战。

提升相对权力的方式无非有两种：提高自身的权力或削减对手的

---

① 稳定的重要性在经济上的一个主要表现就是固定汇率对浮动汇率的优势，而在安全上则是对穷兵黩武将导致权力下降的共识。

② 我们在前面已经指出，霸权的确立一般是通过战争这种最明显的实力对抗完成的，但是问题在于在这种实力对抗之前必然需要一个实力积累的过程，而这个过程显然也需要一个稳定的环境。

③ 其实霸权的概念本身就是一个相对权力的概念。

④ 我们在本书中一再强调的一个观点是，虽然相对权力是至关重要的，但是由于关键投票人问题，即使霸权国具有相对权力优势，但是霸权地位依然会受到挑战，或者说霸权国也必须主动结盟，与人合作。

权力。[1] 提高自身权力固然是一种方法，但是从根本上说，霸权受到挑战本身常常首先证明了霸权国自身国际权力的下降。通过联盟可以改变力量对比，但是，在自身权力下降的时候，潜在联盟国可能会转而追随强者。因此，当挑战国权力上升的时候，按照米尔斯海默的观点，冲突就是在所难免的了。问题是什么样的冲突对相对权力正在下降的霸权国有利呢？通过正面冲突削减挑战国的权力对于霸权国本身是有风险的，因此最大的可能是霸权国通过各种方式，比如支持挑战国的对手使挑战国卷入战争，从而削弱其权力基础。至此，我们发现所谓霸权稳定的状态可能只存在于霸权的胜利期和霸权的成熟期；而在霸权的衰落期（也就是新霸权的上升期），冲突的可能性反而会上升。

四　制度合作：霸权之后？

由霸权兴衰自然引出而得到结论是霸权稳定论的悖论。在霸权衰落期，冲突可能性的上升本身也是霸权国不愿意看到的，因为它没有把握在这样的冲突中取胜，更不能保证这样的冲突不会削弱自身的权力基础。所以，在霸权胜利以后，霸权国就会考虑如何稳定霸权地位的问题了。伊肯伯里在《大战胜利之后》中提出并力图给出答案的核心问题就是刚刚赢得大战胜利（包括“第二次世界大战”和“冷战”）的国家如何运用其新近获得的权力来寻求一种可以将这种权力保持到永恒的方法和途径。[2] 而基欧汉在《霸权之后》一书中对这个问题进行了更一般化的研究。

在经历了历史上诸次战后安排的经验之后，霸权国常常要利用战后的国际制度以锁定其有利的战后地位，并且更重要的是，为了防止

---

① 吉尔平在《战争和世界政治的变化》（New York：Cambridge University press，1981，英文版第188页）中还提出，霸权国可以以不损害其国际地位的方式减少它现有的承诺（以及因之产生的成本）来维持霸权。但是约瑟夫·奈则一针见血地指出，降低维持国际体系的成本和减少国际承诺势必影响到霸权国的权力地位和威望。

② 这也反映了伊肯伯里的现实主义立场：霸权的确立往往是在大战胜利之后才可能实现的，因为只有战争才是展示其权力基础和权力的最好手段，而且只有领导联盟赢得战争，霸权也才可能建立起来。

其他国家的反霸和制衡，显示霸权提供国际公共产品、全球治理以及霸权主导下稳定的益处，就必须确立对自身权力的战略约束，以使得其他国家接受这种制度。或许这些霸权国也曾奢望利用国际制度将其他国家约束在既定的、可预期的制度框架和政策倾向内，而与此同时自身又不受任何制度的约束。但是，现实的结果一定是为了获得其他国家作出的制度性承诺，将他们锁定在战后秩序中，霸权国必须向他们提供一些回报，即采取可信的制度化措施以约束霸权国自身权力的行使，至少在表面上和形式上降低霸权的威胁。事实上，大战之后出现的国际秩序的稳定性（也就是霸权地位的稳定性）就有赖于各国（不论是霸权国还是其他国家）通过制度化的方式约束霸权过度行使权力，恪守长期承诺的能力以及制度对违规者的惩戒有效性。

伊肯伯里在2008年为《大战胜利之后》中文版写的序中，根据“冷战”以后美国一超多霸的新局面进一步提出了两个新问题①：“冷战”以后，美国是否会出现单极的帝国倾向？是否还会恪守基于国际制度的规则？国际权力的单极结构使主导国面临此前在两极体系和多极体系中未曾经历过的“合法性”问题。毫无疑问，第一，主导国越愿意继续通过各国统一的规则和制度运作，其他国家越可能选择接触而不是抵制。第二，如何看待霸权国提供公共产品的问题。在“冷战”时期，美国提供安全保护和支持开放市场等全球性服务。由于这些公共物品的实用性，其他国家愿意与之合作并忍受侵扰。但是“冷战”以后，美国提供的公共产品下降，或者说其他国家对安全保护的需求下降了，如何继续保证其霸权的合法性呢？第三，从历史经验看，单极时代霸权国的选择不是单边帝国主义或新孤立主义，而是轮辐双边主义。因为在单极体系中，霸权国放弃政策自主性以换取制度化合作的必要性下降，而且由于多边主义会包含对霸权国政策自主性的更多约束，因此美国更愿意进行双边秩序的建设，更全面地将其权力优势转化为其他国家触手可及的让步。但是，在经过金融危机冲击以及美国政策调整以后，尽管第一个问题依然明显，但是在第二和

① 伊肯伯里在序中实际提出了八个问题，笔者在此进行了大幅度的节选。

第三个问题上美国却出现了一定的政策逆转。霸权国在提供国际公共产品方面的作用和国际多边合作再次变得重要起来。

如果说在20世纪前半叶美国面临的是“如何应对崛起”，那么从21世纪开始美国所面临的就是“如何应对衰落”了。[①] 毫无疑问，与历史上的罗马和英国一样，美国霸权必将面临挑战，其正当性受到越来越多的质疑，其对国际体系的影响会逐渐下降。因此，基欧汉在2005年出版的《霸权之后》比伊肯伯里的《大战胜利之后》不仅政策视野更长远，而且理论思维也更深刻。它的一个中心问题就是在一个急剧发展的相互依赖的全球化的世界，合作如何得到培育、秩序如何得到维持？

霸权稳定论的逻辑实际上提供一种以权力为基础的国际合作观，即由于霸权的存在，国际秩序的建立和维护都有保证，各国之间的合作就可以维持。反之，如果霸权衰落，国际社会就会出现纷争。基欧汉则通过引入国际机制，力图说明霸权之后的合作也是可能的。毋庸置疑，国际机制的建立是在霸权国家的倡导下实现的，因此霸权稳定论的逻辑与其说是霸权稳定，毋宁说是霸权倡导下国际机制下的稳定以及这种有利于霸权的利益分配机制的稳定。但是，霸权的衰落并不必然意味着霸权国家领导下创设的机制也会相应地发生衰落。这意味着，合作可以在没有霸权存在的情况下发生，国际合作也不一定需要美国这样的霸权国家的参与。

值得注意的是，作为制度自由主义的代表人物，基欧汉并不排斥现实主义的立场。他甚至明确声明他是“审慎而明确地以现实主义，尤其是以华尔兹的新现实主义和理性选择理论为基础来回答这一问题。国家进行合作通常不是出于利他主义或移情于他国的困难处境，也是不缘于追求他们设想中的‘国际利益’。他们为本国人民寻求财富和安全，并为此寻求权力”[②]。因此，基欧汉没有将合作等同于和

---

① 实际上，面对中国经济的崛起，美国在21世纪中如何应对崛起的压力丝毫没有减少，或者可以说美国所面临的问题是在如何应对崛起的同时又如何应对衰落。

② 罗伯特·基欧汉：《霸权之后：世界政治经济中的合作与纷争》，上海人民出版社2012年版，第XXII页。

谐，而是将其概念化为在实际和潜在的纷争情景下进行相互调整的强政治过程。[①] 作为自由主义的代表，他甚至同意华尔兹有关"在无政府状态下，没有自动生成的和谐"的判断。但是国际机制通过原则、规范、规则和决策程序的组合，可以降低国家间的交易成本，缓解信息不对称问题，减少机制成员在相互评估政策时面临的不确定性。

基欧汉自己也非常清楚，制度自由主义对国际机制下的合作理论还有缺失，比如对制度化合作中的收益分配问题没有给予充分的研究；忽视了制度与权力之间的内生性，因为制度本身就需要用权力和利益来解释；缺乏一个授权理论，因为对不完全合约需要一个权威性的解释，等等。

尽管如此，霸权之后在国际机制下的合作指明了国际关系中理性觉醒的进步趋势，或者说再次出现了从现实主义向理性主义的回归，至少是现实主义与理性主义的融合。

① 笔者理解，所谓强政治过程在这里主要是指权力和妥协的过程。

第三章　合作的不对称性：历史与逻辑

囚徒困境说明，追求利益最大化的个人如果不进行合作，则只能达到次优结果。从经济学角度对集体行动的研究证明，要避免合作中的搭便车行为，就必须提供选择性激励。而关注权力竞争的政治学研究则表明，合作本身就是一种强政治行为。①

权力是一种在不对称相互依赖的关系中才能体现出来的关系。如果我们认为霸权就是一种具有高度不对称优势的权力，那么从霸权稳定论所描述的合作情形看，不对称合作本身就应该是合作的常态，不对称性也反映出合作的本质特征。我们在此讲的不对称是指广泛存在于合作各方实力对比不对称之上，并且这种不对称达到了一定程度，足以形成权力基础，足以控制，甚至改变合作方思考方式和行为的不对称。在这个意义上，不对称合作所强调的就是合作中的权力和权力竞争。平等合作作为一种理论假设只是一种分析起点和幻象。

经济学是一种理想化或抽象化的纯学术推理，尽管在技术细节上已经发展到至臻至善的程度，但是其精密模型的设定基础上却依然是粗糙的抽象。而且一旦完成建模，后续的研究也就陷入数理推导的技术细节而疏于思辨。政治学尽管努力像经济学一样，从不同流派的理论硬核出发力图进行精确和可证伪研究，但是却因受制于研究对象的可量化程度，政治学研究还依然主要借助于逻辑和历史，其结论也严重依赖于硬核这个逻辑起点。不过，这也成就了政治学研究与经济学

---

① 参见罗伯特·基欧汉《霸权之后：世界政治经济中的合作与纷争》，上海世纪出版集团2012年版，第XXII、53页。

研究的最大区别，即思维的开放性。

在经济学研究中，一旦建立了抽象的模型，则思想过程就基本终止，进入机械的疏离推导和经验检验阶段。政治学的研究虽然也受到假设和硬核的约束，但是其后的逻辑和历史检验依然具有开放性，给研究者很大的自由度，也才可能出现不同学派间的融合，比如自由的现实主义者。在政策决策中，这种开放性在面对不断变化的现实世界时，其优势就比较明显。因此，即使是经济政策，也是由政治家做出的，经济学家的意见只是一种参考。

第一节　不对称合作：相互依赖、权力与选择性激励

国际关系研究的是相互存在往来而不是彼此孤立的国家关系，因为所谓的关系本身就是互动。相互依赖就是全球化中的一种典型关系，合作则起源于相互依赖。

一　不对称相互依赖、权力与合作：合作天生就是不对称的

按照基欧汉和奈在《权力与相互依赖》中的定义，依赖是指为外力所支配或受其巨大影响的一种状态。相互依赖就是双边彼此依赖，是国家之间相互影响的状态。依赖与联系是不同的。联系可能仅仅是一种可有可无的交往，而依赖则涉及成本和收益问题。不论是这种成本和收益是如何产生的，也不论成本是否是由另一方有意强加的，或者收益是己方在交往中需要事先付出成本才能获得的，只要停止交往，则双方都会不得不为此付出成本或减少收益，如此这种状态就是依赖。简单地说，依赖之所以成为依赖就是因为不交流就会给双方造成损失或减少收益。显然，这种双方都会尽量避免停止交流以避免损失和增加收益的状态就是相互依赖。①

---

① 罗伯特·基欧汉、约瑟夫·奈：《权力与相互依赖》，北京大学出版社2012年版，第9页。

尽管从康德以来，贸易和平论就一直受到一些学者的推崇，尽管相比现实主义者来说，自由主义者对合作的看法更乐观一些，但是基欧汉和奈认为："有人认为相互依赖的增加将创造一个充满合作的、美好的新世界，以取代充满国际冲突的、恶劣的旧世界。我们必须谨慎看待这个问题。"基欧汉在《霸权之后》对此也做过类似的表述：合作不等于和谐。[①] "和谐是非政治性的，在这种情况下，沟通是没有必要的，也不需要施加影响能力。相反，合作是高度政治性的，不管怎样，行为模式必须要作出改变，这种改变可能通过积极性的诱因和消极性的诱因而完成……因此合作并不意味着没有冲突，相反它显然是与冲突混合在一起的……合作只会在行为者认为他们的政策处于实际或潜在冲突的情况下而不是和谐的情况下才会发生。合作不应该被视为没有冲突的状态，而应该被视为对冲突或潜在冲突的反应。没有冲突的凶兆，也就没有必要进行合作了。"[②]

相互依赖的状态是否会导致持久的合作取决于如何看待成本和收益，更准确地说是如何看待成本—收益是绝对水平还是相对水平的问题。

如果从追求（或避免）和维持（或控制）收益（或成本）的绝对水平看，相互依赖应该导致持久的合作。这个道理是显而易见的，而且符合经济学研究的思维。由于经济学研究的基本立场是个人主义的，是追求个人利益最大化的，所以按照经济学的思维，对成本和收益的考量常常是从个体角度关注的绝对水平。只要相互依赖能避免成本，带来收益绝对水平的提高，那么就有必要维持这种状态，而甲乙双方对折中相互依赖的维持就是一种合作。但是问题也就由此产生：既然合作需要双方作出努力，那么甲方对成本和收益绝对水平的考量并不一定能带来合作的结果。如果甲方高度关注的成本或收益的绝对

① 反过来说，自主、自愿和自觉的、没有搭便车的合作，主动的配合行为，也不是和谐。这是因为合作还是政治的，不仅是博弈与权衡，也是需要权力协调和沟通的，需要授权惩罚的，还需要改变行为模式。因此，合作的概念本身是不否认冲突的。

② 罗伯特·基欧汉：《霸权之后：世界政治经济中的合作与纷争》，上海世纪出版集团2012年版，第53—54页。

水平在乙方看来无足轻重，那么显然由相互依赖所导致的合作的必然性就会大打折扣，就可能让位于（主要是乙方）很多其他的考量。

因此，相互依赖的状态能够带来持久合作这个判断至少存在一个前提，那就是合作双方都关注由相互依赖所产生的成本和收益的绝对水平。[①] 仅仅一方对成本和收益的绝对水平的关注不一定能带来合作的结果。这就是说，合作必须让合作双方满意，如果一方看重绝对收益愿意合作而另一方关注相对收益而不愿意合作，那么显然就无法出现合作。

从另一方面说，乙方不在意由相互依赖所产生的绝对成本和收益可能是由于乙方的总成本和总收益水平很高，因而仅仅产生于甲乙双方相互依赖于合作的绝对成本和收益在乙方看来无足轻重，不足以影响乙方的整体利益和决策取向，因而乙方在对待甲乙双方相互依赖问题上具有更大的自由度。而在这种情况下，乙方往往就在实力上远远超过甲方。这实际就是不对称所造成的敏感性与脆弱性差异。

其实，即使在甲乙双方实力水平相近的情况下，相互依赖也不一定能够导致持久的合作。因为乙方的思维与甲方重点关注可能是不同的。比较常见的是，乙方关注的是甲乙双方在相互依赖中的相对成本收益，即如果相互依赖能够给甲方带来的收益大于给乙方带来的收益，也就是说在相互依赖中甲方可能增强对乙方的权力基础，乙方也可能放弃从相互依赖中可能获得的绝对收益而维持其对甲方具有优势的权力格局。在乙方将甲方视为潜在霸权挑战国的情况下，这种情况更容易出现。[②]

在这里，如果我们使用基欧汉和奈对相互依赖分析中使用的敏感性和脆弱性进行分析，也可以得到相同的结论。实际上，敏感性和脆

---

① 我们在后面的分析中将借用谢林的概念将这个前提进一步一般化为合作双方聚焦点的问题。

② 当然，正如我们在第二章对多边博弈的分析所表明的那样，乙方出于相对收益劣势而放弃与甲方合作的前提是双边博弈。如果将甲乙双边博弈放在国际多极化和多边博弈的情景中，乙方就有可能与甲方博弈，并且试图在由乙方借助实力优势而主导的博弈中控制甲方。邓肯·斯奈德尔（Duncan Snidal）、罗伯特·鲍威尔（Robert Powell）及约瑟夫·格里科（Joseph Grieco）等人就指出担心对手取得较大的相对收益阻碍了合作的出现。

弱性都是对相互依赖中权力特征的描述，都是对权力不对称的描述。如果说权力可以被定义为一个行为体促使其他行为体做其原本不会去做的事情的能力，那么非对称的相互依赖本身也可以变成权力的来源：对相互依赖关系依赖性比较小的一方（这种依赖性就可以使用敏感性和脆弱性来衡量，前者是指对变动的反应程度，后者是指因变动而造成的成本变化）常常就拥有比较强的权力资源。敏感性和脆弱性都比较低的一方对相互关系的依赖性就比较小，在变动中可能付出的代价小于对方，因而政策自主性和主导性就比较高，就有能力在相互依赖的关系促动变化或以促动变化相威胁，迫使对方按照自己的意愿行事，从而达到控制结果的目的。

作为一种客观现象，相互依赖的问题在全球化的时代得到了学者的广泛关注。但是基欧汉和奈从相互依赖中引申出来的权力分析则是从不对称相互依赖中得出的结论。他们对相互依赖的贡献源于其对国家之间财富和权力不平衡分布的关注并转变为相互依赖的不对称性，进而强调相互依赖中的权力关系。因为在相互依赖的关系中，相比独立或自主的情况，权力体现得更明显。因此，与其说基欧汉和奈关注的是相互依赖，不如更准确地说他们关注的是不对称相互依赖。在他们看来，不对称主要体现为三点：信息的不对称、关注的不对称和信仰的不对称。无独有偶，现实主义者吉尔平甚至直接就认为，相互依赖本身就是有赖于强制力或者要付出代价的相互影响和相互联系。因此，相互依赖指的是“相互的，但又不平等的依附关系”①。

所以，相互依赖本身通常首先是以不对称为特征的；其次，如果从相对收益的角度看，相互依赖不一定是互利的，甚至不是以互利为特征的。相互依赖会降低成本，带来绝对收益，但是所有行为体都会以追求最大利益（既包括绝对收益也包括相对收益）为目标，结果，问题的关键是利益的分配。这样，我们能够由此得到的结论不是相互依赖导致合作，而是权力竞争。“经济相互依赖在社会集团以及国家之间建立了一种实力关系……相互依赖产生了一种可供利用和操纵的

① 吉尔平：《国际关系政治经济学》，中文版，上海世纪出版集团2011年版，第24页。

脆弱性……作为这一现象的对策，各个国家均努力加强自己的独立性而增加别国对自己的依赖性。”[①]

毋庸置疑，相互依赖可以加深个体行为之间的关系，引发国际合作的愿望，但是与此同时，也带来了新的和潜在的冲突。能否达成合作还要涉及对其他因素的考量。[②]

二　选择性激励的悖论与不对称的权力体制：集体行动的治理

如果我们将从相互依赖中产生的成本和收益看成共同利益，那么按照奥尔森的逻辑思路，从相互依赖走向合作就必须满足两个条件[③]：其一是集团成员数量小，其二是在大集团的情况下必须存在选择性激励。

应该说，对于国际关系研究来说，集团的数目一般不会很大，也就是说每一个成员的行为和决策都不会不被其他成员所忽视。那么在这种情况下是不是合作就一定能够出现呢？如果我们将合作严格界定为主动的配合，或者放松一些，界定为愿意为获得预期的合作收益而先付出成本的行为，并且将假定收益是集体产品，那么此时，为了防止搭便车，还必须存在有效的秩序维持和违约惩戒机制，否则只要有成员不预支成本的消极合作行为被所有成员所感知，只要这种行为得不到约束、制止和惩戒，就会造成更多中间集团成员转变为潜在集团成员[④]，集体行动就会流产。此时，即使特权集团依然愿意承担集体行动的全部成本，集团本身也将失去稳定性。因为，从严格意义上看，在集体行动中没有事先投入成本、只准备搭便车的成员不能被视

① 吉尔平：《国际关系政治经济学》，中文版，上海世纪出版集团 2011 年版，第 30 页。

② 从国际角度看，对这种相互依赖挑战的非排他性应对就是国际机制的创立。

③ 奥尔森在分析搭便车的时候也将相互依赖作为一个重要方面加以分析。他曾经指出：“集团中任意两个或两个以上的成员间是否存在明显的相互依赖，即取决于集团中任一个人作出贡献与否对集团中其他人的负担或收益是否会产生显著的影响。”参见曼瑟尔·奥尔森《集体行动的逻辑》，格致出版社、上海三联书店、上海人民出版社 2011 年新一版，第 37 页。从这种相互依赖的定义出发，他才将相容集团成员进一步分为特权集团、中间集团和潜在集团。

④ 这一点已经被公共产品实验证实。我们在下一章将对这个问题做更深入的探讨。

为集体行动的成员，顶多可以被视为利益相关者，而利益相关者却与集体行动无关。

所以，为了形成真正的合作，就必须建立有效的维持秩序和惩戒违约机制，即必须有人承担起维持秩序和惩戒违约的责任并付诸有效行动。而在具有共同利益的成员中，大家原则上都是平等的。在这种情况下，与大股东在传统的公司治理结构中的作用类似，这个角色非承担了主要成本的特权集团莫属。① 为了促成松散集团的集体行动，在成员数量有限而违约行为容易得到确认的情况下，维持集体行动秩序的特权集团对搭便车成员进行识别是容易的。虽然惩戒者可以在收益分配中控制搭便车者享受集体产品，但是如果集体行动供给的是公共产品，那么惩戒的困难在于惩戒者难以控制搭便车成员享受集体行动带来的收益。②

在大集团集体行动中，由于可能存在众多的潜在违约者，特权集团对搭便车者实施有效惩戒的难度更大。奥尔森曾经指出，在大集团中，由于每个成员分担的成本下降而获得的收益相对上升，所以每个成员从威胁不分担集体行动成本的谈判策略中可能失去的东西要比他承担的成本要少，或者说他们从搭便车行为中得到的收益要比他们从参与集体行动中得到的净收益要小得多。③ 但是，这还只是一种理论上的假设，因为恰恰是在大集团中，由于谈判的交易成本太大，每个集团成员与特权集团进行各种形式的谈判在现实中都是很难实现的，或者说任何中间集团都没有任何激励驱使他们进行使成本高昂的科斯谈判成功的谈判与战略互动。甚至退一步说，即使在没有交易成本的情况下，也不会出现进行科斯谈判的情况，因为任何对科斯谈判会成功而抱有的期望都会产生一个没有核心集的博弈，结果所有有理性的

① 值得引起我们注意的是，在公司制度已经相对完善以后，保护中小股东的利益不受大股东的损害已经成了现在公司治理的核心。相比之下，我们对集体行动治理的研究明显大大落后了。

② 例如，对于经济合作来说，集体行动可以带来减税的公共产品。对于安全合作来说，集体行动可以带来和平这种公共产品。在这种情况下，显然无法限制搭便车者享受减税和搭便车的福利。

③ 参见曼瑟·奥尔森《权力与繁荣》，上海世纪出版集团2005年版，第63页。

人都不会去谈判，而是都会直接努力加入搭便车联盟的次集团中以获得最大的收益。在这种情况下，要克服集体行动的巨大困难以理性地获得集体收益，就要有选择性激励。没有选择性激励，大集团就无法进行“集体行动”。在此，这个“集体行动”可能就是由大集团单独完成的，所以，这种集体行动也可以称为在选择性激励下由特权集团发起的代表性行动。

这个奥尔森在《集体行动的逻辑》中给出的结论在他的《权力与繁荣》中得到了进一步的阐述，那就是在出现选择性激励以后，治理的概念就出现了。那就是在平等的潜在集体行动成员中，受到选择性激励的成员在事实上就能够推动潜在集体行动成员群体的治理。但是，不论是得到选择性激励的主体还是由此产生的治理主体，其权力显然已经不同于集团中的其他成员，他们利用这种权力有效地维持秩序并惩戒违约行为，从而保证合作的持续。

但是，真正的问题也许在于，如果直接将奥尔森的理论应用于国际关系的分析，那么就可能出现一个逻辑问题，那就是应该先有选择性激励，然后才有集体行动。而问题是，在出现集体行动以前又应该如何确定并实施选择性激励呢?

相比之下，大股东的出现或不对称权力的提出则可以回避这个先有鸡还是先有蛋的问题。集体行动治理与霸权稳定论在功能上殊途同归：集体行动中的特权集团显然在功能上发挥着类似于霸权国的作用。但是，正如基欧汉在《霸权之后：世界政治经济中的合作与纷争》一书中所指出的那样，新制度自由主义在国际机制下的合作理论上的缺失包括：第一，对制度化合作中的收益分配问题，即由谁来主导分配的问题；第二，制度与权力之间的内生性，因为制度本身就需要用权力和利益来解释；第三，授权理论，因为对不完全合约需要一个权威性的解释。这三个问题对奥尔森和金德尔伯格来说也一样。

三　不对称合作的激励：集体行动还是代表性行动?

如果我们承认选择性激励本身首先就要涉及一个谁来选择的问题，那么在存在共同利益的前提下能否实现集体行动与合作的问题可能就从谁来挑选合作的发起者和主导者这样一个第一推动力的逻辑悖论[①]问题变成了一个谁更适合成为合作的发起者和主导者这样一个现实的选择问题了。

毫无疑问，就本书对国际关系中的合作的研究而言，不对称是一个现实存在。国家有大小之分，经济和科技水平有高低之分，各国之间的相互依赖在敏感性和脆弱性上也各不相同。因此，一旦进行合作，各国对合作关系的影响也是不同的，或者说对合作的主导性是不同的。合作一开始就不可能是绝对平等的，一开始就会涉及各方对成本与收益及其脆弱性和敏感性的权衡。从这个意义上说，因为合作本身一定就是不对称的。如果我们承认这一点，那么集体行动或合作的实现是否还需要选择性激励呢？

在奥尔森分析的大集团集体行动中，选择性激励是应对搭便车的对策，但是这个解决方案并没有解决全部的搭便车的问题，因为选择性激励只是“会驱使潜在集团中的理性个体采取有利于集团的行动”[②]，而在事实上听任一部分集团成员继续搭便车。不难看出，这种集体行动之所以还可以被称为集体行动，可能仅仅是因为这种行动最终代表了所有成员的共同利益而已。所以，这种集体行动还不如被称为特权集团和被选择性激励调动起来参与集体行动的成员的代表性行动更贴切，因为还有一些利益相容集团中的成员并没有参与这个集体行动。

因此，真正的问题就在于这个代表性行动还是集体行动吗？由于代表性行动本身就不是集体行动，那么更确切地说，这个代表性行动还能够代表大集团所有成员的共同利益吗？在还有相当一部分成员搭便车、根本没有参与集体行动的情况下，这些数量众多的搭便车成员已经没有能力来约束特权集团和被选择性激励调动起来参与集体行动

---

① 具有共同利益且相互依赖的潜在合作者之间尽管存在事实上的不对称，但是他们在理论上应该是平等的。正如所有国家不分大小一律平等一样，尽管事实上他们在联合国中的地位是不一样的。理论平等而事实不平等是一个悖论，其原因就在于治理的需要。

② 曼瑟尔·奥尔森：《集体行动的逻辑》，格致出版社、上海三联书店、上海人民出版社2011年新一版，第41页。

成员的代表性行动了，甚至那些被选择性激励调动起来参与集体行动成员由于是被特权集团给予了选择性激励，因此也很难约束特权集团的代表性行动并对集体行动具有主导权和治理权。这样，代表性行动能在多大程度上代表大集团所有成员的共同利益？一旦特权集团的代表性行动偏离大集团所有成员的共同利益，那么中间集团该怎么办？他们能够像在公司治理中的中小股东那样起来维护自己的利益那样吗？也就是说他们能够用脚投票，一走了之呢！

或许也正是由于存在这些潜在问题，奥尔森在《集体行动的逻辑》之后转而关注权力问题，在《权力与繁荣》中，他没有展开对特权集团代表性问题的分析，而是直接进入更高层次的治理问题，而治理的本质就是权力的运用。按照切姆佩的定义，治理就是在没有法律效力可以借助的情况下办好事情的能力，而伊斯顿学派则更明确地指出，在政府不能强制进行价值分配的地方，治理就能用非强制但行之有效的方式来分配他们。两者的不同之处在于统治是政府凭借法规强制力，而治理依靠权力影响力。[①] 由此，我们也可以加深了对奥尔森研究思路的理解，而与此同时，也就把我们对合作的研究最终导向了权力，而权力本身就是一种不对称的、非强制性的合作关系，一种治理与被治理的关系。面对不对称的现实，承认不对称的权力结构才是在现实中开展不对称合作的起点。

合作一定是不对称的，合作一定涉及权力问题，因而合作就一定涉及不对称权力的功能问题，它关系到合作关系的持续。

在第二章，我们曾经提到霸权出于自身的利益要维持现状，而稳定又是几乎所有国家在正常情况下都需要维持的合作状态，并且也是各国都可以通过搭便车来享受的公共产品。因此，即使是霸权维持下的稳定也代表了绝大多数国家的共同利益。在此，真正值得我们注意的是，在一个主要依靠霸权维持的稳定状态下，各国即使搭便车，没有真正的集体行动，由于霸权国家处于相当于特权集团的地位，即使

---

① 参见詹姆斯·N. 罗西瑙主编《没有政府的治理》，张胜军、刘小林等译，江西人民出版社 2001 年版。

没有选择性激励，其行为也能在一定程度上有利于国际社会的共同利益。这种实用性或功能性也在一定程度上使得霸权能够为国际社会所接受。①

如果我们承认国际机制本身就是一种国际合作，而合作本身又必然涉及不对称，甚至国际机制的建立、运行和维护都离不开霸权的主导，那么国际机制本身就一定是非中性的，也就是说一定是有利于霸权利益的。在这种情况下，霸权国就一定是国际合作的最大受益者，而此时合作也就不一定需要选择性激励来实现集体行动，或者不一定需要选择性激励来促使特权集团作出代表性行动，因为通过主导合作本身来增加霸权国的合作收益本身就已经是一种选择性激励了。但是，在霸权国的地位不断衰落，因而国际体系的稳定也越来越重视国际机制的运用的时候，为了使国际社会进入到相对平等的合作状态，促使中间集团参与合作并承担成本，使得他们也更积极主动地参与国际合作的集体行动，那么此时，对他们的选择性激励就成了一个非常现实且非常重要的问题了。②

第二节　妥协与绥靖：不对称合作的前提和条件

纳什均衡表明，在博弈中要获得最优的结果可能是非常困难的。合作作为一种预期对方行为并与对手进行成本与收益综合权衡的博弈决策也是如此。这个结论不论是对于大国还是小国都是成立的。③ 当然，在不对称的条件下，相比强势一方，弱势一方可能偏离最优结果

① 当然，我们也可以把这种国际默认视为一种选择性激励。

② 把奥尔森的这个逻辑应用到国际关系的分析中，我们就可以推出一个非常重要的结论：如果承认国家间的不对称以及国家间权力的巨大差异，那么在稳定国际秩序的行动中，大国特别是霸权国家，作为特权集团可以从国际秩序的稳定中获得他们的霸权收益，因此是不需要给予选择性激励的。相反，应该对那些为国际秩序稳定做出贡献的小国给予选择性激励。简而言之，大国应该承担全部的联合国开支，并且从联合国经费中拨出一些补贴小国。

③ 正如我们在前面指出的那样，即使是对于霸权国家来说，为了维护霸权地位就必须顾及霸权的正当性，而霸权的正当性就包括了主动或被动地限制权力使用的内容。

更远一些。

一　多边博弈中联盟合作的现实主义：法绍达危机与“第一次世界大战”前的国际关系

在合作博弈中，双方的关注重点可能是绝对利益，也就是说他们更多的是关注己方绝对利益水平的损益而较少比较己方与对方相对利益对比的变化。而在非合作博弈中，双方常常更看重在竞争关系中权力变化背后的相对利益。究竟是合作博弈还是非合作博弈在很大程度上取决于博弈双方的建构和认知，因为这两者在现实中往往并不是截然分开的。合作中有竞争，即合作常常是为了通过获取合作收益来增强自身竞争实力，竞争中也有合作，因为冲突仅仅是一种极端状态，而韬光养晦和维持现状的行为本身也应该被视为一种合作。因此，合作行为与竞争行为不仅是同时存在的，甚至还是共生的，因为他们都是对成本和收益进行权衡的结果，也是认知建构的结果。①

从现实主义角度看，国家在国际体系中的自助性质导致了国家间的权力竞争。而本着权力是唯一法则的现实主义原则，只要将国与国的双边关系扩展到多边关系，那么通过联盟制衡就成了一种现实选择。在不对称的现实世界中，联盟制衡的前提是根据威胁的程度在众多威胁中判断主要威胁，并根据主要威胁的来源区别出潜在的合作者，最终才可能实现联盟合作。在这里，成本和收益的权衡就成了联盟合作的核心。

法绍达冲突及其逆转就是在多边国际关系的制衡和权衡中从冲突走向合作的一个典型案例。

法绍达事件的缘由起于英法这对殖民老冤家对非洲的争夺，而这种争夺最早是从苏伊士运河开始的。早在18世纪末拿破仑占领埃及

① 合作和竞争可能是因为对终极利益诉求不同而导致的不同结果。对终极利益的诉求究竟是绝对利益还是相对利益造成了合作和竞争的不同后果，所以，合作和竞争状态本身就可能是建构的，因而随时存在相互转化的可能性。但是我们在此要强调的还不是合作和竞争状态，而是合作和竞争的行为。显然，行为，不论是国家行为、公司行为还是个人行为最终都是由人作出的，因而人的行为就必然受到认知建构的主观影响。

的时候就计划开凿运河以连接地中海和红海。但是由于勘察技术错误使拿破仑放弃了运河计划并在与英国的对抗中离开了埃及。而到了法兰西第二帝国时期，由于与英国在美洲殖民地争夺中失利，法国的殖民重点又转向了非洲，开凿运河也就提上了议事日程。1858 年 12 月在法国驻埃及领事获得奥斯曼帝国埃及总督特许以后成立了苏伊士运河公司，运河最终于 1869 年 11 月通航。但是在 1875 年，法国的外债压力迫使其将运河的股份卖给英国。到了 1882 年，英国对埃及的军事占领确立了英国对埃及的控制权，法国随即后悔，准备采取行动强迫英国离开，除了尼罗河能够为法国炮艇提供一个基地，法国甚至计划修建一个大坝阻断尼罗河水以迫使英国离开。由此，法国加快了在非洲的殖民计划，以其在西非和中非的殖民地为根基，制定了从西向东的宏大目标，从佛得角、刚果和塞内加尔东进，向北连接阿尔及利亚，沿撒哈拉沙漠南部穿过马里、尼日尔和乍得，直到索马里的 2S 计划，以建立横穿非洲的法属殖民帝国。与此同时，法国控制尼罗河的计划也迫使英国设法保护尼罗河流域，因此在埃及站稳脚跟以后也开始向南推进，想与南部非洲的殖民地（包括现在的南非、博茨瓦纳、津巴布韦和赞比亚等）连成一体，执行其从开罗到开普敦的 2C 计划，以建立纵贯非洲的英属殖民帝国。

当时在非洲虽然以英法殖民冲突为主，但是德国、意大利、葡萄牙、比利时也占据了一些殖民地。当法国、比利时和葡萄牙在刚果河下游进行殖民活动时，就已经威胁到了英国向南深入的殖民活动。于是 1884—1885 年的柏林会议就试图调节强权之间的矛盾，提出以“实际占领”作为确定各国殖民地归属的评判标准。然而，这个标准在稳定既有地盘的同时也促使各国加快推进殖民以求获得更大面积的“实际占领”地。显然，法国的西东向推进计划与英国的北南向推进计划是不能共存的，只有能够占据交叉点的国家才能完成预定的计划，这个交叉点就是位于尼罗河上游，现在苏丹南部的法绍达（1904 年改名为科多克）。这也是法绍达的战略地位。对英法来说，谁占领了法绍达，谁就可能占领了非洲。

1898 年 7 月 10 日，马尔尚上尉指挥的一支法军从布拉柴维尔出发到达法绍达，升起法国国旗，等待从吉布提出发穿过埃塞俄比亚的远征队，但是后者先是在埃塞俄比亚人受到阻拦后又遭遇事故而没有及时到达，结果在 9 月 18 日，由基奇纳率领的一支英国炮艇舰队在 1896—1898 年占领苏丹以后，从南下也到达了法绍达，与刚刚驻扎的法军不期而遇，升起了英国国旗。英军坚持苏丹是英国的势力范围，以武力威胁，要求法军撤离，而法军以有效占领为由，拒不撤军。在交涉中虽然双方都表现得很有礼貌，但是双方坚持对法绍达的权利，两军对峙，剑拔弩张。消息传到巴黎和伦敦，双方都感到颜面都受到了伤害，互相指责对方的扩张和侵略行径，导致两国关系紧张，危机持续了两个月之久，两国都在备战，战争大有一触即发之势。

从军事实力的角度看，英国无疑占有数量、质量和训练方面的绝对优势，但法国陆军的规模又比英国具有明显优势，只是没有准备好与英国在海外作战。不过最重要的是，此时的新任法国外交部部长泰奥菲勒·德尔卡塞敏锐地意识到法国对英关系在未来可能的德法冲突中的重要性，因此他怀疑在遥远的非洲与英国发生殖民地战争的意义。他考虑到与英国的殖民地冲突不仅会削弱法国在欧洲大陆的势力，而且担心在英法冲突期间德国可能再次进攻法国，所以他强烈地主张和平解决危机，并借媒体关注德雷福斯事件①的机会将公众的注意力从苏丹转移开，于 10 月 3 日作出让步，低调下令军队撤离。1899 年 3 月 21 日，英法两国达成协议，以尼罗河及刚果河的中心线作为双方势力范围的分界线，法国放弃对尼罗河上游地区的领土要求，英国占领苏丹东部和尼罗河流域，法国占领苏丹西部。

---

① 1894 年 9 月，法国情报人员在获得的一张寄给德国驻巴黎武官没有署名的便笺中发现开列了法国陆军参谋部国防机密情报的清单。陆军参谋部怀疑是法国陆军参谋部犹太籍的上尉军官德雷福斯所为。随后，军事法庭以间谍罪和叛国罪逮捕德雷福斯，法国右翼势力乘机掀起反犹浪潮。但是此后法国重要的军事情报仍不断地被泄漏，这引起军队一些部门的警惕并开始重新审视德雷福斯案件。面对要求重审德雷福斯的浪潮，1899 年 6 月法国新总理瓦尔德克—卢梭在维持原判的前提下，以总统名义宣布赦免德雷福斯。但是直到 1906 年 7 月，最高法院才重审整个案件，撤销原判，宣布德雷福斯无罪。德雷福斯案件历经 12 年，当时法国从上到下几乎都分裂成赞成重审和反对重审两派，斗争异常激烈，使整个法国陷入一场严重的社会和政治危机。

历史学家认为法绍达事件的和平解决和普法战争后德国崛起的威胁是英法政府间谅解的先声，为日后英法两国间的默契与合作创造了条件，并为以后两国协约的道路打下了基础，更为英法两国在1904年进一步妥协和接近、共同对付德国开辟了道路。从英国方面来看，在19世纪90年代末，英国上层对新兴德国经济挑战的恐惧达到了顶点。为了使欧洲的事态发展有利于自己的利益，英国对十年未变的大陆联盟策略进行了一次彻底的调整，从19世纪传统的“亲奥（斯曼）反俄”联盟策略[①]转变为“亲俄反德”。法绍达事件标志着英法两国为联合抗德达成联盟。而从法国方面看，法国在非洲的争夺中并不总是一无所获，法国在与意大利抢夺突尼斯的竞争中获得了先机，这也把意大利推到了德国那一边。因此，殖民地争夺的大背景已经与列强在欧洲大陆的纷争连为一体。

如果我们将法绍达事件放在第一次世界大战以前错综复杂、变幻莫测的国际关系大背景下，对联盟合作的现实主义本质看得就可能会更清楚。普法战争以后，战败的法国与德国结怨，成为第一次世界大战爆发的最早动因。俾斯麦为防止法俄联手，东西夹击，于1873年就与俄奥签订了以孤立法国为目标的三帝同盟。而1878年俄土战争结束以后，俄国击败奥斯曼并借圣斯特凡诺条约企图在巴尔干建立大保加利亚以实现扩张，结果与奥匈帝国产生嫌隙。俾斯麦试图调停俄奥矛盾，但是同年签订的柏林条约却使俄国失去了在圣斯特凡诺条约的大部分利益，罗马尼亚、塞尔维亚和黑山独立，保加利亚获得自治权，让奥匈帝国管理波斯尼亚和黑塞哥维那，彻底破坏了俄国成立大保加利亚的计划。俄国感到被德国出卖，眼睁睁看着奥匈帝国坐收渔人之利，导致第一次三帝同盟瓦解。在这种情况下，德奥立即在1879年秘密结盟，将俄国视为假想敌，承诺在任何一方受到俄国攻击时另一方会相助，而如果攻击者是欧洲国家则保持中立。此条约在1892年法俄结盟以后尤其针对法国。事实

---

① 英国和俄国的矛盾在对诸如伊朗和阿富汗的较量中日见突出。1885年英国国会甚至已经批准了一批经费作为对俄作战之用。

上，德奥同盟影响深远，直到第一次世界大战以后双方战败才自动终止。但是出于战略利益，俾斯麦依然希望与俄国修好，于是在1883年签署了第二次三帝同盟，但是1887年又因保加利亚危机俄奥关系再度恶化，第二次三帝同盟再次崩溃了。为了继续联合俄国以孤立法国，俾斯麦同年与俄国签订秘密条约，同意如果对方与第三国交战，己方保持中立，但此条款不适用于德国攻击法国或俄国攻击奥匈帝国。另外，如果俄国攻击博斯普鲁斯海峡和达达尼尔海峡则德国保持中立。条约有效期为三年。[①] 1890年当威廉二世主政并令俾斯麦辞职后，威廉二世认为俾斯麦同盟制度过于反复，也自感无力推行政策，且自持与沙皇的关系[②]而深信可以保持良好的外交关系，并担心在俄国因伊朗和阿富汗与英国发生利益冲突的情况下，德国与俄国结盟将失去与英国结盟的机会[③]，拒绝俄国的续签要求，甚至德国拒绝给俄国提供工业化贷款支持。结果，俄国自感孤立，考虑到俄奥、德法之间的世仇以及德俄关系破裂的现实，法国又对俄国批出贷款，因此虽然俄皇亚历山大三世厌恶共和主义，但还是在1992年与法国结盟。这使得俾斯麦联俄孤立法国，防止德国两面受敌的局面彻底失败。俄法同盟使德国受到孤立，俾斯麦纵横捭阖的外交努力在德皇威廉二世手中彻底变为泡影，并成为第一次世界大战爆发的原因之一。

前述法国在1881年夺取了突尼斯这个意大利觊觎的殖民地以后，为了得到支援，意大利加入了德奥同盟，变为三国同盟。但是由于奥匈帝国曾阻止意大利统一，1911年意大利入侵的黎波里后英法又承诺让意大利获得安纳托利亚东南部、克罗地亚和斯洛文尼亚的大部分领土，虽然意大利保证支持同盟国，但是却在1915年5月和1916年

---

① 由于1879年德奥同盟已经保证奥国在未来可能的德法战争中保持中立，而1887年的这一条约又保证俄国的中立，德国因而获得了双重保险，所以史称再保险条约。1896年当再保险条约被报界披露以后，引起了德国和奥匈帝国人民的强烈抗议。

② 德皇威廉二世是威廉一世的长孙，腓特烈三世和维多利亚皇后的长子。而沙皇尼古拉二世的皇后亚历山德拉·费奥多萝芙娜是德国黑森—达姆施塔特大公爵路德维希四世的女儿。

③ 德皇威廉二世对英政策的确一度非常摇摆，而英国也一度有与德国结盟的考虑。

8月向德奥宣战。

俄奥在1878年柏林条约后的嫌隙加之德国无意与俄国决裂，迫使奥匈帝国转而寻求英国的协助；英国由于在非洲与法国在埃及扩张的潜在冲突也要加强与地中海国家的关系以抗衡法国的威胁；意大利在突尼斯与法国争夺殖民地的失败也加入到反法的行列中，因此在1887年，英国、奥匈帝国、意大利以及后来的西班牙签订地中海协定，同意对近东问题采取共同行动，保持地中海现状，以对抗法国和俄国在地中海势力增长的威胁。与前面的同盟不同，地中海协定仅是一种接近军事同盟的合作关系。其原因是多方面的，一方面英国想确保对地中海的控制，但是又不愿意承担盟友般的责任；另一方面则是奥匈与意大利之间的领土争夺以及奥匈对意大利统一的阻挠。因此，地中海协定最后无疾而终，但是它标志着英国开始介入欧洲大陆，打破了俾斯麦同盟体系，使法俄被英国孤立，最终也促成了法俄同盟。而在三国干涉还辽和布尔战争以后，英国放弃了光荣孤立的政策，开始寻找盟友。最初尝试与德国结盟，失败后在1902年与日本结为互助同盟，想利用日本钳制俄国和德国在远东的发展，同意日本在远东与俄德开战以后给予支持。英日同盟以后，日本即展开日俄战争，而英日同盟续签三次，到1923年才终止。

法绍达事件以后，英法在1904年签订的一系列协定，标志着两国停止争夺海外殖民地的冲突已经平息，转而合作对抗德国崛起的威胁。1907年英国与俄国又签订条约，规定了他们在波斯、阿富汗和中国西藏的势力范围以防止德国的扩张。英法协约、英俄协约加上法俄同盟最终形成了三国协约（Triple Entente）以抑制德国实力上升的挑战，而与德奥意三国同盟（Triple Alliance）形成第一次世界大战中的两大阵营。

从普法战争到第一次世界大战的错综复杂、变幻莫测的国际关系完美地阐释了现实主义的理论，从权力竞争到确定威胁，从权衡成本收益到结盟制衡，零和博弈和正和博弈交织在一起，现实冲突与认知建构、合作和冲突彼此变幻着，揭示着多变关系背景下联盟合作的本质特征。那个时代还没有两大阵营的意识形态对立因素，所以在国际关系中现实主义的本质特征表现得更加纯粹，因而也更加充分。其实即使在两大意识形态的阵营出现以后，到了第二次世界大战，美英苏同盟又再次表现出了联盟合作的现实主义性质，利益权衡的特征也得到了充分的表现。

合作，要取得收益，就一定付出成本①，所以合作总是现实主义的成本与收益权衡的结果。

二　绥靖不是合作：对“第二次世界大战”前英国欧洲外交的回顾

从前文我们可以看出，在多边博弈中对成本和收益的考量不同于标准双边博弈分析的一个核心就在于引入了制衡与联盟的均势视角。均势制衡政策一定包括联盟合作的内容，而联盟合作又一定是在不对称的情况下进行的。处于衰落中的主导国家②为了维持现状，采取离岸平衡，而自己不直接介入以求最终渔翁得利的战略本来无可厚非，但是，如果在权衡中判断失误，掌握不好尺度，则极端的表现就是绥靖。绥靖政策则特指“第二次世界大战”以前英国对欧洲推行的外交政策。

绥靖③是以安抚（绥）的手段使局势安定（靖）之意，常常是一种姑息行为。艾登承认在 1936 年初的一次演讲中或是为外交部写的一份备忘录中，他偶然地使用了“绥靖”一词。他当时根据的是《牛津英语词典》中 appeasement 的第一含义，即讲和、调解（纠纷等）。不过数年以后，人们才更加确定地用词典中这个词的最后一个

---

① 这里我们要强调的是“一定”付出成本的必然性。这种必然性的基本依据就是国际体系的自助性质，所以合作就一定是偏离了自助的本质，因而一定是有成本的，当然，对合作预期收益的评价也一定要比成本高。

② 在国际关系中描述不对称常常使用霸权国家的概念，而在国际货币领域对不对称的描述则是使用主导国家的概念。这两者应该是有区别的。因为尽管从霸权的定义上来说，霸权就是主导；但是从理论上说，主导国家可能不一定是霸权国家。

③ “绥靖”一词在中文中出自《晋书·张轨传》，“吾在卅八年，不能绥靖区域，又值中州兵乱，秦陇倒悬，加以寝患弥笃，实思敛迹避贤”。“绥”的本义是借以登车的绳索。“绥者，安之舒也”，引申为安抚，如“绥万邦”。“靖”则是安定之意，如“嘉靖殷邦”。

含义来理解 appeasement 的，即“用满足要求的方法来息事宁人”。所以到后来，他干脆将绥靖的实质归结为“我们不停地给，他们不停地拿”①。

在普法战争以后，当欧洲各国纷纷结盟争霸的时候，英国最初自恃两强标准的超强实力置身事外，奉行光荣孤立政策（Splendid Isolation），践行离岸平衡，既要保持自己的行动自由，又要充当欧洲的协调者。然而，英国的政策遭到了德国的猜疑和反对，不仅难以介入欧洲事务，甚至真的被欧洲国家孤立了。以地中海条约为标志，英国开始介入欧洲的联盟，甚至一度在俾斯麦时代与德国走近，但是随着威廉二世执政以后，英德矛盾开始激化。“第一次世界大战”以后，英国尽管取得了胜利，但却是赢得了战争，输掉了优势。英国霸权地位衰落，美国作为新兴大国地位越来越明显，而近在咫尺的法国也成为潜在的欧洲大国，战后的国际形势出现了新的变化，也迫使英国对外政策表现出更明显的均势特征。既然英国自己没有足够的实力来称霸欧洲，那么它所要做的自然就是防止欧洲大陆上的任何一个国家的强大，以便它能始终保持对欧洲的控制。英国已经不可能再和往日一样，以实力为后盾，以军事为主要手段，去直接控制和打击欧洲有霸权欲望的国家。而不得不转向主要依靠外交、经济手段，运用自己多年来在欧洲的影响，特别是利用国际联盟，来纵横捭阖，挟弱抑强，以继续维持欧洲的均势，达到其维护世界霸权的目的。

仅就均势政策下的合作选择而言，英国一贯坚持的是巴麦尊的原则：“我们没有永恒的盟友，也没有永恒的敌人，只有永恒的利益。我们的义务就是维护这些利益。”② 丘吉尔就曾这样归纳出当时英国欧洲政策的核心：“英国四百年来的对外政策就是反对大陆上出现最强大、最富于侵略性和最霸道的国家。……我们总是参加不那么强大的一方，同它们联合起来，打败和挫败大陆上的军事霸主，不管他是

① 转引自王宇博《评析英国绥靖政策》，载《江海学刊》1996 年第 5 期。
② 转引自亨利·基辛格《世界秩序》，中信出版社 2015 年版，第 24 页。

谁……这样，我们就保住了欧洲的自由，保护了欧洲的生气蓬勃和变化多端的社会的成长，……这是英国对外政策的不自觉的优秀传统。”①

凡尔赛和约确立了法国对其宿敌德国的优势，奠定了法国在欧陆的霸权。拥有欧洲最强大的陆军及建立了协约国体制的法国便也成了英国在欧洲大陆最危险的竞争者。因此，劳合·乔治曾强调说：“法国是现在唯一可能给我们造成麻烦的国家”②，英国驻德大使阿贝农曾在日记中写道：“1914 年英国对德国作战，为的是要抵抗德国对欧洲的军事统治，经过若干年的时间，英国可能就要因同样的理由同法国作战了。问题在于英国是单独作战呢？还是有一个同盟国同它一道作战？”③ 劳合·乔治承认：“英国从自己的地理形势出发则追求另一个目的，就是使法国和德国之间形成一种均势。”丘吉尔则更明确地指出：“请注意，英国的政策并不考虑企图称霸欧洲的国家究竟是哪个国家，它唯一关心的是，谁是最强大的或是有支配力量的暴君。因此，我们不怕别人说我们亲法反德，如果情况改变，我们同样会亲德反法。”所以，在“第一次世界大战”以后，英国在欧洲的均势政策是要加强德国的实力与国际地位，借以在法、德之间确立一种相互冲突又彼此牵制的关系，用以维护与加强英国在欧洲政局上的举足轻重的地位。

正是出于这样的考虑，在巴黎和会上，英国就反对法国过分削弱德国的主张。从 20 世纪 20 年代开始，英国就开始了扶植德国的行动。1925 年 12 月 1 日，英国向法国施加压力，迫使它在《洛迦诺公约》上签字，允许德国重新武装。1926 年 9 月，德国又被获准加入国际联盟，并成为常任理事国，重回西方大国的行列。20 世纪 30 年代后，英国仍然不顾法国的反对，在裁军和德国要求“军备平等”

① 丘吉尔：《第二次世界大战回忆录》，第 1 卷《风云紧急》，第 307 页。
② 转引自王宇博《评析英国绥靖政策》，载《江海学刊》1996 年第 5 期。
③ 同上。

等问题上满足德国的要求。① 1933 年希特勒上台后，之所以敢于大力扩充军备，就是因为他对英国的欧洲政策十分了解。

应该说，“第一次世界大战”后英国推行的仍是一种均势外交政策，只不过和战前它推行的“强硬均势外交”相比，属于“软弱的均势外交”。“第一次世界大战”后的英国经济实力下降，促使他们在对外政策上已不再像战前那样强硬。但到了后来德国突飞猛进，实力超出了英国，扩张的胃口也日益大起来。它不甘心做英国平衡欧洲力量的工具，开始了对生存空间的要求。此时，在英国实力日益衰退、扶德抑法已无法推行的不利形势下，从张伯伦任首相始，即根本改变均势外交策略为绥靖政策，英国的外交政策进入绥靖阶段。

毫无疑问，希特勒的上台使欧洲的政治格局发生了重大变化，英国对此也并不是一无所知。从 1933 年中开始，英国驻德大使等人就提请内阁注意德国重整军备的危险。1934 年 2 月英国国防需求委员会报告又明确指出德国是英国最大的潜在敌人。但在此后的一段时间里英国执行的仍然是“扶德抑法”的老政策。如果说在此之前，英国的扶弱抑强……只是追求均势的一种本能的话，那么到此时，德国已经强大到无须英国扶植，甚至威胁到了英国所追求的均势时，为什么英国还要实行这种政策呢？事实上，英国人很清楚，就实力而言，他们已经得到了一切，或者更多一些。如果发生重新瓜分世界的武力争斗，英国只会有所失而不会赢得任何东西。这就是一种典型的衰落霸权力图维持现状，以继续获取利益的心态。加上“第一次世界大战”后就在民间形成的恐战症，英国朝野和平主义思潮泛滥，英国政府不仅没有决心进行战争准备，而且也不愿卷入战争的漩涡，无力也无心备战。正是在这些思想的指导下，英国在这段时期的外交采取一种消极应付和摇摆不定的态度。1937 年张伯伦出任首相后，更深受和平主义思想的影响，认为战争不会赢得任何东西，战争中从来没有胜利者，绥靖政策正式形成。以向德国

① 而法国出于自身安全的考虑，在对德问题上态度十分谨慎，始终坚持把裁军和德国“军备平等”问题同法国的安全保障联系起来，不愿对德作出重大让步。但是如果说在对德绥靖上英国扮演了主要角色，那么在对意绥靖上，法国则起了主导作用。

妥协为中心，以维护欧洲和平现状为目的，坚信通过谈判可以解决国际争端。《慕尼黑协定》的签订，既显示出绥靖政策发展到了顶点，也标志了它的失败。此后，尽管张伯伦对德采取了较前强硬的态度和政策，但为时已晚，无济于事。

因此，我们必须看到的是，绥靖政策的推行从一个侧面反映出英国正走向衰落和其国际地位趋于下降，本质上仍只是也只能是一种霸权主义政策，是以维护与加强霸权为目的的。绥靖只是服从于并从属于霸权的争夺。霸权是"里"，绥靖是"表"。绥靖主义成为西方列强争霸世界矛盾的一种特殊表现，是以英国为代表的处于守势的帝国主义国家处理国际危机的指导方针，是这些国家力图通过局部的让步来维护其霸权利益的外交战略。如果仅仅将绥靖归结为以满足敌人要求的方法来息事宁人，就难以解释以英德争霸为主要内容的"第二次世界大战"爆发的不可避免性。绥靖主义的确姑息、纵容了侵略者，而且不惜牺牲他国领土和主权以求和平的政策，但是离开战前霸权之间争夺和均势政策这一历史背景与主线，把绥靖视作无原则的屈膝投降也是片面的。绥靖是霸权争夺的工具，只能服务于争霸的目的。绥靖是战前英法霸权主义的产儿（虽然是畸形的），也是英法争夺欧陆霸权的手段（虽然是错误的）。在这一方面，它是有着明确的原则，这就是损人以利己，是在战略上处于守势地位的帝国主义国家所推行的一种错误、失败的政策。绥靖的错误，不仅在于损人，而且在于害己，搬起石头，砸了自己的脚。绥靖标榜和平只是要维护现存的国际秩序和和平分割的原则①，而这一点恰好是有利于英法这样的拥有既得权益和经济优势、但在军事上处于不利状态的帝国主义国家。

英国经济实力的衰退迫使英国要保住既得的利益就得采取外交的途径，但是问题也就出在这里。一项外交政策"如果没有军事上或经济上的实力做后盾，光靠外交手腕是无所作为的"。这就使英国

① 通过绥靖来维持现状绝对不是本书所主张的合作定义，因为这是一种卑劣的妥协。我们将在下一部分进行详细讨论。

“原来想制定一项使欧洲列强相互容忍的缓和政策，却变成了一种企图取得和解的一种令人丧气的尝试，而这种尝试的失败就产生了1937—1939年英国政府称之为‘绥靖’的政策”①。但这并不意味着经济实力的衰退就一定产生绥靖政策。绥靖并非张伯伦个人的政策。而且他的同僚支持绥靖政策，也反映了英国“第一次世界大战”以后的和平主义思潮②，其出现并非偶然，甚至成为英国主导下国联的一致行动。但不管怎么说，张伯伦作为英国政府的主要代表者，其个人性格不可能不影响所制定的政策。

从我们此前的分析还可以看出，绥靖是在霸权国家无力或不愿承担联盟合作行动责任时的一种推诿或不作为的政策，所以不是合作。绥靖是单方面的纵容行动，而合作是一种双向互动；绥靖也是一种放弃合作的行为（出卖盟友，即没有与盟友的合作，也得不到对手的默契回应），而合作肯定不是消极的无所作为；绥靖是避免冲突，而合作不回避竞争，甚至是因竞争而起，合作不是以避免冲突为目的，维持现状也不是③；绥靖也不涉及默契的配合，更没有双方的认知共识。因此，与合作——通过共同行动以追求共同利益的默契配合和认知共识——的本意已经背离。

---

① 《动荡的九年》第375页。转引自尹明明《英国绥靖政策的经济根源》，载《中国社会科学院研究生院学报》1998年第1期。

② 1922年《不要再战》杂志的发行量高达15000份，在当时已经相当瞩目。1925年和平主义运动领袖庞森在《不要再战》杂志上发表了《为和平而呼吁》一文，广泛宣传任何战争必须加以反对。与此同时，基督教和平主义、人道主义和平主义等派别纷纷成立，对和平主义运动的发展起到了领导和推进作用。1933年希特勒上台，英国的和平主义运动再次走向高涨。1934年谢波德发表公开信，声明由于法西斯上台，暴力倾向日益增加，由此引起的战争是对基督教和人类道德的否定。此信在当时引起了极大的反响。1936年英国和平主义组织国际联盟进行了民意测验，90%的人拒绝参战。由此可见，20世纪30年代和平主义运动在英国已形成了强大的社会思潮，反映了英国人恐惧战争，渴望和平的心理状态。这一社会思潮必然有力地制约着政府的内政和外交。

③ 本书认为，维持现状的合作常常是在存在潜在冲突和竞争的情况下，在自身实力不足时，弱势一方为了增强自身实力而创造相对有利条件的努力，因此在本质上与绥靖是根本不同的。

三　以合作为目标的妥协：不对称合作的起点

从我们在上面对绥靖主义政策进行的回顾中不难看出，绥靖不是合作，因为从历史的角度看，绥靖是试图通过单方面的取悦行为来维持原有的国际体系。显然，只要绥靖是单方面的，得不到对方的积极回应[①]，合作就不可能达成。在这里，不能说绥靖的一方得不到对方的反馈，双方没有信息的沟通和交流，而是绥靖方得到的反馈有悖于绥靖的初衷，结果成了一方不停地给，而另一方不停地要，而不是形成一种默契的配合，一种对作为公共产品合作剩余的追求。从妥协的视角来看，或者说在妥协的情景下，绥靖方总是幻想能够得到对方的合作性反馈而一味妥协。结果在这种博弈中，就达不到纳什均衡，而合作与博弈一样，一定是应该能够指向或收敛于一个最终的纳什均衡的。

合作中的不对称是客观存在的，我们在更前面的分析主要是从现实出发，从逻辑的角度说明了不对称的权力在合作中的地位和作用。显然，仅仅有不对称的权力还不足以说明合作的出现，还必须从每一个弱势合作者的角度说明合作的动机和条件。从一个弱小国家的角度看，要在不利于自身的不对称环境中达成合作并取得收益，妥协就是不可避免的。[②] 妥协是合作的必要条件，在不对称条件下尤其如此。妥协与绥靖看上去有可能大同小异，虽然可能只有一步之差，但是背后却存在着根本不同。[③] 与绥靖不同，妥协立足于达成现实主义的合

① 这种回应可以是一种积极的配合，比如共同推进一个进程，也可以是一个消极的配合，比如抑制自己不再在原有的轨道上推动进一步的进程。

② 作为英国古典政治智慧之一和自由主义的核心政治概念，早在19世纪末，约翰·莫雷在《论妥协》中就详细探讨了妥协的理念，详细讨论了在什么情况下应该妥协、什么情况下不应该妥协。而 Comoromise 一词的中文译法，严复译为“得半”，胡适译为“姑息”，章士钊译为“调和”，最后才借用日文，定为“妥协”。Amy Gutmann 和 Dennis Thompson 在2012年出版的名为《妥协的精神：为何治理需要它而竞选破坏它》的书中，对妥协进行了更深入的研究。他们指出，妥协是民主的政治艺术，是一种必要的执政手段。只有在原则和妥协之间求得良好的平衡，才能加强各方利益团体的广泛合作，因此是国家治理的艺术。毫无疑问，妥协也是处理国际关系的艺术。

③ 这种根本不同也包括是否存在和平主义建构认知。之所以会出现绥靖方不停地给，并不一定是因为他看不到被欺骗的结果，而是他或者由于权力的衰落而无可奈何，或者由于坚信和平主义而不愿意采取可能激化冲突的策略。

作，但是却不会以一味回避冲突为目的。妥协常常是以对方的相应妥协为前提的，也就是以预期对方合作性反馈的实现为前提，否则妥协作为一种策略就可能不复存在，就变成了不断给和不断要的绥靖。为了防止出现得不到预期的合作性反馈，妥协作为一种底牌甚至不会轻易地在博弈中亮出。为了达到与对方合作的目的，妥协必然是一个深思熟虑的博弈过程。妥协的幅度考虑越周密，妥协的提出越审慎，合作的意愿可能就越强烈。

那么，以合作为目标的妥协的限度是什么呢？

马格里特在《妥协与卑劣妥协》中对于妥协与合作进行了深入的分析。他引用休谟的例子来说明自己的观点。在自然界中，狮子显然要比原始人更强壮和敏捷，但是原始人却最终在与狮子的竞争中取胜了。对此，休谟给出的答案是人类能够以许多不同和灵活的方式进行合作，比如狩猎与制造工具之间的社会分工，而狮子间的合作则不同，仅能硬性地局限在几个事情上，比如仅仅局限于狩猎中的分工配合。因此，人类的合作是非自然的，是基于社会契约基础上的，而不是基于休谟称之为天性的那种固定不变的内在习性之上的。要达到这种非自然的合作、超越天性的合作，从而扩展合作的范围和内容，就需要更高层次的信任，而不是出于天性的、源于内在习性的那种信任。毫无疑问，信任是建立在承诺的基础上的，承诺作为一种社会黏合剂，又是建立在妥协的基础上的。因为妥协（Compromise）从词意上来看就来源于共同承诺或相互承诺，就是建立在相互承诺基础上的合作。所以，妥协的基础是承诺，承诺产生了信任，而信任则是合作的前提。①

在国际关系中，国家之间存在着权力和资源竞争，而政治的根本

---

① 在此我们要指出的是，正如博弈存在合作博弈与非合作博弈一样，尽管合作的决策过程可能是一个博弈的结果，但是合作本身不等于博弈，也就是说博弈不是基于信任而是基于对对方行为的理性预测基础上而作出的决策，博弈可以没有信息沟通，因此就没有妥协（或曰共同承诺或相互承诺），也没有信任问题。博弈的最终结果是建立在理性之上的纳什均衡。如果纳什均衡行为是建立在理性预期的基础上，就不完全是建立在妥协、承诺和信任基础之上的合作。

问题就是如何处理竞争与合作之间的紧张关系，妥协正是缓解以至消除这种紧张关系极其基本和重要的要素。在这个意义上说，能够妥协就会受到赞扬；政治妥协是一件好事，为了合作的政治妥协是一件大好事。妥协是政治的核心，政治就是妥协的艺术。① 但问题是在为和平的路上能走多远？在马格里特看来，可以走相当长的距离，但不是全程！妥协是一种矛盾的概念②，一方面代表着人与人合作的积极意义，另一方面也可能代表着消极的意义。他明确指出，为了维护道德缘故，我们竖起了一个严厉的强制令，无论如何，必须避免卑劣的妥协。

在《妥协与卑劣妥协》中，马格里特认为政治妥协的理念反映的是政治的两个画面，即经济化的政治和神圣化的政治。在政治的经济画面中，妥协是政治的中心，因为经济的理念是可替代性：由于一种商品可以为另一种商品所替代，所以交换才成为可能。而为了达成交换，就一定需要达成共同承诺，而共同承诺本身就是妥协。因此，妥协与可交换性之间就存在着内在联系。③ 而在政治的神圣画面中，意味着要保护一种特定的生活方式或者生活的意义，甚至包含了为之牺牲自我的意愿。相比之下，经济关注的是满足欲

① 在这个意义上，我们可以将政治过程视为冲突利益的协调。也仅仅是在这个意义上，我们同意赵汀阳关于“寻找敌人的政治其实政治的反面，化敌为友才是政治”的论述。赵汀阳甚至更进一步地指出：“如果要可信地解决利益和价值的冲突问题，政治就需要成为一种善的艺术，从而超越恶的技术，更准确地说，成为一种化敌为友的艺术，而不是斗争的技术。真正难以解决的政治问题不是善恶之间的决战，而是善与善的互相矛盾。当一种善与另一种善之间形成分歧，人们就很容易把另一种善识别为敌人，于是政治就蜕变为战争，这是政治灾难的开始。把善与善的分歧解释为善与恶的斗争、光明与黑暗的决战、进步与落后的冲突，这是非理性的想象。把善与善的矛盾解释为善恶之争直接导致了世界的分裂和政治的失败。”这可能已经转变成一种典型的理想主义了。参见赵汀阳《哲学的政治学转向》，载《每个人的政治》，社会科学文献出版社2014年版。

② 对于这种矛盾，马格里特从以赛亚·伯林那里找到了解脱。在自由主义看来，不同的价值观可能发生冲突，但并不能最后消减彼此。伯林相信，价值观冲突是人性多元化的体现，持有各种各样的价值观，我们就让自己陷入矛盾，但那样我们的胸怀就豁达了，可以容纳更大的世界。

③ 如果妥协是在胁迫下完成的，而在胁迫下的妥协显然不是基于双方自愿的原则。这与不对称条件下的妥协不同，尽管在不对称条件下妥协可能也包含客观胁迫的因素。马格里特也承认妥协与胁迫之间的关系相当复杂，但是有一点是明确的，那就是越接近妥协，则离胁迫就越远。更重要的是，胁迫包含了威胁的意思，但不能包含强迫的含义。

望和利益，即使不是完全的享乐主义，但也绝对不是神圣的意义。甚至经济交换理念的基础就在于交换双方对商品的比较，由此得到不同效用[①]以及建立在此之上的不同定价，而在神圣意义的理念中，则不存在替代，不存在比较，更不应该存在交换。所以，在马格里特那里，卑劣的妥协就是建立在对神圣意义作出替代和交换基础上的妥协，是绝对应该杜绝的。

马格里特还把妥协进一步分成乐观妥协和悲观妥协。所谓悲观妥协是双方就一个问题在双方的理解之间达成一个协议，而乐观妥协则是在悲观妥协之上加上一个重要的特点：认可。这意味着为妥协而作出的让步不是在胁迫下敲诈而来的，这样就使得乐观妥协成为更常被接受的一个妥协概念。正是由于有了认可，妥协才可能包括强势一方作出让步，而不是咄咄逼人的谈判以得到自己想要的结果。乐观妥协都必须以相互让步作为弥合分歧的基础，首先就应该是强势一方对弱势一方作出让步，承认弱势一方为谈判的合法伙伴，承认对方的合作价值，从而至少营造一个平等谈判的外表。[②] 因此，妥协还必须是双方放弃各自追求的理想结果，相互让步，采取折中，以打破僵局。而这就意味着合作：谈判意味着承认对方的平等地位与合作价值，意味着双方意识到必须合作，即旨在提高双方的份额，而不只是我的份额，因为如果不增加你的份额，我的份额也增加不了。[③] 合作，意味着我放弃好斗，不再努力减少你的份额，虽然这并不一定意味着我放弃与你竞争！

至此，我们可以看到，妥协应该是以合作为目标的。尽管妥协可以缓和敌意，可以减少摩擦、加强和谐，但是妥协必须是相互的，至

---

① 所谓不同的效用指的是效用量的不同，但是效用作为满足欲望的本质则是相同的，所以才有交换的可能。

② 马格里特认为，胁迫这个词是指在没有其他选择的情况下，违背自己的判断做别人要求做的事情。显然，在这个意义上，马格里特的胁迫与权力就不可避免地联系起来了，从而使得妥协就变成了政治妥协，在不对称权力下的妥协。

③ 如果不这样做，要回到冲突状态并为此付出成本，而这可能是我不愿意付出的。这也可能不是因为我付不起，而是均势权衡的结果使我不愿意付出。当然，这个前提是正合博弈，是双方都关注绝对利益。

少在一方妥协以后另一方不能得寸进尺①，否则就是绥靖。

第三节　不对称合作之谜：现实和可能

在前面两节，我们分析的重点是合作中面临的不对称权力，而在这一节，我们要说明的是不对称合作的观念动机，或者说在不对称权力基础的前提下，为什么会在主观上接受不对称收益，究竟是什么样的考虑使得人们愿意作出妥协？不对称合作一定不仅仅是在权力基础的达成的，必须要对妥协背后的考量作出说明。

一　罗素权力论视角下的合作：权力的起源和领袖追随者

摩根索在《国家间政治》一书中论述权利的时候曾经提到过，权力的影响力可能源于三个方面：权力行使对象对利益的期待、对损失的恐惧、对领袖或制度的景仰和爱戴。我们在这里马上就可以看到，罗素对权力来源的理解实际上将摩根索的三个原因进一步逻辑化，或者说将摩根索的三个来源归于一个，即权力行使对象对领袖或制度的景仰和爱戴实际上是因为其对利益的期待和对损失的恐惧！

对于合作，罗素有一个乍看起来让人非常费解的论断："平等的合作远比专制难以实行"，而且接下来的一句则更让人难以接受："（平等合作）远不及专制符合人的本质！"他进一步解释道："当人们试图平等合作的时候，自然个人要力争取得全面的优势，因为这时服从的动力是不发生作用的。"② 他甚至认为，"在实行合作的两个人之间，唯一可能关系是一个人发号施令，而另一个人服从命令的关系"。由此，我们不难看出罗素对合作本质的一个关键点：由于合作

---

① 首先，这种情况与日常生活中在市场的讨价还价谈判一样，一旦对方接受要价，开价方就不能再改变。其次，这种理念——"旨在提高双方的份额，而不只是我的份额，因为如果不增加你的份额，我的份额也增加不了"——也正反映了合作剩余是合作双方共同创造的。

② 伯兰特·罗素：《罗素文集：权力论，权威与个人》，商务印书馆 2012 年版，第 18 页。以下有关引文也全部来自本书，不再一一标明页码。

依然是以竞争为最终目的的，因此理想中的平等合作是不存在的。即使在开始的时候双方的实力地位是平等的，但是为了取得未来的优势，潜在的竞争意识也使得合作一开始就注定是一个权力博弈过程。

那么，罗素的逻辑是怎样的呢？

在《权力论》的第一章，罗素就开宗明义地指出，在人的各种无限欲望中，主要的是权力欲与荣誉欲。事实上，在我们后面对强互惠理论的分析中，罗素在此提出的荣誉欲可能比强互惠理论所强调的道德感或行为动机的道德满足感在逻辑上与权力欲更自洽。罗素承认权力欲与荣誉欲并不等同，但是两者有密切的关系，至少获得权力往往是获得荣誉的最便捷途径。而由于荣誉欲所导致的行动与权力欲所导致的行动是相同的，因此大体来说，在分析中就可以将这两个动机合并为一个加以分析。罗素同时还指出，对权力的爱好虽然是人类最强烈的动机之一，但是在每个人身上的表现程度却很不一致。例如，对比较怯懦的人来说，对权力的爱好就会伪装成对领袖服从的动力，而这又扩大了那些大胆之徒发展权力欲的余地。① 尽管如果我们将爱好权力当作人类唯一的动机是错误的，但是他认为，相比经济学将自利作为人类行为动机的假定来说，将权力作为人类行为唯一动机的假定所造成的错误还不致使我们完全迷失方向，至少爱好权力是产生社会科学所必须研究的那些社会变革的主要动机。据此，罗素主张，社会动力学的规律只能用权力来加以说明。

这样，在《权力论》的第二章，罗素在“领袖和追随者”的标题下指出，权力欲的冲动在具有领袖潜质的人身上是明显的，而在追随者身上则是隐含的。当他们心甘情愿地追随领袖者的时候，他们这样做的目的就是要依仗领袖所控制的集团来获得权力。或者说当他们觉得自身没有能力领导一个集团争取胜利的时候，就要追随一个智勇兼备并足以成就丰功伟业的首脑。② 也正是由于这个原因，权力分配

① 罗素甚至更明确地指出，大多数人总觉得政治是棘手的，因此自己最好是追随一个领袖。他们处于本能并不自觉的有这样的感觉。假如不是这样的情况，集体的政治行动简直是不可能的。

② 这一点似乎与追随强者的联盟动机颇有些相似。

不均的现象才能为人们所接受，而且，社会越是成为有组织的社会，这样的现象就会越多、越明显。而当领袖的权威一旦建立以后，他又可以在反抗者当中引起恐惧。但是更应该强调的是，在他成为领袖并被大多数人公认为领袖之前，他是不可能引起恐惧的。事实上，为了取得领袖地位，他必须能在自信、果断以及决定正确方针的本领方面超乎别人之上，而这些本领正是权威所产生的特质。

因此，罗素认为，在无政府状态之后，特别是在领袖取得权威以后，势所必然的第一步就是专制主义，因为统治与服从这两种天性使专制很容易出现。人类社会是需要治理的，但是在无政府状态存在的地方，人们开始只愿意服从专制主义。因为在无政府状态下，大家的愿望首先是要秩序，哪怕这种秩序来源于专制，而绝对的权力对于建立组织是有用的。① 但是，只有在人们已经习惯于接受治理的时候，我们才能希望有效地使它成为民主政治，才会要求把权力用来维护一切有关方面的利益。

从这个意义上说，即使不考虑现实中很少出现合作各方势均力敌的情况，在合作各方实力不对称的现实中，合作的强势一方有愿望也有能力行使权力，而合作中的弱势一方也愿意通过与前者的合作间接达到他的目的，也就是愿意通过妥协和让渡自身的部分权力来获得他们自认为没有能力获得的利益，那么，从一开始，不对称合作不仅是完全可能的，而且是必要的。而合作开始时权力的存在揭示出合作行

---

① 就在本段文字的初稿写作期间，持续半年的泰国街头政治最终以军事政变落下帷幕。以军事专制取代民主却受到大多数人的支持虽然看上去匪夷所思，但实际上军事政变取代的不是民主，而是街头民主的无政府状态。这种情况在泰国19次军事政变历史上屡见不鲜。因为当各方政治势力已经进入“死结”状态，只有军方介入才能让一切归零，斩断各种纠结，是“必要的不合理手段”。民主如果失败，还不如军政府上台，而且在泰王的敦促下，军政府一般会还政于民，重启民主。当然，为什么民主在泰国屡屡失败则是另一个有意思的话题。作为东南亚唯一一个没有经历殖民统治的国家，泰国民主带有不少原生态的特点，Lucien Hanks 提出的庇护制关系（Patron Client Relations）是其中的解释之一。这意味着，在民主状态下各种力量势均力敌，造成了秩序的混乱时，要恢复秩序合作，就必须引入新的力量，哪怕是军事管制。这说明了平等的合作可能陷入混乱，而合作秩序的恢复，甚至是合作秩序的出现可能都离不开权力，因为只有权力才能维持合作的秩序。这其实也就是我们在后面将重点谈的通过授权惩罚还解决 n 阶搭便车的问题。

为在认知上的必要前提：权力、妥协和追随。至于不对称合作关系建立以后，何时会提出减低不对称程度的合作提议则取决于弱势一方通过合作实现的相对实力变动。

二　合作中的权力：授权惩罚及不对称的起源

冲突是合作的对立面，背叛是合作的直接威胁，而搭便车则是合作的侵蚀剂。

我们在前面已经按照奥尔森的集体行动逻辑多次提及合作中权力的形成。首先，选择性激励本身的选择问题就要求在集体行动之前就存在一个权威。因为在集体行动以前我们无法形成一致的意见推举出一个权威进行怎样的选择，或者设定类似的选择规则。因此，奥尔森关于集体行动的选择性激励本身就面临一个逻辑悖论：如果在集体行动以前就已经确定了这种选择性激励的规则或对象，那么集体行动在事实上就已经存在了；反之如果不能确定选择性激励的规则或对象，则集体行动就不会产生。或言之，确定选择性激励规则或对象的集体行动是集体行动的前提。也就是说，一个集体行动是另一个集体行动的前提。对于专门解释集体行动逻辑的理论来说，这是一个循环论证。而以特权集团代表性行动来代替集体行动则从根本上偏离了集体行动的原则和定义。

选择性激励是克服搭便车这种集体行动障碍的解决方案之一，但是选择性激励却可能并不会消除搭便车，结果可能是以代表性行动取代集体行动。近期的研究，如 Fehr 和 Gachter（2000）①；Fehr 和 Fischbacher（2004）②；Nakamaru 和 Iwasa（2006）③ 等则提出惩罚对于维持合作秩序，消除搭便车方面的作用。但是，要建立有效的惩罚机制需要具备两个条件：愿意进行惩罚和有能力进行惩罚。否则，在惩

---

① Fehr, Ernst and Simon Gchter. 2000, "Cooperation and Punishment in Public Goods Experiments", *American Economic Review*, Vol. 90, pp.

② Fehr, Ernst, and Urs Fischbacher, 2004, "Third - party Punishment and Social Norms", *Evoltion and Human Behavior*, Vol. 25, pp. 63 - 87.

③ Nakamaru, M. , and Y. Iwasa (2006): "The Coevoluation of Altruism and Purnishment: the Role of Selfish Purnishers", *Journal of Theoretical Biology*, Vol. 240, pp. 475 - 488.

罚问题上又会出现搭便车的问题。

由于惩罚本身是有成本的，因此要激励惩罚，就必须有所补偿。在这个问题上，奥尔森的选择性激励可以是其中的一个选项。另外，惩罚是有风险的，因为被惩罚者很可能在未来要进行报复。不过相对来说，如果选择性激励足够强，也可以弥补这种未来的风险。另一个更重要的问题在于惩罚者的能力，因为惩罚者可能并不是背叛者的对手。在同辈惩罚中这个问题更突出。显然，惩罚的能力问题不是选择性激励可以解决的。一个族群或社会要能够进化，要在与自然和其他族群的竞争中通过合作取得的优势中生存下来，就必须保证对背叛者和搭便车者的有效惩罚。在一方面，这需要降低惩罚的成本；在另一方面则要提高惩罚的能力，从而使利他惩罚行为能够稳定演化，并最终维持群组或社会的合作秩序。

Wiessner（2005）[①] 和 Boehm（1993）[②] 认为，惩罚行为不总是无条件的行为，或者不总是没有协调的自发行为，甚至惩罚也可以是通过小道传闻对背叛者和搭便车者声誉的毁损。这个思路的核心贡献是提出了惩罚者通过沟通从而协调惩罚行为的可能性。因此，惩罚可以作为一种集体行为向社会传递对背叛者和搭便车者的谴责信息。Boyd 等（2010）[③] 通过模型分析表明，协调的惩罚可能更符合进化的历史，因为协调的惩罚使得惩罚者数量增加，惩罚者的平均成本下降，降低搭便车的机会收益，从而保证惩罚在进化中的延续性。[④] Henrich 和

---

① Wiessner. P. , 2005, "Norm Enforcement among the Ju/' hoansi Bushmen: A Case of Strong Reciprocity?", *Human Nature*, Vol. 16, No. 2, pp. 115 – 145.

② Boehm, Christopher. H. , 1993, "Egalitarian Behavior and Reverse Dominance Hierarchy", *Current Anthropology*, Vol. 34, No. 3, pp. 227 – 254.

③ Henrich, J. , and R. Boyd, 2001, "Why People Punish Defectors: Weak Conformist Transmission can Stabilize Coastly Enforcement of Norms in Cooperative Dilemmas", *Journal of Theoretical Biology*, Vol. 208, pp. 79 – 89.

④ 这里其实也存在一个悖论，就是 Wiessner（2005）（Wiessner. P. , 2005, "Norm Enforcement among the Ju/' hoansi Bushmen: A Case of Strong Reciprocity?", *Human Nature*, Vol. 16, No. 2, pp. 115 – 145.）和 Boehm（1993）（Boehm, Christopher. H. , 1993, "Egalitarian Behavior and Reverse Dominance Hierarchy", *Current Anthropology*, Vol. 34, No. 3, pp. 227 – 254.）在试图解释合作行为这个大命题的时候，不自觉地引入了协调的概念，而协调本身又是合作概念的一个核心要件。因此，他们也陷入了一个循环论证的窘境。

Boyd（2001）[①] 和 Greif（1993）[②] 更进一步认为群族和社会具有自我管理惩罚行为的形成机制，具体来说就是将惩罚的权利赋予特定的权威，从而提高惩罚的能力和效力。这种情况其实在各国和各民族的历史上都很常见。例如，氏族首领一个主要职能就是解决部族内部的争端，而同业者也会成立行业协会来维持商业秩序。Guth（2007）[③] 就认为，相比无政府的状态，在集权化的制度下，基于阶层和权威的授权惩罚可以更有效地克服惩罚中的协调问题和二阶搭便车的问题，因而在历史演进中比分散的、自发的特别是同辈的以及引入第三方的惩罚更有效率。换言之，人类社会的层级结构和权威在合作秩序的维持中扮演了重要的角色。集权化惩罚和权威授权惩罚如果没有形成角色分化和等级统治本身，至少也极大地固化了这种社会的层级结构和权威。

正是从这个意义上看，如果我们承认惩罚是合作持续的条件，那么合作的维持本身也需要权力的介入。也就是说，合作不仅在一开始就不可能是对称的，而且在合作续存中也不可能是对称的。如果说在合作开始时的不对称反映的是一种客观现实，那么在合作中的不对称性则是合作本身的要求！从我们上面对授权惩罚的分析可以看出，我们在下一章所论述的强互惠者，其在承担惩罚风险并为此付出可能的成本的时候，实际上也就拥有了不对称的权力。尽管作为强互惠者，他们可能并没有争霸或攫取权力的动机。但是当强互惠者成为搭便车的惩罚者，从而在事实上取得了不同于一般合作者的权力地位的时候，不对称合作就已经出现了。合作的维持需要一个不对称的权威，或者简而言之，就需要一个领导者，一个仲裁者，一个具有高度不对称权力的人。

---

① Henrich, J., and R. Boyd, 2001, "Why People Punish Defectors: Weak Conformist Transmission can Stabilize Coastly Enforcement of Norms in Cooperative Dilemmas", *Journal of Theoretical Biology*, Vol. 208, pp. 79–89.

② Greif, A., (1993): "Contract Enforceability and Economic Institutions in Early Trade: The Maghribi Traders' Coalition", *American Economic Review*, Vol. 83, pp. 525–548.

③ Guth, W., Levati, M. V., Sutter, M., Heigden, E. V. D. (2007): "Leading by Example with and without Exclusion Power in Voluntary Contribution Experiments", *Journal of Public Economics*, Vol. 91, pp. 1023–1042.

三　不对称合作为什么能够存在：弱者的收益、机会和权力指数

不论是现实中普遍存在的不对称，还是罗素论述的权威及其追随者，还是为了维持合作而依靠权威对背叛和搭便车实行惩罚，合作中不对称不仅是常态，而且是必须。但是如何解释在不对称情况下，因而也必然是在合作剩余分配不对称的情况下①，合作依然可以实现呢？

在前面我们已经指出，罗素认为，对于那些没有能力追求权力的人来说，他们的选择就是追随权威并通过追随来间接地获得权力可能带来的结果。这样的现象对于经济分析更加明显，因为我们可以假定有些人对权力没有兴趣，但是我们不能假定所有人没有对经济利益的需要，不论这种需要是基于生存的基本需要还是为了满足无限的精神需要。对于处于国际关系中的国家来说，至少对经济利益追求的愿望与对权力竞争中占优的愿望是同等重要的，因为国际社会中的权力竞争使得领导者的行为必然超越于他们个人性格的取向之上。

国际关系中权力竞争最核心的是权力基础的竞争，而在权力基础上，国家大小是给定的，因此竞争的实际是国家间的相对经济实力。古典经济学就强调对外贸易对于一个国家的经济增长的重要性。历史已经证明，闭关锁国还会使一个国家失去吸取全人类最新科学知识来推动经济集约增长的机会，结果或者是陷入单纯依靠资源推动的外延增长而难以为继，或者是由于自身资源有限而直接导致经济增长落后于全球的平均水平。在这种情况下，在面对不可避免的国家间权力竞争时自然难以取得优势，甚至难以有所改善。

从单纯的经济分析角度看，我们知道经济学关注的是经济效率和国民福利。很多经济学家已经指出，经济增长的核心不是经济的绝对产出而是生产率的提高。通过国际交流以及由此带来生产率的提高，总产出一定会增加。即使考虑到不对称的分配方案，就财富绝对水平的增长而言，扩大国际经济交流以后的经济产出也很可能会高于闭关

① 我们反复指出合作剩余是一种公共产品，但是不对称合作者之间从合作中获得的利益却可能是不相等的，因为并不是所有的合作剩余都是公共产品。

锁国的封闭经济，国民福利也会得到提高。扩大国际经济交流对弱国的意义也是不言而喻的。其意义不仅在于可以由此展现自身实力，提高透明度和提升国际形象，扩大交流范围，从而在国际上建立并逐渐提升声誉，而且还可以由此获得实际的收益。例如，冰岛和爱尔兰在加入欧元区以后，其在国际资本市场上的信用便得到了极大的提升，因为他们的信用已经不再取决于他们自身，而是取决于整个欧元区的信用，因此他们在国际金融市场上的借贷成本大幅度下降。所以，从单纯的经济分析角度看，一定要扩大国际经济交流。

但是真正的问题在于，当国家间的合作不可避免地是不对称的，因而合作的弱势一方在收益分配的博弈中难以取得优势地位，甚至无法取得对等地位的时候，究竟是应该合作还是不合作呢？因为即使在收益分配上双方是平等的，但是由于初始不对称的存在，在这种情况下要想通过合作取得基于相对实力的权力基础优势在理论上是不可能的。

然而，中国改革开放以来的历史表明，当初中国作为经济实力孱弱的国家加入国际经济合作，结果中国经济绝对量不仅得到了高速增长，而且在全球 GDP 中的占比也得到了显著提升，成为世界经济中毋庸置疑的系统重要性国家。但是，这个结果与我们在上面的判断就出现了矛盾，即在不对称合作的条件下，在中国为了招商引资而进行了大幅度让利并对外资和外贸采取大量优惠政策的情况下，也就是说在让外国投资者在利益分配上受到倾斜的情况下，中国经济的相对实力何以能够得到有效提升就成了一个谜。①

显然，对于弱势一方来说，相对权力的变动是从绝对权力累积开始的。因此，要在不对称合作中最终取得相对权力基础的优势，也必

① 宇燕兄在很多场合多次提出这样一个问题：为什么在制度非中性的条件下，为什么在发达国家普遍掌握国际经济规则制定权的情况下，中国参与全球化的过程能够有效实现经济崛起？在一次澳大利亚出访的间歇，在澳大利亚国立大学经济系楼前等待同事的片刻，他向我做了详细的解释。他的解释对我在本文中所涉及的中国在不对称合作中实现相对实力的上升也同样具有重要的解释力。他主要是从权力指数和关键投票权、多集团竞争的机会、契约不完全性以及新问题的自由度等方面进行解释的。

须且只能从绝对权力基础的累积开始。但是，如何才能够从不对称合作中绝对权力基础的累积弱势变成相对权力基础的优势呢？

第一，参与权力竞争的对局数量。在前面对不对称合作的分析中我们的一个隐含假设是博弈者只有两方。在这种情况下，我们关于弱势一方在合作中很难从绝对利益的提升速度上取得优势并最终在相对权力方面超过对方的判断是成立的。但是，如果弱势一方通过合作，完成了权力绝对基础累积并挟此优势在与第三方的权力竞争中脱颖而出则是完全可能的。这样，即使弱势一国在不对称合作中无法取得对强势一国的权力优势，但是却可以提升其在国际社会中的权力地位。如果条件成熟，弱势一国甚至有可能通过与第三国的联盟取得对强势国的权力优势。

第二，由于竞争原因使得强势方让步。一种更接近现实的情景是，新加入国际体系和国际合作的一方（往往也是弱势一国）作为后来者，在最初加入国际合作的时候可能是孤立的，也就是说它自己作为一方，面对的另一方是国际体系中原有各方。在进行合作的时候，后来者既可以与作为一个整体的原有各方进行合作，更可能的情景是与他们一一捉对展开合作。这样，在原有各方之间就可能形成竞争的局面，而他们之间的竞争也可能破坏他们之间的原有均势，从而在对待后来者问题上采取不同的合作策略。如果后来者是一个具有很大资源和市场潜力的国家，这种情况就更明显。因为在原有各方之间也必然存在潜在的竞争关系，谁能够与这个具有很大潜力的后来者展开不对称合作，谁就能够在与原有各方的权力竞争中取得优势。这样原有各国为了与后来者达成合作，势必在与其他原有各国的竞争中逐渐放弃其在不对称合作中的优势，从而使得后来者在不对称合作中的劣势有所缓和。

第三，权力指数和关键投票权的影响。由于关键投票权的原因，在国际格局变化以后可能在绝对权力基础依然处于弱势的情况下，在权力指数的竞争中取得优势。因此，不对称合作并不一定是弱者恒弱的博弈。

第四，在国际均势环境下在强势国之间展开博弈给弱势方造成的机会。例如，当美国对某国提出制裁措施的时候，欧洲可能出于自身利益考虑并不急于跟进，从而使得第三方可能因此受到的约束下降。

第五，契约不完全性的影响。在国家间的不对称合作中常常有契约作为合作行为的规范及惩罚条件，但是问题在于契约在现实中是不可能涵盖一切可能性的，所以契约的不完全性就给处于不利位置的弱势后来者以空间来规避不利的不对称条件，也可以在发现问题以后再协商，从而为自己争取更多的条件来提高他们在相对权力竞争中的优势。

第六，新问题的自由度。契约不完全性的一层意思是契约条款对可能出现的问题覆盖不周密的问题，但是另一层意思则可能是对可能出现的新现象和新问题完全无法预测的覆盖的问题。例如，随着国际生产网络和产品内贸易的发展，如何根据贸易品生产的不同阶段中的原产地问题变得越来越重要，而要解决这个问题所需要具备的技术准备又远不是短期内可以完成的。这种情况下，对国际经济合作的影响可能是深远的，弱势国家可能通过转口贸易来规避配额的限制。最终弱势国家就有可能规避开针对己方直接的贸易条款而从合作中获取更大的收益。

至此，我们可以从理论上看到，尽管弱势一方在不对称合作中可能处于不利地位，但是他们也并不是完全没有希望的。通过利用各种可能，他们还是可以通过不对称合作来提高自己的相对权力的。而这也正是不对称合作可以存在的原因。

最后，关于合作还有一个小问题，就是为什么强者要与弱者合作？简单地说，弱者也不是不会给强者带来收益的。在冲突思维下，强者与弱者合作可以在与其他强者的对抗中制造代理人战争，避免动辄出现强者之间直接冲突的局面。而在合作思维的框架下，强者可以满足于在不对称的权力结构下合作带来的不对称收益分配，或者说奥尔森的选择性激励。正如奥尔森在联盟的经济学基础上所分析的那样，大国愿意承担更多的成本，只是因为大国获得收益的不对称程度高于他们承担成本的不对称程度，这样对大国来说采取合作的策略才是合理的。更何况在国际关系中由于成员数量少，各国都具有系统显著性，不仅搭便车问题多少会受到抑制，谁对公共产品贡献的成本多也同样明显，所以此时具有系统重要性的大国也才愿意承担更高的成本。因为显著的贡献大常常能够带来同样显著的不对称相互依赖以及由此产生的权力。此外，可能更重要的原因在于，由于小国对大国整体利益影响较小，所以大国在与小国的合作中可以低成本地显示其具有的不对称权力的合理性，释放对自身有利的信号。

第四章　理解合作的一般理论

社会科学研究的是社会，社会首先是人与人的关系，而人与人的关系又可以归纳为合作与冲突（竞争）两大类，但实际上竞争和冲突却一直是经济学和政治学长期以来通行的研究框架的核心理念。[①]以权力为研究对象的政治学建立在零和博弈基础上而对竞争和冲突给予更多的关注，以有效配置资源为目的的经济学研究也主要是通过竞争和竞争规律来展开分析。资源的有效配置可能来源于竞争的压力，但是有效配置资源的方式也可以通过合作来实现，只是经济学对合作的研究远没有对竞争的研究那么系统和深入。[②] 现代微观经济学的发展已经将博弈论作为一个主要分析工具来加以应用，从而使博弈与合作对均衡的影响得到了充分的肯定。这也将为我们在第五章的分析提供重要参考。

第一节　合作及其演进

从奥尔森和阿克塞尔罗德的研究来看，合作理论可以分为理论逻辑和经验分析。前者以奥尔森为代表，从假定出发，对人类的合作行为进行演绎推理，说明合作出现的逻辑条件；而后者以阿克塞尔罗德为代表，从实验出发，基于人类展开自愿合作的大量事实，对可能形成合作的各类现象进行归纳总结，以解释合作形成的原因。

---

① 例如，我们可以将霍布斯描述的社会竞争也归类为一种社会达尔文主义的萌芽。

② 在国内，汪丁丁和黄少安的研究团队从20世纪末开始就对合作问题做了全面的介绍并展开了相关研究。本章的写作就在很大程度上受益于他们的研究。

一 合作：简单竞争框架的局限

尽管在斯密那里对经济学的最初研究视角是从分工与合作展开的，并且提出了被后人广为流传的“看不见的手”的理论假说，暗示着市场在协调个人利益与社会利益之间的作用，但是后来的经济学研究却主要从竞争的角度展开对市场均衡的分析，对合作问题的研究却没有得到足够的重视。①

作为达尔文主义的支持者，赫胥黎对于将达尔文生物进化论直接应用于社会发展的斯宾塞理论并不完全赞同：对于人类社会的进化来说，不能仅仅看到适者生存的生物进化，还必须看到伦理的作用。他在1894年为《进化论与伦理学》所作的序中指出：“伦理本性虽然是宇宙本性的产物，但它必然是与产生它的宇宙本性相对抗的。如果没有从被宇宙过程操纵的我们祖先那里遗传下来的天性，我们将束手无策；一个否定这种天性的社会，必然要从外部遭到毁灭。如果这种天性过多，我们将更束手无策；一个被这种天性统治的社会，必然要从内部遭到毁灭。每一个降生到世界上的人都有天赋需要，就是去发现一种‘自行其是’（Self - assertion）和‘自我约束’之间适合于他的气质和环境条件的中庸之道，这种需要就是人生这个戏剧中的动因。”② 在这里，自行其是就是让人作为动物进行生存竞争的本能。但是，随着人类社会的演进，从野蛮走向文明，从竞争走向合作，这些本能就不再是好的素质，甚至不再有利于他们在文明社会中生存和竞争。也就是说，文明社会并不是没有生存和竞争的压力，而是不再允许自行其是的生存竞争，必须在文明的框架内展开竞争。“虽然作为自然状态中生存斗争结果的前进

① 毫无疑问，在一方面，我们可以理解经济学研究长期关注竞争的初衷，毕竟厂商竞争可以给消费者带来好处，而厂商的合作（串谋和操纵市场）却将损害消费者的利益。但是在另一方面，合作也可以有很多种，也可以给社会带来合作剩余，提高生产率，增进社会福利，而这恰恰是我们研究合作的初衷。

② 赫胥黎：《进化论与伦理学》，科学出版社1971年版，第iii—iv页。

变化[①]已经结束，但是这样的变化仍然会通过人为选择而产生作用，这种选择是根据一种对人有用和使人感到满意的理想来进行的，而这种理想，自然状态是不知道的。”[②] 也就是说，伦理不是先天和自然的，而是对人先天和自然本能的抑制和改造，是对自行其是的自我约束，是人类千百万年长期文化积淀的文明。“社会结合的逐渐强化，虽然在社会内部制止了生存斗争，但在宇宙过程斗争中却在一定程度上增进了社会作为一个共同体的生存机会。我把这种社会结合的逐渐强化称作伦理过程。”[③] “人作为一种‘政治动物’，通过教育、指导和把智慧应用于使生活条件适应于其更高的需要，是能够得到巨大进步的。……摆在人类面前的是一种用来维持和改进一个有组织的社会的人为状态的不断的斗争，以与自然状态相对抗。”[④] 孙中山也在他的《建国方略》中指出：“而人类之进化，于是乎起源。此期之进化原则，则与物种之进化原则不同：物种以竞争为原则，人类则以互助为原则。……乃至达文氏发明物种进化之物竞天择原则后，而学者多以为仁义道德皆属虚无，而争竞生存乃为实际，几欲以物种之原则而施之于人类之进化，而不知此为人类已过之阶级，而人类今日之进化已超出物种原则之上矣。”

作为竞争的反面，合作对于人类社会的运转来说至少应该具有与竞争相同的重要性。秩序是所有社会的基本特征，而秩序本身就需要一种合作精神才能实现。人类社会如此，其实动物社会也不例外。

如果单纯从字面上理解，不论是中文还是英文，合作都是由两个意义构成的，其一是合，即多个主体聚集在一起进行协作或配合；其二是作，即运作。从这个最直白的意义上讲，合作就是指多个主体相互配合，共同运作。在现代社会，人类合作如此紧密，以至于没有人能够脱离他人的合作而独立存在。即使按照传统经济学的分析，强调竞争作为分析框架的核心理念也不可能完全无视合作的存在。在斯密

---

① 前进变化（progressing development）是赫胥黎对进化的另一种表述。

② 赫胥黎：《进化论与伦理学》，科学出版社1971年版，第23页。

③ 同上书，第25页。

④ 同上书，第31页。

看来，市场竞争产生了提高效率的动力，分工和专业化是提高效率的基本手段，但分工和专业化本身都是以市场合作为前提的。竞争机制源于替代性，是可替代性导致了竞争。合作机制则源于互补性，互补性就意味着群体合作以获得合作剩余的可能性和必要性。

竞争强调的是个体利益之间的冲突，并以利己为原则。从经济人假定本身出发，就一定能够得到以竞争为核心理念的分析框架。对于无法回避的合作问题，斯密假定利己的经济人之间的分工合作是在市场这个“看不见的手”指引下完成。[①] 尽管斯密对市场如何引导利己经济人在各自追求自身利益的市场过程中实现完美合作的作用机制给出了逻辑连贯且精致有力的说明，不过，囚徒困境、公地悲剧和搭便车问题却揭示出单纯依靠市场机制也难以在利己的经济人之间达到完美合作的效果。

合作行为需要付出成本，且具有一定的利他性。即使合作者能够获得合作剩余，如果所有参与者都选择合作，那么在理论上合作剩余该如何在本来是市场竞争者的合作参与者之间进行分配呢？

在现实中，比分配更重要的是，合作剩余常常具有公共产品（或者俱乐部产品）的属性，具有非竞争性和非排他性，那么背叛者就可以通过搭合作者的便车取得合作收益，且由于没有付出合作成本还能获得比合作者更高的收益。这样从利己主义经济人角度看，搭便车无疑是一个占优策略。这样，从演进的角度看，不管合作者的初始比例有多高，最终都会被搭便车的背叛者所取代。正是因为经济理性，想搭便车怕遭到背叛，所以出现了非合作的纳什均衡，出现了公地悲剧，出现了合成谬误，个人的经济理性最后不仅没有达到集体的理性最优，个人的结果也无法达到最优。

当然，更为颠覆性的挑战是经济人的利己假定本身。事实上，亚当·斯密是在道德哲学课程讲义基础上孕育出了《国富论》，而且早

---

① 但是严格地讲，这种合作是在市场机制引导下实现的间接自发合作，合作者之间没有直接的刻意协作，还不属于典型的合作范畴，或者不能体现出合作的本质特征，也很难说是一种科学定义上的合作。因此，我们在接下来的一节中给出合作的科学定义，明确其内涵和外延就变得十分重要了。

在《国富论》出版前17年，他首先依据道德哲学课程讲义出版了《道德情操论》。一般认为，这说明《国富论》是建立在《道德情操论》基础上的发展。“道德情操”是指被假设为在本能上是自私动物的人能够克制私利的能力，就是要说明的是具有利己主义本性的个人，特别是在处于原始积累时期疯狂追逐利润的资本家，应该如何控制自私的欲望和行为，从而建立一套社会行为准则。而他在《国富论》中所建立的经济理论体系，正是以他在《道德情操论》的这些论述为前提的。尽管斯密的这些结论后来受到了挑战，《国富论》要论证的就是利己的行为通过市场交易就可以保证自然正义规则，就可以达到宛如直接恪守道德或甚至优于直接恪守道德的结果。马歇尔在《经济学原理》第8版的前言中也指出，决定人类行为最根本、最长远的力量，一个是经济，另一个是宗教。这意味着在这些经济学的经典著作中，经济人的利己假定本来不是唯一的。在经济学的假定中，利己与道德，竞争与合作，本来是并存的。但是在后来经济学发展中，经济人的利己假定受到了过多的关注，变成了没有情感、没有社会正义和道德意识、唯利是图、冷酷的理性计算。这与其说是硬核之争，毋宁说是逻辑一致性的要求。如果同时承认并假定竞争与合作，那么经济学逻辑推演的难度就会大大增加。单纯的经济人的利己假定和建立在其上的简单竞争框架固然有助于经济学在形式上的科学化，但是这种脱离现实的片面假定对现实产生了系统性偏离，也使得经济学自身的分析难免显得有些片面。

奥尔森在《集体行动的逻辑》中曾经举例说，游行示威这种集体行动为什么会出现？其实这也是他自己对他所提出的搭便车原因的挑战，对此他只是提出了问题而并没有给予解释或给出答案。实际上，类似的案例数不胜数：为什么旅行者会在以后不再碰面且周围没有熟人可以传播声誉的情况下依然会给服务生小费？为什么人们会冒着生命危险去挽救他人生命？为什么有人会匿名捐赠？

一种直觉的解释是将合作视为利益计算的结果，或者说是对合作剩余的追求。这种思维不仅局限在经济学家中，甚至也得到了生物学家的支持。Moll 等（2006）[①] 的脑科学研究表明，当人们在做匿名捐赠行为的时候，中脑的腹侧被盖区、被纹体和腹侧纹体都会被激活，而这些区域正是人在获得金钱奖赏时被激活的脑区。因此，对于他们来说，捐赠与自己获得金钱都可以获得同样的奖赏或满足。[②] Tjsovold（1994）[③] 和 Marc（1999）[④] 都认为，合作不是基于利他，而是利益主体的自利需要伙伴。具有合作可能的工作能够把自利的个体整合为联盟，此时参与者将其他参与者的行为作为一种正外部性，而竞争性工作则是在自利的推动下形成个体之间的竞争，此时参与者将其他参与者的行为作为一种负外部性。

将经济学算计的范围扩大是经济学帝国主义的一种典型思维，但是却遭到了福山的批判。不能说他的批判全对，但是表明这种思维受到了质疑。福山指出："我们可以认为新古典主义经济学有 80% 是正确的：它揭示了货币与市场的本质，它认为人类行为的基本模式是理性的、自私的。这个学说的 80% 是正确的，剩下的 20% 新古典主义经济学只能给出拙劣的解释。亚当·斯密充分地认识到经济生活已经深入社会生活，它不能与社会习俗、道德和习惯分开来单独加以理解。简而言之，它不可与文化分离。"[⑤]

2001 年《经济行为与经济组织》（*Journal of Economic Behavior and Organization*）刊物的年度头篇论文是《论同情与博弈》（*On Sympathy and Game*）。[⑥] 作者选取同一所大学的学生作为实验者，他

---

① Moll, J., Krueger, F., Zahn, R., Pardini, M., DeOliveira - Spiza, R. and Grafman, J. 2006, "Human Fronto - Mesolimbic Network Guide Decision about Charitable Donation", *Proceedings of the National Academy of Sciences*, Vol. 42, pp. 15623 - 15628.

② 参见罗俊等在 2015 年 7 月刊发于《世界经济》的综述《慈善捐赠行为的动机、影响因素和激励机制：理论、实验与脑科学文献综述》。

③ Tjsovold, Dean., 1994, *Team Organization: an Enduring Competitive Advantage*, New York: John Wiley and Sons Ltd. 1994. pp. 58 - 146.

④ Marc W. and Aathony Z., 1999, "Farming and Cooperation in Public Games: an Experimentwith an Interior Solution", *Economic Letters*, Vol. 65, pp. 323 - 328.

⑤ 参见弗朗西斯·福山《信任：社会美德与创造经济繁荣》，海南出版社 2001 年版，第 16 页。

⑥ David Sally（2001）："On Sympathy and Game", *Journal of Economic Behavior and Organization*, Vol. 44, pp. 1-30.

们彼此相互熟悉并相处一年以上，然后度量他们之间的同情心作为心理距离的参数。他发现实验者之间的同情心是不对称的，存在单方面合作的愿望。一方面明知道对方会背叛，但是由于同情，也会毫无怨言地作出牺牲。通过博弈实验作者发现，人们的心理距离越小，合作发生的概率就越大。当接近一个临界值时几乎会有百分之百的合作；而在临界值以下则是一部分合作，一部分不合作。由此他得到的一个主要结论是由于存在同情心，在单次囚徒困境中也会出现合作。这个假设与囚徒困境并不矛盾，因为囚徒之间只是在被捕以后才没有串供和信息沟通的，而他们作为同犯，如果在被捕之前可能彼此相识，甚至共处过，因而可能存在同情心。当然，这就从根本上颠覆了囚徒困境中囚徒作为斯密式利己主义经济人的假定。在这个意义上，传统经济学中利己主义经济人能够在市场这个“看不见的手”作用之下达到最优的假定之所以受到囚徒困境的挑战①，很可能正是因为我们遗漏了重要的人性假定。人类社会存在合作，并且在很多情况下通过合作避免了囚徒困境，很可能正是因为人类具有超越了经济人利己的片面假定。同样，过分强调搭便车也无法解释投票、诚实纳税以及参加抗议活动的行为。

对利己主义经济人假定的挑战还包括最后通牒实验和公共物品实验。

最后通牒实验是让两个实验者共分一笔钱，其中一个实验者提出方案，另一个实验者表决。如果同意就按照原方案分配，如果否决则两个人都分文不得。由于提议者具有提议优势，表决者否决的结果是双输。从逻辑上说，只要待表决的方案能够给表决者带来些微的利益，则表决者就没有理由否决。这样，按照利己主义的经济人假定，这个博弈的纳什均衡就应该是提议者将最小单位的份额分给表决者，而表决者投票通过这个提议。但是在实验中我们却很难看到这样的结果。尽管表决者一般也会拒绝低于30%的方案，大部分提议者拿出

---

① 在标准的经济学假定中，经济人之外还包括价格自由波动和充分信息，从而规避了囚徒困境的挑战。但是，毫无疑问，充分信息假定在现实中也是很难成立的。

了40%—50%的份额给表决者。在这个实验中，表决者一般会接受有限的不对称方案且提议者一般也不会给出最小份额的事实本身已经表明双方都表现出了互惠而非利己的行为动机①，这显然不符合利己主义的经济人假定。

公共物品实验是每一个实验者在开始前被给予一笔钱，可以据为己有，也可以进行公共物品投资并产生更大的社会效益。由于存在搭便车现象，按照标准的经济学理论，可以推断主导行为应该是不捐钱给公共投资。但是，实验结果也表明只有少数人的行为支持标准的经济人利己主义行为的假定。②

因此，"合作之谜"的产生根源可能就在于传统经济学利己经济人的简单假定。

二　合作的起源和演进：强互惠及其生存

如果说经济学既往的研究从假定上就已经偏离了现实，过于关注竞争而忽略合作，那么对合作的研究自然也就很难得到应有的重视。可能正是由于这个原因，在2005年，为了纪念美国《科学》杂志创刊125周年，科学家提出的125个现在科学界还没有很好解决的问题。其中前25个是重大问题，人类合作行为如何发展是其中仅有的

---

① Oosterbeck等［Oosterbeek, Hessel., Randolph Sloof and Giji van de Kuilen（2004）："Culture Differences in Ultimatum Game Experiments：Evidence from a Meta - analysis", *Experimental Economics*, Vol. 7 No. pp. 171 - 188.］还研究了文化差异对最后通牒实验的影响，并发现不同地区的提议者没有显著的差异，而表决者的行为存在差异，例如亚洲的拒绝率高于美国，有些封闭的群体会拒绝超公正的出价，有些部落则一毛不拔，甚至拒绝率也很低。

② Andreoni（Andreoni, J. 1995, "Cooperation in Public Goods Experiments：Kindness or Confusion", *American Economic Review*, Vol. 85, pp. 891 - 904）公共物品实验更重要的意义在于提出了合作的演进与二阶搭便车的问题。有关这些内容我们将在下面一节展开讨论。因为实验表明，尽管受试者在博弈开始的时候会捐钱给公共投资，但是随着时间的推移，贡献率却会趋于减少，合作会逐渐恶化，搭便车的人和搭便车的程度都会增加。而受试者对此给出的解释是这是他们对比自己贡献少的人表达愤怒的方式，因为他们唯一可以用来抵制搭便车行为的办法就是降低自己的贡献率。进一步的实验也证明了他们的解释：当实验允许惩罚那些低捐献者的时候，高捐献者宁愿承担一部分成本来惩罚搭便车的人，哪怕这些惩罚支出不会给他们个人带来任何收益。

一个亟待解决的社会科学问题。[①] 从利己经济人的假定出发，我们或许可以像斯密那样逻辑自洽地解释合作的产生：因为合作可以带来收益，所以只要合作收益大于合作成本，且合作剩余的分配能够按照某种公平的准则进行，或者合作的收益是一种公共产品，那么合作就是可以发生的。但是，正如我们在上一节中已经指出的那样，如果合作者基于足够的理性，如果合作收益是一种公共产品，参与合作又会付出成本，那么搭便车就是占优的策略。就合作收益展开的公共产品博弈就可能变成了一个囚徒困境。那么，现在的问题是：在非合作博弈条件下，究竟是什么机制导致了合作的出现呢？

一般来说，有6种假说可以解释合作的出现。

亲缘选择假说是由Hamilton（1964）最早提出的，即如果实施和接受利他行为的双方具有基因相似性，则将按照有利于合作的方向发展。[②] 这种假说的基础还是成本收益分析，只是对于收益的考量要增加一个的基因相似性系数。在考虑到基因相似性对收益的强化作用以后，只要此时收益大于成本，合作就会发生。在这种情况下，对合作收益的考量被放宽了，因此合作就更容易出现了。不过，这个假说只解释了亲属之间的合作，而不能解释人类在非亲属之间广泛存在的合作。

直接互惠假说是Trivers（1971）[③] 针对无亲缘关系的人或不同物种之间存在合作现象提出的。其基本思路是只要参与者有可能进行重复博弈，那么合作就可以由于使用即期成本预付来换取未来收益的直

---

① 另一个可能与社会科学有关的重大问题是“地球到底能负担多少人口”。这个问题也许更是一个资源和环境问题。在其余的100个问题中，属于社会科学的问题有6个，在这6个问题中，又包括了“是什么提升了现代人类的行为”“什么是人类文化的根源”以及“政治与经济自有密切相关吗?”这三个与合作可能密切相关的问题。

② W. D. Hamilton（1964）：“The Genetical Evolution of Social Behaviour I and II”，*Journal of Theoretical Biology*，Volume 7，Issue 1，July 1964，pp. 1 – 16，pp. 17 – 52。非常有意思的是，这篇论文与Sally（2001）（David Sally（2001）：“On Sympathy and Game”，*Journal of Economic Behavior and Organization*，Vol. 44，pp. 1 – 30.）的论文一样，也是作为年度头篇论文发表的，而且更有意思的是在《理论生物学》杂志同期连续作为两篇论文发表，足见以合作为题的重要性。

③ Trivers，R. L.，1971，“The Evolution of Reciprocal Altruism”，*Quarterly Review of Biology*，Vol. 46，pp. 35 – 57.

接互惠而出现。显然，直接互惠假说也是建立在成本收益分析的基础上，只是收益要使用本轮合作者在下一轮博弈中相遇的概率进行加权，从效果上看与亲缘选择假说类似，最终也是把对合作收益的考量被放宽了，因此合作就更容易出现了。我们在第一章已经指出，阿克塞尔罗德（1984）①通过计算机模拟得到的结论是“一报还一报”的策略可以在重复博弈的演进中得到合作均衡，而 Nowak 等（2004）②则从理论上证明了在一个全部由背叛者组成的群体中，第一个以牙还牙合作者的侵入可以逐步繁衍，直到取代全部背叛者的博弈逻辑。

间接互惠假说则是在直接互惠假说的基础上前进了一步。Nowak 和 Sigmund（1998，2005）③认为，人们不仅仅关心与自己直接有关的事情，而且还对周边其他人的行为有浓厚的兴趣。在这种情况下，即使两个陌生人第一次谋面，而且他们此后可能也不会再次相遇，但是只要他们之间的博弈行为会被周边其他人观察到，这些人还会传递和扩散有关博弈者的行为信息，从而出现了博弈者的声誉问题，进而会影响到博弈者此后与周边其他人博弈时后者的博弈策略。考虑到声誉因素以后，即使是在单次博弈中，也可能出现合作均衡解。也就是说，当使用其他人获知博弈者声誉的概率对博弈成本进行加权以后，对合作成本的考量被放宽了，因此合作就更容易出现了。

但是，不论是直接互惠假说还是间接互惠假说，也不论是阿克塞尔罗德（1984）④、Nowak 等（2004）⑤还是 Nowak 和 Sigmund（1998，2005）⑥，他们研究的只是合作者和背叛者的淘汰过程或合作的演进过程，并没有探究合作出现的最初原因。他们的基本思路是将

---

① 阿克塞尔罗德：《合作的进化》，上海人民出版社 2007 年版。

② Nowak, Martin. A., and Karl Sigmund, 2004, "Evolution Dynamics of Biological Games", *Sciences*, Vol. 303, No. 6 February.

③ Nowak, M. A., and K. Sigmund., 1998, "Evolution of Indirect Reciprocal by Iamge Scoring", *Nature*, Vol. 393, pp. 573 - 577.

④ 阿克塞尔罗德：《合作的进化》，上海人民出版社 2007 年版。

⑤ Nowak, Martin. A., and Karl Sigmund, 2004, "Evolution Dynamics of Biological Games," *Sciences*, Vol. 303, No. 6 February.

⑥ Nowak, M. A., and K. Sigmund., 1998, "Evolution of Indirect Reciprocal by Iamge Scoring", *Nature*, Vol. 393, pp. 573 - 577.

单次博弈看成是重复博弈的一个子博弈，或者从此次博弈扩展到彼次博弈，从而模拟出在多次博弈演进中的占优策略，并推导出这个占优策略就是一个合作解。换言之，他们做的实际是将单次博弈扩展为重复博弈或另外一次博弈，从而模拟出了合作解的生存问题，所以这些研究事实上改变或回避了合作为什么会出现的问题，即为什么利己的经济人会进行合作？

毋庸置疑，研究合作的演进离不开重复博弈①，但是重复博弈只能说明合作产生以后的续存和演进，不能说明合作的产生，合作的出现一定可以溯源于某一次博弈中。Nowak 等（2004）② 研究的就是第一个“一报还一报”的合作者是如何产生的？相比之下，在 Nowak 和 Sigmund（1998，2005）的情景中，开始涉及合作的产生，但是并没有由此深究下去。

间接互惠假说还有一个重要贡献，就是不仅提出了声誉机制问题，而且事实上还提出了区分出好声誉机制与坏声誉机制的区别问题（Fehr 等，2004）③。合作能够赢得声誉，但是合作是有条件的，也就是说合作应该建立在“一报还一报”的基础上，合作对象也应该是合作者而不应该是背叛者，不分青红皂白与背叛者合作的纯合作者将获得坏声誉。

强互惠假说对人性的假定与利己经济人不同，其行为也与纯合作者不同：他们既无条件地首先与别人进行合作，也无条件地惩罚不合作者。哪怕是这种背叛不是针对我，我也要进行惩罚，甚至不惜花费个人成本，承担被报复的风险。因此，这些人具有极强的正义感和实施惩罚的能力。

Dawes 和 Thaler（1988）④ 的公共产品实验发现，尽管最初是实

---

① 从此次博弈扩展到彼次博弈，甚至是从此次单次博弈扩展到彼次单次博弈，都是重复博弈，或者说是重复的单次博弈。

② Nowak, Martin. A., and Karl Sigmund, 2004, "Evolution Dynamics of Biological Games," *Sciences*, Vol. 303, No. 6 February.

③ Fehr, Ernst, and Urs Fischbacher, 2004, "Third - party Punishment and Social Norms", *Evoltion and Human Behavior*, Vol. 25, pp. 63 - 87.

④ Dawes, R. M., and R. H. Thaler, 1988, "Anomalies: Cooperation", *The Journal of Economic Perspectives*, Vol. 2.

验者会投资公共产品，但是在随后的博弈中，贡献率会逐渐减少，合作倾向趋于恶化，最后稳定在一个比较低的水平上。这种重复博弈的结果似乎证明了利己经济人假定的合理性，但是实验者对此给出的解释是在没有惩罚机制的情况下，降低贡献率是他们对贡献少的人表达愤怒的方式，因此此时合作的恶化还不能从利己经济人假定中得到支持。Ostrom 等（1992）[①] 修改后的实验也的确表明，如果允许个人惩罚那些不为公共产品投资做贡献的搭便车者，实验也会出现一些人情愿承担一部分成本来惩罚那些搭便车者，即使惩罚成本不会给他们带来收益。也就是说，即使实施惩罚是有代价的，强互惠者的惩罚行为也会出现，这样就可以防止合作的恶化并将合作维持在较高水平上。在这个意义上看，既无条件地进行合作，也愿意无条件地承担额外成本以惩罚不合作者的强互惠者的存在，恰恰推翻了利己经济人的假定，表明人类行为中非利己动机是显著的。至少对于这些强互惠者来说，他们不仅不会搭便车，而且还会承担成本和风险去惩罚搭便车的人。

毫无疑问，如果存在惩罚机制，那么由于背叛行为会引致严厉的惩罚而使背叛的成本超过合作的成本，背叛在合作博弈中的生存适应性就会下降。与此同时，合作就会取得比背叛更高的生存适应性，从而可以维持群体合作的演化。在这个过程中，强互惠行为的出现是至关重要的因素。

Bowles 和 Gintis（2004）[②] 是一篇划时代的论文，他们通过计算机模拟发现，一个完全由利己经济人组成的族群由于无法建立稳定的合作秩序最终会趋于灭亡[③]，而合作秩序的建立就必须有赖于强互惠者的出现。强互惠者既引领合作，也引领利他惩罚；既使不搭便车，也会惩罚搭便车的人。计算机模拟表明，如果没有强互惠者的介入，

---

① E. Ostrom, James Walker, Roy Gardner, 1992, "Covenants with and without a Sword: self - governance is Possible", American Political Sciemce Review, Vol. 86, pp. 404 - 417.

② Samuel Bowles and Herbert Gintis (2004): "The evolution of strong reciprocity: cooperation in heterogeneous populations", *Theoretical Population Biology*, Vol. 65, Issue 1, pp. 17 - 28.

③ Ibid..

由于利己的背叛者（搭便车）总会在演进中占优，在利己的背叛者与单纯合作者之间无法在演进中达到均衡，最后所有的人都会变成利己的背叛者或搭便车者。只有当一个族群演化出强互惠者，有了制衡搭便车的力量（正义的惩罚者），才能建立稳定的合作秩序，并逐渐达到演化均衡。

《强互惠行为的演化：非亲缘人群中的合作》一文证明了强互惠行为或利他惩罚在人类合作秩序建立的重要作用，但是由此又产生了另一个问题：既然强互惠行为是利他的，不是利己的，而且也没有利益上的激励，那么它又是如何产生的呢？其动机是什么呢？Fehr 等（2004）[①] 对此给出了脑科学的实验解释：既然强互惠行为或利他惩罚无法从外界获得直接的激励，那么就只有一种可能，即行为者能够通过这种行为本身获得满足。[②]

强互惠假说对于解释合作的产生可能是一个革命性的变化。因为不论是亲缘利他还是互惠利他（包括直接互惠和间接互惠），其理论硬核都包含了利己或自私的基因。但是，我们可以看到，强互惠假说对于合作行为的解释已经彻底偏离了利己经济人的假定，甚至思维范式也发生了根本的改变，为解决单次囚徒困境中的合作起源问题提供了全新的假定和分析框架。如果说一定要给强互惠行为寻找激励机制的话，那么这种激励就是正义感本身，而强互惠者则产生于突变。

接下来的一个问题是，强互惠行为是怎样生存和演进的？因为按照道金斯《自私的基因》，利己行为的生存适应性要强于利他行为。

---

① Fehr, Ernst, and Urs Fischbacher, 2004, "Third - party Punishment and Social Norms", *Evoltion and Human Behavior*, Vol. 25, pp. 63 - 87.

② 这里实际上有引出了一个二阶搭便车的问题，即如果由于惩罚行为是有成本的，而且可能在重复博弈中遭到报复，显然二阶搭便车者对强互惠者就可能形成生存适应性，那么在强互惠者中就可能出现二阶搭便车的现象。或许解决二阶搭便车的办法是对不惩罚背叛者进行惩罚，但是这又会导致三阶搭便车的问题，并由此演化出 n 阶搭便车的问题，这就好比要在廉政公署上面再设立一个监督机构，而在这个监督机构之上可能又要设立一个监督机构，并由此衍生下去。因此，要从根本上杜绝出现二阶搭便车以及可能由此无限衍生出来的 n 阶搭便车问题，就只能放弃自利的经济人假定，假设强互惠者就是以强互惠行为为满足。

这样，不论这两者最初的差别有多大，经过千百年的自然演化，利他就会被无情淘汰。

网络互惠假说是 Nowak 和 May（1992）① 提出来的。自然选择理论假设人们相互接触的概率是相等的，因此可以对利己行为与利他行为的博弈给予充分的重视。但是在现实中，社会网络存在着空间结构，某一类人群可能只与一部分人接触频繁而与另一部分人很少接触甚至避免接触，也就是人们经常说的“物以类聚，人与群分”。具体地说，一个利他主义者的生存适应性不一定仅仅取决于他与利己主义者博弈的生存适应性，而且还取决于它与其他利他主义者交往的生存适应性。由于利他主义者之间的交往更容易达成合作，进而享受合作剩余，那么只要这个剩余足够大，大到足以补偿他与利己主义博弈的生存适应性损失，或者利他主义者尽量减少与利己主义者的交往而将这种损失降低到最小，②利他主义者不仅不会面临生存适应性的问题，甚至由于享受合作剩余而比利己主义者具有更高的生存适应性。同理，一个利己主义者的生存适应性也不仅仅取决于他与利他主义者的交往，而且还取决于他与其他利己主义者的交往。由于这些交往很难达成合作③，从而使双方都难以享受合作剩余。如果这种损失足够大，就会使利己者从利他者博弈中获得的进化优势损失殆尽④，最终难以生存下来。因此，社会交往网络的空间结构会对自然选择和博弈演进结果产生影响。

如果说强互惠行为产生于亚当·斯密道德情操的同情心，以及诸

---

① Nowak, M. A., and R. M. May, 1992. “Evolutionary Games and Spatial Chaos”, *Nature*, Vol. 359, pp. 826 – 829.

② 这种假定是完全合理的，因为利他主义者并不是智障者。虽然他们强互惠行为不仅表现在主动合作，而且表现在不计得失的惩罚背叛者的正义感。但是如果退一步说，如果他们更倾向合作，尽量避免不计得失的惩罚，那么他们的最优策略就是“人以群分”，只与强互惠者交往而避免与利己者交往。

③ 正如《论语》所说，小人同而不合。由此可见小人之间合作的艰难性。其所以如此，也许就在于小人之所以成为小人就在于他们仅仅以个体利益为最重，而从不考虑集体利益。所以即使存在共同利益也无法形成集体行动。

④ 这种假定同样是合理的，因为如果利己主义者总是在于利他主义者的博弈中单纯依靠背叛来取得占优优势，那么很难想象强互惠者在作出惩罚以后一而再再而三的与利己主义者继续合作。即使是阿克塞尔罗德式的“一报还一报”策略，重复的博弈损失和惩罚成本也会使他们面临困境，而避免与利己主义者再次博弈。

如正义、愧疚、宗教信仰等社会性情感，那么不仅可能在单次囚徒困境博弈中引入合作行为[①]，而且由于网络互惠的补偿效应，利他行为也能够通过相对进化优势而得益生存和繁衍下来。这意味着自私或利己并不必然是人类进化中的唯一选择，经过自然选择和进化产生出来的人类心智结构和人类行为准则，不仅并不必然导向利己和自利，而且与利他是可以相容的。

组间选择假说是 Traulsen 和 Nowak（2006）[②] 在网络互惠假说基础上发展起来，进一步解释网络形成以后的组间生存竞争的。毫无疑问，由于存在合作剩余，群际之间自然选择将有利于合作者而不是竞争者。也就是说，合作水平更高的群族更容易在生存竞争中续存下来。如果说网络互惠假说证明了强互惠行为的生存演进，那么组间选择假说则说明了强互惠行为的扩展。在一方面，尽管利他性合作者相对于背叛者的支付劣势独立于人口中背叛者的频率，但是利他性惩罚行为的成本劣势却会随着背叛人数的减少而下降。正是这种非对称性导致网络互惠群体的出现并表现出对不含有强互惠群体的演化优势，结果群间竞争压力使得合作水平较低的利己性群体也不得不向强互惠行为演进。Henrich 和 Boyd（2001）[③] 就指出，人类的社会学机制显然不是简单随机的复制其他人的行为，而是复制成功者和大多数人的行为。正是这种合作的示范效应在群间竞争中使得社会可以建立合作和惩罚的规范。这种学习虽然不一定能产生最优结果，但是至少可以快速提高生存适应性，从而繁衍下来。Henrich 和 Boyd（2001）[④] 的模型显示，在有限次惩罚阶段，仅有一小部分遵奉习俗者的传播就可以在演化均衡中稳定群体的合作与惩罚行为，而一旦一个群体的合作

---

① 当然，在标准的囚徒困境中，引入合作的行为不一定得到合作的结果，但是这无疑是走出囚徒困境的第一步。

② Traulsen, A., and M. A. Nowak, 2006, *Evolution of Cooperation by Multi - level Selection*, Proc. Natl, Acad. Sci. U. S. A. 103, 10952.

③ Henrich, J., and R. Boyd, 2001, "Why People Punish Defectors: Weak Conformist Transmission can Stabilize Coastly Enforcement of Norms in Cooperative Dilemmas", *Journal of Theoretical biology*, Vol. 208, pp. 79 - 89.

④ Ibid..

稳定以后，就可以通过群体选择机制使得具有群体收益优势的文化特征实现群间扩散。

在上述六个理论假说中，我们不难发现，前三个试图在经典经济学理论基础上发展出逻辑自洽的合作理论，从自利发展出利他的客观结果，而最终还是提高了自身的利益，所以难以有力地解释合作中的公共产品问题，因为公共产品的利益是自动在群体成员之间分享，利己的个人为什么会作出利他的行为，又为什么不采取搭便车的行为。当然，更重要的是恪守自利的经典经济学假定就无法解释强互惠者不计得失的惩罚行为，而没有惩罚行为就会存在公共产品的搭便车问题，导致合作难以在背叛的生存竞争和演化中续存下来。强互惠理论对这个问题给出了解释，但是也彻底摆脱了经济人自利主义动机的假定。网络互惠和群间选择则通过解释强互惠行为的生存适应性问题对强互惠假说作出了进一步完善。

三　合作的内涵和外延：合作应该包括什么内容，什么不是合作

尽管对一个概念进行定义是枯燥的，远不如谈论与概念有关的例子来得有趣，但是这却是必不可少的。首先，它可以通过对内涵的明确来界定词义；其次，通过对概念的深入探讨可以深化我们的理解。

合作作为一种不可忽视的社会现象，其表现形式纷繁复杂，有人与人之间的合作，有人与组织的合作，也有组织与组织之间的合作；有双边合作，也有多边合作；有单次合作，也有重复合作；有紧密的组织合作，也有松散的默契合作。合作是社会科学研究中无论如何都无法回避的一个问题。但是作为一个科学概念，合作并没有一个明确、严格、统一而且全面的定义。也正是因为这个原因，合作也没有得到充分的研究，才被《科学》杂志列为目前我们人类还不能很好回答的25个“天问”之一。

按照黄少安和韦倩（2011）[①] 的归纳，当前学术界对合作的定义

① 黄少安和韦倩《合作行为与合作经济学：一个理论分析框架》，载《解决理论与禁忌管理》2011年第2期。

主要可以分为两种方法，其一是以 Argyle（1991）[①] 以及 Hinde 和 Groebel（1991）[②] 从行为学的角度进行定义，也就是说一种行为可以被视为合作必须具有两个要件：刻意和协作。我们由此可以从合作词义中引申提出“合作各方如何进行共同行动”的问题。按照这样的看法，合作就必须是一种有意识的刻意协作。在这个意义上，偶然的、没有意识的或者是巧合的协作显然不是我们这里所说的合作，因为协作则意味着合作一方的行为必须要受到另一方的影响，就是说合作一定是基于博弈的考量。或者是因为合作中的协作不一定可以给每一个合作者带来直接的利益，甚至在短期内只有成本而没有收益，所以需要才“刻意”，也就是说要刻意克制自己的自利本能和冲动。其二是以 Feger（1991）[③]，Clements 和 Stephens（1995）[④] 以及 Mesterton－Gibbons 和 Dugatkin（1995）[⑤] 等为代表，基于行为经济性对合作进行了定义。按照这样看法，合作并不需要过分看重有意或无意的协同，而是强调合作作为一种联合行动能够给各参与方带来利益的结果并将其作为定义合作的核心。只要联合行动能够比不联合行动带来更高的利益，那么不论这种联合行动是有意的还是无意的，就都是合作。[⑥]

我们在前面已经说明，我们对合作的分析从对合作词义上的字面理解开始。不论是中文还是英文，合作都是有两方或两方以上的参与者的行动。这个最简单定义就是我们对合作进行概念界定和推导的起点。而不论是两方还是多方行动，这个行动一定是共同的协调行动，

---

① Argyle, M, 1991, *Cooperation: The Basisi of Sociability*, London,: Routledge.

② Hinde, R, A., J. Groebel, 1991, *Cooperation and Prosocial Behavior*, New York: Cambridge University Press.

③ Feger, H., 1991, "Cooperation Between Groups", In Hinde, R. and Groebel, J., *Cooperation and Prosocial Behavior*, Cambridge University Press, New York.

④ Clements, K. C., and Stephens, D. W, 1995, "Testing Models of Non－kin Cooperation: Mutualism and the Prisoner's Dilemma", *Animal Behavior*, Vol. 50, pp. 527－535.

⑤ Mesterton－Gibbons, M. and Dugatkin, L. A., 1995, "Cooperation among Unrelated Individuals: Evolutionary Factors", *Quarterly Review of Biolgy*, Vol. 67, pp. 267－281.

⑥ 道金斯在《自私的基因》中列举了大量自然界中的无意合作，而亚当·斯密对市场机制的解释也是一种对经济人来说无意识的市场合作行为。

否则这样的行动就不是合作而可能是冲突。

合作作为一种行为，其结果不应对行为定性本身产生影响。因为受到各种因素的影响，行为本身并不一定能达到预期的结果，所以我们没有理由使用结果来界定行为。① 无意识的协同行动可能产生剩余，但是却很难因此认定这种无意识的协同行动就是合作。合作一定是一种刻意的配合。毫无疑问，如果我们认定合作本身就是一种行为，那么判断合作行为的标准就是动机而与结果无关。人类合作与自然界中的合作不同，作为一种有意识的行动，不是无意识的自然过程，不能以结果作为定义合作的要件。人类合作有别于动物自然合作的标志是对合作收益的预期和认知的理性追求过程。②

如果把合作当作一种行动，那么即使是从行为学的角度，我们对合作的理解也应该从两个方面展开：为什么要共同行动以及如何共同行动。

首先，合作各方共同行动的动机是什么？显然应该是共同利益，至少应该说是对共同利益的认知，或者更严格地说是对可能形成的合作剩余的预期。在此，我们可以进一步明确三点：第一，共同利益是一个必要条件，没有共同利益显然就没有共同行动。至于仅仅有共同利益是不是就能够形成共同行动，也许还需要有充分条件。至少奥尔森就已经告诉我们其中的一个充分条件，那就是需要克服搭便车的问题。第二，合作方共同行动的动机一定是刻意的，

---

① 在美国刑法中，即使相同的杀人结果也会因为主观故意的程度不同而有所区分。好心办坏事不能因为结果否定好心，而无心插柳也不能因为插柳而因此肯定初衷。

② 分工之所以是一种合作就是因为在分工时每个劳动者就已经假定他们可以通过市场交换解决各自产品单一性和需求多样性之间的矛盾，也就是说他们在认知上已经明确了通过交换来进行合作的可能性，在分工体系中他们各自要刻意将自己的劳动和产品专注于某一项上，并确认由此刻意获得合作收益。当然，合作收益的实现在这里可能是一个无意识的市场过程，是一个自然的试错过程，是一个无组织的过程，因此市场失灵可能导致他们的合作失灵，无法取得预期的合作剩余，但是这并不能由此否认他们的分工本身是一种有意识的合作行为。应该说，这种合作是在市场机制引导下实现的间接合作，尽管合作者之间有刻意的行为，但是合作者之间没有直接的协作。不过，只要具有主观合作意向的行为彼此联合行动了，即使没有达到预期结果也是具备了合作意愿的行为。在这种情况下，如果合作失败只能说是市场的失败，而不能说这种行为本身就不是合作！事实上，分工已经体现出了合作的本质特征，只是这种分工的协调从总体上来看是无意识的市场过程。

而刻意又应该是出于理智的考量。这倒不一定要求合作方需要具备完美的理性主义，但是其行为必须是建立在理性和逻辑推理之上的，也就是说合作应该是自发、自愿和自主的，而不是外在强制的。虽然为了协调行动，可以有制度约束，但是不能因为这个以协调为目的的约束来否定合作的自发、自愿和自主性。第三，合作行为的动机是建立在各方认知基础上的，即使阴差阳错得到了合作的结果，也不能由此断言此前各方的行为就是合作。从这个意义上说，合作首先是建立在认知建构基础上的，其次是在此基础上的有意而为之的刻意行动。

其次，合作各方如何进行共同行动？这个问题要从行为学角度对合作进行界定。如果说共同行动是为了追求共同利益，那么第一，各自的行动必须是彼此协同配合的。用资产组合的原理来解释，也就是要达到协方差为正的效果。因为只有这样，才能得到一加一大于二的效果，才能产生合作收益，而这是形成合作剩余的前提，也是合作能够形成的前提。第二，共同行动需要协调，这种协调在大部分场合是有意识的行动，是需要至少是部分克服或抑制独立行动时单方面考虑准则的行动，因此也必须是刻意协同的行动。从这个角度看合作本身是一种集体行动。[①] 第三，既然合作是一个集体的协调行动，那么合作或者是一种具有极强自律性的自觉行动，或者是一种具有惩罚威慑的机制化协调行动，才能避免搭便车，避免出工不出力，避免浑水摸鱼，避免合作一遇到风吹草动就如鸟兽散，才能使合作牢固，才能保证合作的稳定性，才能为了获得合作收益而预先支付成本并在取得合作剩余之前克服困难和不利冲击，最终达到合作的目标。

总之，合作作为一种行为，我们对它的判断离不开以下三个要点：第一，合作不应该是外在强制的结果，而是建立在理性认知之上

---

① 刻意和协作本身也揭示了合作中权力不对称问题，因为协作可能涉及指挥与服从，而刻意则可能出于自我约束，也可能是出于对外在约束的服从。

的自由选择。在这个意义上，合作是建构和理性的结果。[①] 第二，合作应该是建立在重复博弈基础上的利己主义和单次博弈中利他主义的统一，对合作成本收益的考量应该是促成合作的基本动因，尽管可以从不同的时间眼界来定义成本或收益。第三，正是由于存在对合作成本收益的考量，所以才可能有搭便车，也才必须有选择性激励或惩罚才能促成合作行为的形成和续存。第四，正如分工合作能够提高劳动生产率，从而在给定资本和劳动投入的情况下提高产出一样，合作收益和合作剩余产生于生产可能边界的扩大或使实际产出更接近生产可能性边界。因此，合作本身并不是零和的利益游戏。[②]

第二节　从不同的角度理解合作

合作是为了取得合作收益，而且在合作开始前对合作的预期收益也应该有一个为合作各方共同认可的分配方案，并相信在取得合作收益以后将按照既定方案进行分配。[③] 也就是说，合作应该基于信任之上，并愿意为此付出机会成本或实际成本的刻意与协调的行为。而信任的来源除了社会资本的解释之外，还应该建立在共同认知的基础之上。如果对既定分配方案的执行存在疑虑[④]，则合作就需要外在的制度作为保证。此时，合作的自发性虽然已经被掩盖起来，但是合作却进入了一个更高的阶段。如同我们在此前一直所强调的那样，合作无论在起源和运行中都不可避免地需要权威的领导和监督，因此合作本身就可能是一种组织形式，所以尽管合作应该

① 即使我们说合作是出于追求合作剩余的现实主义考量，在开始合作行动的时候，这种合作剩余也是建立在理性认知和观念建构之上。

② 但是，由于合作剩余可以提高合作方的权力基础，因而合作的效果一定是非零和的。

③ 当然，按照奥尔森的假定，合作收益是一种公共产品，在国际关系的合作中也的确如此。但是我们也并不能否定很多经济合作收益的分配问题。这种分配可能是以一种约定俗成的方式进行的，也可能是合作各方商定的。

④ 这种疑虑可能来自对合作方品性，也可能来自对合作收益过大而产生的诱惑，或者是对合作中预付的机会成本过高的担心。

基于一种自发和自主的意愿，但是合作最终一定走向它的反面，内生出自己的组织权威，演化出一种由不对称的外在权力协调的过程。因此，我们需要考虑的是这种协调过程能否在各方平等的情况下实现？或者能否在不借助权威或规则的强制约束的情况下实现呢？

我们下面依次从信任、认知、制度、治理、主权和冲突等角度来加深对合作概念本身的认识。特别值得指出的是，合作的不对称性并由此引申出了合作与权威或权力的关系也应该是本节讨论的一个重要方面，而正是由于本书对这个问题的重视，所以已经在第二章第三节和第三章进行了比较充分的讨论，在此就不再赘述了。

一 信任与合作：合作的前提

相比为什么要合作的问题来说，探讨合作的前提同样是一个充满陷阱的课题。正如我们在给合作下定义的时候引入了配合行为或联合行动这样的概念时，实际已经陷入了同义反复，或者是逻辑概念的悖论。如果我们认为合作的前提就在于双方都存在合作的意愿，则同样是一个循环论证。对此，赵汀阳有过一段精彩的论述："许多人寄希望于信任，可是'信任如何可能'与'合作如何可能'是等价的（尽管不等同），因此不能把信任看作合作之前就已经存在的条件（在许多时候，合作是信任的条件而不是相反）。有信任就可以有合作，反过来，有合作就可以有信任。我们需要的不是信任和合作之间的循环解释，以信任去解释合作等于废话。人们苦恼的是在没有信任的情况下怎样才能形成信任，或者，如何从不合作形成合作。显然，如果有信任就不可能有'囚徒困境'了。人们还知道公正的制度能够维持合作，但公正制度更加不是在合作之前能够出现的条件，而是合作的成果。"①

我们在前面已经指出，阿克塞尔罗德曾经明确地说："合作的基

① 参见赵汀阳《冲突、合作与和谐的博弈哲学》，载《世界经济与政治》2007 年第 6 期，第 14—15 页。

础不是真正的信任，而是关系的持续性。当条件具备了，对策者能通过对对方有利的可能性的试错学习，通过对其他成功者的模仿或通过选择成功的策略剔除不成功的策略的盲目过程来达到相互的合作。从长远来说，双方建立稳定的合作模式的条件是否成熟比双方是否相互信任来的重要。"[①] 问题是，尽管阿克塞尔罗德通过重复博弈巧妙地回避了合作初始需要的信任，而将它变成了试错过程，但是其最终的结果却和信任要达到的目的殊途同归：只有建立稳定的行为预期，才能形成稳定的关系，才能形成稳定的合作模式。信任，在这里就是确定性，就是稳定的行为。

卢梭等古典思想家已经指出，人类因为存在利益冲突，才有必要建立社会秩序。基欧汉也指出，正是因为有冲突，所以才有合作。[②] 合作是一个社会得以存在的必要条件。从这个意义上说，人类社会可以看作是在相互信任与合作基础之上建立起来的人际关系网规范。罗伯特·帕特南（2001）由此认为，人类社会至少存在两种均衡：基于不断积累的社会资本形成的普遍合作的、良性的且自我增强的均衡以及因社会资本难以积累，信任与合作关系难以建立而进入的恶性均衡。[③] 事实上，作为社会资本的核心内容，信任与合作有着深刻的内在联系。黄璜（2010）证明了如果不存在信任，合作者就会采取不合作的策略，甚至在合作中都有可能变成背叛者。[④]

不论是从经济学还是国际关系理论的角度看，合作的最终目的是为了取得合作收益或合作剩余，也就是单纯依靠单方面力量无法获得的增加值。只不过在经济学来说这可能是效用增加值，而对国际关系理论来说则可能是权力增加值而已。当然，为了取得这个增加值需要

---

① 罗伯特·阿克塞尔罗德：《合作的进化》，上海世纪出版公司 2007 年版，第 126 页。

② 参见罗伯特·基欧汉《霸权之后》，上海世纪出版集团 2012 年版，第 53 页。

③ 参见罗伯特·帕特南《使民主运转起来》，江西人民出版社 2001 年版，第 207—213 页。

④ 参见黄璜《基于社会资本的合作演化研究》，载《中国软科学》2010 年第 9 期。

各方预付成本，也需要各方在适度克制自我利益冲动基础上的协同联合。至此，我们对合作前提探究的思路也就是：能够让各方预付成本、克制冲动以协同联合的前提是什么呢?

逻辑的答案应该是信任![①] 在囚徒困境和原始人捕鹿行动中，采取合作策略的关键就是每个人对他人合作诚意的相信程度。事实上，几乎所有对于信任的研究都将信任与合作联系在了一起。Blau (1964)[②] 就已经指出人与人之间的信任是合作和社会协调互动的基础，Lawler (1992)[③] 则提出信任可以使团队合作更有效率，Ledyard (1995)[④] 更进一步提出信任是促使人们进行合作的一个系统性因素。Pruitt 和 Kimmel (1977)[⑤] 与 Yamagishi (1986) 从社会心理学的角度也都认为信任是为达到一个共同目的而合作的关键要素。Cook (2005)[⑥]、Savage 等 (2005)[⑦] 以及 Putnam (2000)[⑧] 为了使机体行动成功，成员之间就要建立高度信任关系并因此实现社会资本的累积。

---

① 信任问题可能并不是在经历经济高速增长时期的当代中国所关注的一个话题，而且也同样是发达国家学者关心的一个永恒话题。近年来，国内翻译了大量有关信任的译著。这些著作有些是管理类畅销书，比如柯维和梅丽尔的《信任的速度：一个可以改变一切的力量》；霍萨格的《信任的力量》以及德斯迪诺的《信任的假象：隐藏在人性中的背叛真相》，学术类的译著包括蒂利的《信任与统治》，有关政治信任的学术论文更是汗牛充栋。

② Blau, P., 1964, Exchange and Power in Social Life, New York: Wiley.

③ Lawler, E, E., 1992, *The Ultimate Advantage: Creating the High – involvement Organization*, San Francisco: Jossey – Bass.

④ Ledyard, J., 1995, "Public Goods: A Survey of Experimental Research", In J. Kagel and A. Roth, *Hanbook of Experimental Economics*, Princeton University Press, Princeton, New Jersey.

⑤ Pruitt, D. G. and Kimmel, M. J., 1977, "Twenty Years of Experimental Gaming: Critique, Synthesis and Suggestions for the Future", *Annual Review of Psychology*, Vol. 28, pp. 363 – 392.

⑥ Cook, K, S., 2005, "Networks, Norms and Trust: The Social Psychology of Social Capital", *Social Psychology Quarterly*, Vol. 68, No. 1, pp. 4 – 14.

⑦ Savage, A., Isham, J. and Klyza, C. M., 2005, "The Greening of Social Capital: An Examination of Land – Based Groups in Two Vermont Countries", *Rural Sociology*, Vol. 70, No. 1, pp. 113 – 131.

⑧ Putnam, R. D., 2000, "Bowling Alone: The Collapse and Revival of American Community", Simon and Schuster, New York.

值得注意的是，这些研究大部分都是在阿克塞尔罗德发表《合作的进化》之后，虽然我们不能武断地假定他们不了解后者关于关系的持续性要比信任更重要的论断，但是至少说明阿克塞尔罗德的论断并没有成为一个广为人知的常识。如前所述，也许阿克塞尔罗德要表达的意思是通过多次博弈的试错而获得对对方行为的预期比信任更重要，或者可以取信任而代之。但问题是，预期毕竟是预期，没有信任来得更可靠。

福山在《信任》一书中将信任视为一种社会资本，从而决定了人们在社团中的合作能力，并且低信任的合作只能在家族中展开，而高信任的合作会超越血缘关系。法律、契约和理性为后工业社会的稳定和繁荣提供了必要的基础，但还必须用相互关系、道德义务、对群体的责任以及信任来激活它们。新古典经济学解释了货币与市场的本质，认为人类行为是理性和自利的，但是这只有80%的正确性，而不能对世界给出100%的解释。[①] 事实上，新古典经济学对剩下20%的解释是拙劣的，必须用社会资本，用信任关系来解释。但是，尤斯拉纳则指出："信任不是社会资本的重要部分，信任更像是公民参与的结果，而不是它的原因。"[②] 他认为，信任他人是基于一种基础性的伦理假设，即他人与你共有的一些基本价值。常规的智慧认为，我们信任他人是因为我们了解他们，但是标准的信任问题的真正内容是信任我们不认识的人们！他进而提出，决定是否信任他人在本质上是策略性信任，预示着信任的风险和赌博性质[③]，而道德主义的信任不涉及对具体人或人群的信任，是一种对人的本性的普遍的看法，不取决于个人经验，也不取决于他人是否可信的假定，是一种对他人与你

① 参见福山《信任》，海南出版社2001年版。

② 参见埃里克·尤斯拉纳《信任的道德基础》，中国社会科学出版社2006年版，第2页。

③ 在这一点上，信任问题似乎又回到了阿克塞尔罗德通过关系的持续性而形成的预期，带有一定不确定性的预期。这一点和我们在下面的正文中马上讲到的信任是一种确定性预期是不同的。

共有基本道德价值的信仰。[①] 也就是说，真正的信任与经验无关，与信任谁无关，是普遍信任而非个别信任且具有高度的稳定性。从这个意义上说，信任是一种超越宗教和文化差异的文明。毫无疑问，这是一种最高层次的信任定义。实际上，施奈尔（2012）对策略性信任进行了更深入的分析。[②]

我们在这里将信任的本质看成人际间的一种预期互惠偏好，还可能包含了利他偏好的因素。只有存在信任，我们才愿意预付成本（不论是机会成本还是实际成本）；只有存在信任，我们才能够实现协同联合；只有存在信任，我们才能不再担心背叛而进行合作。更重要的是，如果我们说的以上情况都是基于预期的话，那么最终在合作者之间存在的信任是对合作对方在取得合作收益之前以及对合作收益进行分配时合作行为和分配行为的确定性预期，而且在对这些行为的确定性预期中，最核心的则是对合作对方不会出现背叛行为的预期！

按照这个思路可以提出两个可能的挑战问题：第一，对于现实中的大部分合作来说，如果合作收益是一个公共产品，也就是说不需要进行分配就能享受，那么信任是不是还是合作的必要前提了呢？答案依然是肯定的。因为即使合作的收益是公共产品，那么合作也会由于搭便车而失败或无法延续。[③] 由于不付成本，只享受收益，所以搭便车无疑是合作中的背叛行为。所以，即使合作收益是一种公共产品而无须分配，信任依然是合作的前提，只是此时的信任已经转变为对防止搭便车的信任。第二，如果合作收益是公共产品，且合作中参与方预付的不是真实成本而是机会成本，或者这样的成本只是举手之劳，可以忽略，那么合作是否还要以信任为前提呢？毫无疑问，在这种情况下，合作可能更容易出现，也就是说对信任的依赖程度可能下降，

---

① 在作为一种信仰的意义上，我们可以推论，社会压力（包括道德压力、名誉压力、制度压力和惩罚机制）甚至也不是我们获得信任的手段。

② 布鲁斯·施奈尔：《我们的信任：为什么有时信任，有时不信任》，机械工业出版社 2013 年版。

③ 这一点可以从公共产品试验中得到证明。

但是并不意味着可以不再需要信任。因为对方的背叛将使合作收益成为泡影，也意味着自己的机会成本白白付出，甚至将使自身利益遭受损害。所以，合作的前提依然是信任，至少是对合作对方不会出现背叛的信任。信任使社会生活变得可以预测，从而使合作的形成和维持变得更加简单。

正是从降低合作成本的角度看，Nooteboom（2002）[①] 和福山（1995）[②] 进一步指出，如果在社会关系上充满信任，那么人们就会都存在彼此交往的意愿。这不仅会减少交往中的不确定性和易变性，而且交易成本还会进一步下降，合作的稳定性就会增强，合作的基础就会更加稳定。也就是说，信任不仅是降低预期不确定性的问题，而且可以因为降低了促成合作的交易成本而使合作更容易发生。

最后还有必要指出的是，虽然在阿克塞尔罗德看来，信任对于合作并不重要，重要的是重复次数，但是我们必须清楚，他的研究是基于实验和历史演进的角度展开的。从阿克塞尔罗德的逻辑来看，信任对于合作之所以并不是最重要的，可能也在于重复给了双方报复的机会，因而有了对背叛惩罚的足够威慑而能有效防止了背叛。的确，在这种情况下，即使没有信任，也能够规范对手的策略选择，降低了行为的不确定性，同样达到了信任所发挥的作用，甚至还没有信任的风险。而按照尤斯拉纳（2006）的分类[③]，这应该属于策略性的信任。因为多次博弈的对方在此前的博弈中可能因为收益有限的原因选择博弈，而当某一次博弈收益巨大时，就可能一反常态而采取背叛的策略。所以，真正意义上的信任依然是合作的一个不可忽略的前提，至少是一个逻辑上的前提。

① Nooteboom, B., 2002, Trust: Forms, Foundations, Functions, Failures and Figures, Cheltenham UK: Edward Elgar.

② 弗朗西斯·福山：《信任：社会美德与创造经济繁荣》，海南出版社 2001 年版，第 16 页。

③ 参见埃里克·尤斯拉那《信任的道德基础》，中国社会科学出版社 2006 年版。

二　认知与合作：对信任基础认知的主观性

尽管我们对信任给出了一个定义，但是问题并没有因此而终止。我们自然提出的进一步问题就是为什么会产生信任？为什么在人际间能够建立这样一种具有利他性质的、预期的互惠偏好，从而使我们愿意预付成本，相信合作收益将会得到公平的分配呢？

从经济学的理性认知角度讲，每一个经济人都是有限理性的。他们追求个人利益最大化，但是在信息获取和策略选择上的能力又是有限的。合作能够带来的合作剩余是驱动他们开展合作的动力，而只要合作的对手对合作收益具备同样的认知，那么合作就有了可能。但是合作作为一种刻意配合的互惠性联合行动，共同使命和个人目标是混在一起的。在理性经济人的视野下，如果我们将信任当作一种在互惠合作中存在于委托—代理关系中的工具性信任，就可以表现为委托人相信代理人将他的利益纳入自身行为目标的预期，或者是委托人评估代理人能够从事代理行为的主观概率。从博弈论的角度看，代理人可以采取合作的策略，也可以采取背叛的策略。就单次博弈而言，背叛策略的收益甚至高于合作策略。但是从重复博弈的角度看，合作策略的收益为正。因此，委托存在风险，信任存在风险，不能随便支付。降低这种风险的核心就取决于对代理人合作认知的判断以及他采取背叛策略的决定因素。

一般来说，能否给予代理人信任的因素包括：代理人此前与他人合作的历史纪录以及在此基础上形成的声誉；代理人的自身特征，如职业和教育；委托—代理关系所处的社会网络，因为社会网络会影响代理人的声誉；委托—代理关系所处的社会文化，在信任作为社会资本高度发达的文化中，信任也更容易产生。反之则相反。

至此我们看到，即使从经济学理性出发，由于背叛收益的大小会影响背叛发生的概率，所以信任的决定依然是一个主观的决定。如果我们将信任作为预防不确定性，那么这种预防乃是建立在主观判断的基础上的。所谓基于共识的信任也是如此，因为代理方是否存在共识本身就是一个有待证明的判断，更何况代理方的共识也是可能随环境改变的。[①] 从经济学对合作利益进行评估的理性角度来探讨信任并不能得到满意的结论。

杰维斯在《国际政治的知觉与错误知觉》中研究的就是这样一种类似的情况：为什么在双方本来可以合作，都不希望冲突的情景中会拒绝合作而走向冲突？与以往从国际体系或国家层面寻找原因的分析不同，他强调政策决策者对对方行为认知的重要性。按照认知心理学的观点，当一个人接受外部信号的刺激时，就会进行选择、组织和判断，以便对信号加以理解，并根据自己的理解作出反应。这里的关键是人对刺激信号的反应是基于他对信号的知觉，而不是基于客观的真实的刺激信号本身。[②] 如果人的知觉是错误的，那么他的理解就是对信号的误读和错误判断，偏离了对方发出刺激信号的本意，比如夸大了对对方敌意的判断，那么他的反应也是错误的。在国际权力竞争背景下的错误知觉常常就是夸大对方的敌意，进而将其视为潜在的冲突对象，难以建立信任。即使对于同样的行为，不同的人可能有不同的理解，而不同的理解又会带来不同的政策。这就是因为与普通人一样，决策者都存在认知局限，所以就会产生不同的认知，难免出现错误知觉。结果双方在本来可以合作，都不希望冲突的情景中却由于错误认知，无法建立信任，拒绝合作而走向冲突。克鲁格电报就是一个

---

① 黄璜（2010）证明，基于信任的合作演化的稳定性与合作的报酬率呈正相关；与社会规模成反相关。但是与合作范围的关系则比较复杂。因为合作范围决定了合作的机会，但是也会增强合作收益的再分配效应。但是一般来说，合作范围与合作策略稳定性之间的关系先表现为反向关系，再表现为正向关系，而且总的来说将以正向关系为主。李普塞特在《共识与冲突》中更指出明确强调共同的价值体系的存在并不意味着内部冲突不激烈。

② 杰维斯从心理学的角度提出了造成错误认知的原因。首先是认知相符，即人们都有保持自己原有认知的趋向，当他们接受新的刺激信号的时候，总是下意识地使新的信息与自己原有的认识保持一致，也就是所谓成见的影响；第二是诱发定式，即当新的信息出现以后进行决策的时候，会以自己当时集中关注和考虑的问题作为思维定式，例如在珍珠港事件前夕，美国政府已经有所察觉并警告当地守军提防敌人的敌意行动，但是守军司令却按照当时的工作思路将提防的重点放在防止间谍破坏上，而没有在防止军事进攻上提高戒备；第三是历史包袱，以史为鉴固然重要，但是简单的历史类比也会造成认知局限，产生误导。从这个意义上说，根据历史经验进行判断本身就成了问题所在。从这个意义上看，丘吉尔说："History does not repeat itself, but does it rhythm"，就是一种非常巧妙的表述。

建构误读的典型案例①，而在现代国际关系中，广泛存在的种种政策误读也都可以看成克鲁格电报的现代变种。当然，认知也可以成为一种认同②，对想象中合作收益的认知可以带来对合作理念的认同。

在演进博弈论中，理论上的合作解也可以视为一种对想象中合作的推论。尽管信任的程度在每一个具体的个案中千差万别，但是对想象中合作收益的认知最终形成了对合作理念的推测，并由此产生信任。从这个角度看，不仅信任是一种主观认知，建立在信任之上的合作此时也是一种主观的想象。此后的合作结果本身不能反映合作的核心内容，因为它仅仅是合作的结果而已。合作本身是基于共同利益，但是在通过合作取得合作剩余之前，这个合作剩余就仅仅是一种想象中的合作剩余。由己及人，对合作对方的信任也是这样一个主观推测的信任。当然更重要的是，主观推测的信任最终要通过客观行动的体现才能得到确认，才能证明自己的存在。

---

① 由于1884年在德兰士瓦共和国（南非共和国）发现了世界上规模最大的威特沃特斯兰德金矿，引起了英国的觊觎。十年后，英国矿业巨头罗得斯就任英属开普敦殖民地总理，他的好友，南非矿业公司的高级职员詹姆森带领南非公司的雇佣兵远征德兰士瓦，结果却被南非部队包围并被俘。威廉二世听到德兰士瓦共和国胜利的消息后为英国的失利开心不已，并给克鲁格国王发去贺电，称“你和你的人民在没有任何友好力量的帮助下，独力击退入侵的有损和平的武装分子，本人表示最诚挚地祝贺。你们维护了国家的和平，捍卫了国家的独立”，史称“克鲁格电报”。结果，该电报被英国通过海底电缆截获，英国人认为，威廉二世电报中所谓的“友好力量”就是暗指德国，意味着必要时可以获得德国的援助。这无疑是在向英国示威，让英国人感觉势力范围受到侵犯，因此极为恼怒，英国国内随即产生强烈的排德情绪，严重恶化了英德关系。尽管后来威廉二世还给维多利亚女王写信为自己辩解，但克鲁格电报后，英国一改对德国的妥协姿态，转而在全球各地采取对抗措施，这又引起了德国的针锋相对。英德矛盾由此逐步激化，最终陷入造舰竞赛、拉拢同盟者互为假想敌的境地，并且最终爆发了第一次世界大战。其实，在此之前英德关系已经恶化，英国的判断也不错。因为威廉二世甚至曾经在议会中提出德国应声明为德兰瓦士的保护国，然后派兵前往该地。但是德国首相认为这等于与英国宣战，反对此种做法。结果才采取了发贺电的缓和办法。

② 本尼迪克特·安德森的《想象的共同体》通过复杂而细致的比较史和历史社会学方法，将民族问题与人类深层意识和世界观的变化结合起来，把民族问题放在文化史、社会史、心态史、历史心理学以及理念社会史的框架内进行研究。《想象的共同体》将民族视为一种特殊的文化的人造物，一种想象形式，但却是任何群体认同所不可或缺的认知过程，因此民族这个“想象的共同体”不是一个虚假意识的产物，而是一种社会心理学认知的社会事实，是一种与历史文化变迁相关并根植于人类深层次意识的心理建构和认同。

三　制度与合作：规范与人事

应该看到，合作必须建立在合作各方之间的高度信任基础之上，这是一个逻辑前提，也是一个假设。[①] 而在现实的非正式合作中，背叛，特别是搭便车的存在使合作的信任基础可能面临尴尬的境地。为此，以制度为标志的正式合作就出现了。[②] 制度的出现需要领袖和权威，造成了合作中的不对称性，也隐没了合作的自发性、自主性和自愿特征，但是却能够控制合作行为的不确定性，保证合作收益的确定性。

人类社会最基本的社会关系大体可以分为冲突与合作两类。[③] 人们因为权力和利益而发生冲突是不可避免的，但是冲突应该不是人类社会的常态，霍布斯状态只是对人类社会特点的一种刻画，是卢梭和洛克等古典思想家对人类社会研究一个假设的逻辑起点，合作才是人类得以生存和发展的必要条件。即使在非正式合作中，合作也有非正式的规则，也就是各方共同的认知和规范。而在正式合作中，这些共同的认知和规范就变成了契约，变成了制度。[④] 在这里，制度本身就是合作所要求的就是行为规范。

但是，即使有了刚性的制度，也并不能完全约束人的行为并使之保证其合作性。制度的建立和执行都是一个协调各方利益的政治过程，而这个政治过程也一定是各种利益集团的博弈过程。钱穆在

---

① 我们在前面的分析已经表明，合作的前提应该包括：1. 一致的目标或共同利益；2. 统一的认知和规范；3. 相互信任的合作氛围；4. 存在合作剩余；5. 授权监督和惩罚或选择性激励机制。

② 非正式合作是人类最古老、最自然也最普遍的自发性合作行为，没有明确的契约或制度规定，也很少受到外部强制的限制。而正式合作是具有契约性质的合作，明文规定了合作者的权利和义务并使之受到保护。

③ 与货币和资产的分类相似，冲突与合作只是两种极端的状态，现实常常处于两者之间的某种状态。因此冲突与合作常常处于交织在一起的状态，在竞争和冲突中都可能有合作。按照后面的分析，我们可以把冲突的极端状态定义为极端冲突（暴力冲突），把合作的极端状态定义为元合作。

④ 严格讲，契约是经过各方签署后形成的规范，而制度常常是不需要签署就必须遵守的强制性规范，习惯和道德则是不需要签署就必须遵守的非强制性规范。

《中国历代政治得失》中的分析思路就是围绕制度与人事的关系展开的。

对于人事与制度，钱穆在前言中首先指出："人事比较变动，制度由人创立亦由人改订，亦属人事而比较稳定，也可以规定人事，限制人事。"① 显然，在这里，他并没有把制度和人事完全对立起来，把制度看成可以约束人事的刚性规范，相反，钱穆要强调的是制度是由人制定的，虽然比较稳定，但却是为人服务的，因此也会随人而变。

在之后的序中，他在论述政治制度②必须自根自生的时候更对制度与人事做了详细的论述："纵然有些可以从国外移来，也必然先与其本国传统，有一番融合媾通，才能真实发生相当的作用。否则无生命的政治，无配合的制度，决然无法长成。换言之，制度必须与人事相配合。辛亥前后，人人言变法，人人言革命，太重视制度了，好像只要建立制度，一切人事自会随制度而转变。因此只想把外国现成制度，模仿抄袭。甚至不惜摧残人事来迁就制度。在新文化运动时期，一面高唱民主，一面痛斥旧传统，旧文化。我们试问是否民主政治可以完全不与此一民族之文化传统有关联，而只经几个人的提倡，便可安装的上呢？而且制度是死的，人事是活的，死的制度绝不能完全配合上活的人事。就历史经验论，任何一制度，绝不能有利而无弊。任何一制度，亦绝不能历久而不变。历史上一切以往制度俱如是，当前的现实制度，也何尝不如是。我们若不着重人事本身，专求模仿别人制度，结果别人制度势必追随他们的人事而变，我们也还得追随而变，那时何等的愚蠢。"③

因此，钱穆指出，第一，要研究一个制度，就必须先精通那时的人事。如果离开了人事来研究制度，那么制度就只剩下一个个干巴巴的条文，是时过境迁的东西，没有研究的价值。第二，各种制度之间

---

① 参见钱穆《中国历代政治得失》，生活·读书·新知三联书店 2012 年版。

② 在钱穆看来，政治就是制度和人事。这一点也可见他对政治的理解：政治的核心是权力，而最核心的权力则是人事权和规则制定权。

③ 参见钱穆《中国历代政治得失》，生活·读书·新知三联书店 2012 年版。

是相互配合的，否则无法推行，所以不能只研究一个制度而不顾其他。第三，制度的创立和消失都不是在一夜之间发生的，都有一个演变的过程，而这个演变过程对于理解制度真相至关重要。第四，制度的创始和成熟，必有当时相应人事需要的种种用意，这些是研究中必须挖掘的，不能只靠后人的臆断和推论。第五，对一个制度利弊得失的分析，必须要依据当时人们在切身感受下发出的历史意见。第六，制度具有时间地点的适应性，不可能放之四海而皆准。第七，不能把制度从全部文化史中孤立出来。

我们在前面已经指出，不对称是从合作中内生的一个核心特征，是合作自身的要求。而试图通过制度型正式合作来降低基于信任本身的主观性造成的合作不确定性尽管在逻辑上是成立的，但是在现实中却存在问题。制度是由人制定的，而在不对称的合作关系中，制度肯定是由强势一方主导下制定的，并且一定是以强势一方约束弱势一方为主要内容的，所以试图以制度来约束不对称的人事必然造成很大的问题，要打很大的折扣。因此，如果从保护弱势一方在不对称合作中的权益角度看，制度型正式合作并不必然比自发的非正式合作能体现出更大的公平。反过来，从强势一方防止弱势一方在合作中的搭便车行为，制度型正式合作比自发的非正式合作倒可能具有显著的优势，但是反过来却不一定成立，也就是说不一定能有效约束强势的一方。因此，合作发展到一定阶段，特别是当合作收益明显上升并且真实产生以后，制度型正式合作就常常取代自发的非正式合作成为主要形式。

关于制度与合作关系中更重要的一点就是我们在前面已经提到过，制度合作可以解决合作中信任的主观性，从而保证合作的有效性，因此制度合作成为合作的最高阶段。但是，我们在后面还会提到，制度合作作为合作的最高阶段，反过来说也是合作的终点阶段。因为再向前走，协同配合行为的强制性就会得到进一步的强化，合作就背离了自发性、自主性和自愿性的特征。这一点对于理解合作的本质至关重要，只是这将成为我们在后面章节中强调的重点。

四　合作与治理：从公司治理到全球治理

由于在现实中合作是不对称的，在合作中就很可能存在权威，会形成制度，甚至还会出现组织。但是，自发性、自主性和自愿性作为合作的根本特征依然是保证合作续存的关键。因此在合作中，不论是制度还是组织，在形式上至少还应该是以保证自发、自主和自愿为前提，因而不能是强制的，这意味着合作各方至少在形式上应该是平等的。所以，合作治理就成为合作组织与合作制度的核心。这首先就涉及对治理的理解和治理的定义。

那么什么是治理呢？治理与组织、权威和管制（以及统治）有什么联系和区别呢？为什么在合作中我们更强调治理？或者说为什么治理理念更适合运用在合作分析中？合作治理与不对称合作是什么关系呢？显然，明确治理的概念对于我们理解合作可能是非常重要的。

在经济学上，治理常常与公司治理联系起来，宏观经济治理则是最近十多年来才出现的提法。所谓公司治理，就是协调公司利益相关者之间的利益分配，而对于一个公司来说，最重要的利益相关者就是股东①，这可能也是后来在国际关系讨论中常常将利益相关者称为steak holder的原因。股东之间的治理问题是最具有典型意义和代表性的公司治理问题。说它具有典型意义主要是因为各国公司法都规定股东之间同股同权。尽管事实上股东的持股比例有大小，但公司是股东合作创立的，如果大股东明目张胆地依仗自己的股权优势一意孤行，那么就不会有小股东参股，公司就变成了大股东的独资企业而不再是公司了。因为，保护中小股东权益始终是公司治理的核心。从中文的字义来说，公司就意味着公众管理，而公共管理的前提首先就是所有主体的平等。从公司的英文词义来说，公司（cooperation或者incorporated）就是共同运作或组成为一体的含义。既然同股同权，股

---

① 在此之外，公司内部还有股东与债权人之间、股东和管理层之间的治理问题，以及公司内部利益相关者与公司外部利益相关者之间的治理。但是这些利益相关者之间的利益协调，由于或多或少地存在着不对称权力结构而不具有典型性。

东之间都是平等的；既然大股东不能依仗股权优势独断专行，那么既要维持大股东的权力，又要不能动辄依仗大股东的持股优势滥用权力①，就必须采取不同于单纯仅依仗持股优势，实施强权统治公司的简单治理方式。在这个意义上，公司内部股东之间的不对称合作就要寻求一种不总是使用股权优势的利益协调方式。

旨在协调股东之间利益冲突的公司治理与国际无政府状态下的全球治理有着很大的相似之处。在国际上也存在建立在大国和小国事实上的权力差距，但是从理论上说，国家不分大小，在主权上是一律平等的。所以，尽管在现实中也存在不对称的权力，但是不对称的权力要维持它的合法性也要求不能动辄滥用权力，必须谋求一种与国内统治不同的国际协调机制。其实即使在国内治理方面，正如让－皮埃尔·戈丹在《何谓治理》所强调的，现代治理的“视角集中于权力已经更为多极化的所有政治层面，这种多极化的原因有国际关系的重组、中央集权国家的相对化以及在公共行为中行政当局和企业之间的消除隔阂”②，并且这种多极化存在于包括政府在内的各类社会主体之间的互动之中。

按照让－皮埃尔·戈丹的解释，在法文中，gouverne（指导和指引）、gouvernement（统治和政府）以及 gouvernance（治理）这三个词都源于 gouvernail（船舵），逐渐引申出选择航向，并不断根据变化的自然环境持续调整和修正的含义，体现出了意志的作用。但是实际上直到中世纪末期，这三个词的意义还是等同的，并且可以相互替代使用。不过后来 gouvernement 逐渐代表了统治的理念，也就是等级化的权力、垂直和自上而下的指挥关系，和以整齐划一的方式推行代议制等概念联系在一起，与对国家的整体性视角密切相关。而到了

① 这里我们也看到，在公司治理中如同在国际关系中一样，大股东权利大，甚至处于霸权地位，但是为了维系小股东留在公司也必须限制自己权力的使用以维持自身霸权的合法性。反过来说，如果大股东的霸权表现出明显的不合理性，那么小股东离去也就使得大股东变成孤家寡人而无从谈霸权了。

② 参见让－皮埃尔·戈丹《何谓治理》，社会科学文献出版社 2010 年版，第 21 页。

17—18 世纪，治理成了关于王权和议会之间讨论权力平衡的重要内容。[①] 而现代治理的概念则是对现代谈判现实主义的最直接呼吁，关注的是行为体之间的协商，让人感到重读联合国宪章的味道。而切姆佩则将治理的本质说得更透彻："在我看来，'治理"的意思是指在没有法律效力可借助的情况下办好事情的一种能力。伊斯顿学派认为，在政府能强制进行价值分配的地方，治理就能用非强制但行之有效的方式来分配他们。不同之处在于，政府凭借法规，治理依靠权力。由此而言，国际体系其实就是一种治理体系。"[②] 从这个意义上说，国际合作所依据的协调机制就是治理机制而非规制，甚至不直接是权力机制。但是，不可否认的是，在治理机制背后依靠的权力机制是一种客观存在，并且时时或明或暗有意无意间露出它的獠牙。

治理是在各方利益相关者之间和内部边界不断模糊、相互影响不断增强的情况下进行有效管理的方式。它所偏重的管理机制并不依靠政府的权威或制裁，相反，它所创造的结构或秩序不能由外部强加，它是靠所有利益相关方的互动来发挥作用的。从这些机制和过程来看，治理所追求的与其说是秩序，不如更明确地说是在共同目标支持下协调的集体行动。其实在结果上，治理与统治可能并无二致，差异只在于权力的运用方式。统治是直接地和强制地使用权力，而治理则是权力的软运用和巧运用。特别需要强调的是，治理虽然也需要权威，但是这个权威却不一定是由合作中的强势方直接主导。在公司中，董事长不一定由大股东出任，而在国际协调中，协调人也不一定是强势大国。虽然我们不能想象最终的结果将会偏离强势方的利益太远，但是这样的过程却可能在形式上出现了明显的变化。

最后我们还有必要强调一下，治理的前提是平等的地位，而合作

---

① 显然，从权力制约的角度讲，王权与议会之间（包括此后政府与议会之间的关系）就如同公司董事会与股东大会，或者管理层与董事会的关系类似，尽管后者具有更大权力，但是正如人类社会运行的一般准则一样，它们之间还是以寻求合作为主，而很少发生直接冲突，或者直接否决前者，因此它们之间的关系就更多的是一种后者对前者治理的关系。

② 恩斯特－奥托·切姆佩：《治理与民主化》，载罗西瑙《没有政府的治理》，江西人民出版社 2001 年版，第 289 页。

是不对称的。在这种情况下，合作理论中的协调还不是治理的问题。在合作认知下，合作各方为了维持合作，都会尽量地相互沟通甚至妥协，而不是以在冲突中取胜为最高目的，特别是强势一方要维持它的不对称权力的合法性也不能动辄滥用权力，因此必须谋求一种与统治不同的治理方式。也就是说，虽然合作不是对称的，但是合作的方式却应该不是直接的强权统治，而是治理。

五 主权与国际合作

尽管我们在主体平等和没有法律强制的情景下对治理与合作的关系进行了说明，尽管我们也力图表明基于一致同意基础上的制度合作是合作的最高形式，但是就本书研究所关注的重点国际合作来说，还有必要说明主权与国际合作的关系。作为一种协同行动，合作是不是对国家主权提出挑战？

首先，我们要明确主权的含义。早在16世纪，法国政治思想家让·博丹就指出，国家区别于其他社会组织的根本标志就在于它拥有至高无上的主权。国家主权具有绝对性、永久性、不可让渡性、不可分割性和不受侵犯性。主权包括立法权、宣布战争与缔结条约权、任命官员权、最高裁判权、赦免权、铸币权和税收权等。① 博丹的主权观点后来变为了威斯特伐利亚体系的内容。但是，经济全球化的发展、全球问题的出现和全球治理的兴起对主权概念提出了挑战。特里芬就明确指出："经济一体化的支持者和反对者一般都同意，真正一体化的先决条件是成员国都要实质性地放宽国家主权。"② 从理论上说，有独立就有依赖。主权的相对性就是指主权的相互制约性以及受到国际法的制约，主权的形式和范围发生了变化。绝对主权开始受到质疑。

这种情况使得人们对主权的认识更加深入，更加集中于主权的核心含义。最新第9版《奥本海国际法》对主权的定义是："主权是最

---

① 参见让·博丹和朱利安·H. 富兰克林编《主权论》，李卫海、钱俊文译，北京大学出版社2008年版，第一书第八章和第一书第十章。

② 参见罗伯特·特里芬《黄金与美元危机》，商务印书馆1997年版，第137页。

高权威。这在国际上并非意味着高于所有国家的法律权威，而是在法律上并不从属于任何其他世俗权威的法律权威。因此，依照最严格和最狭隘的意义，主权含有全面独立的意思，无论在国土以内或在国土以外都是独立的。”① 据此，不少学者认为，因为主权是在国际法规定的限度内该国拥有的剩余权力，因此其外延不是一成不变的。② 但是主权的内涵是国家是独立的，不是其他国家的附属国，如果用独立来代替主权会好得多。③ 王铁崖教授则指出：“主权，即国家主权，是国家最重要的属性，是国家固有的在国内的最高权力和在国家上的独立权利。由于这种权力是不可分割和不可让与的，不从属于外来的意志与干预，因此，主权在国内是最高的，在国际上是独立的。”④

摩根索认为，主权是国家的一个必不可少的属性，独立、平等和全体一致同意原则被看成是主权的象征，他们与主权概念是同义词。但是，各国间的实际不平等以及他们的相互独立与被称为主权的法律地位没有任何关系。主权与国际法之间并不必然存在矛盾。主权不是不受法律约束的自由；不是无视国际法有关规定的自由；不是在国际法面前权利和义务的平等；不是在政治、军事、经济或技术方面的实际上的独立。他分析的一个重大问题是主权是不可分割的。不论是出于世界和平的原因，还是经济相互依赖，把部分主权让渡给国际组织，或者与这些国际组织共享主权，或者让国际组织享有优先主权虽然具有重要的象征意义，但却是违反逻辑的，在政治上无法实施的。因为如果主权是指最高权威的话，那么从推理上讲就不可能有两个或两个以上的实体同为主权者。在放弃主权的同时又试图保有主权，这是政治现实与政治意愿的矛盾。⑤

---

① 詹宁斯·瓦茨修订：《奥本海国际法》（第一卷第一分册），王铁崖等译，中国大百科全书出版社 1995 年版，第 92 页。

② I. A. Shearer: *Starke's International Law*, 11th edition, Butterworths, 1994, pp. 90 – 91.

③ 阿库斯特：《现代国际法概论》，汪暄等译，中国社会科学出版社 1981 年版，第 18—19 页。

④ 王铁崖主编：《国际法》（上册），法律出版社 1981 年版，第 67 页。

⑤ 参见汉斯·摩根索《国家间政治：权力斗争与和平》，北京大学出版社 2006 年版，第 342—359 页。

从前面对国家主权的定义来看，主权是国家的身份，而不是其中特定的权力。因此主权是无法让渡的。但是主权权利，或者说主权者的权利却是可以让渡的。换言之，主权在国际社会中体现为权利，那么这些权利，特别是部分经济权利是可以让渡的。当然，一个国家要融入国际社会，要进行合作，要彼此协调行动，不仅应该在互利的基础上让渡权利，而且更重要的是要在坚持主权的情况下让渡权利，就意味着是在平等的原则下，独立自主地作出让渡权利的一致同意的决定。也就是说，在国际合作中，国家要在坚持主权的情况下让渡一些权利，最重要的必须是在独立自主的情况下做出的决定。如果在合作中要受到制度制约，那么这个制度应该是经过一致同意的。而一致同意又保证了平等的原则。

摩根索特别指出，人们根据《联合国宪章》第 27 条第 3 款的规定断言只有安理会常任理事国拥有主权，而其他成员国已经丧失主权的，因为多数表决违背了平均代表的原则。但是他指出，一些国际行政组织中大多数表决票只能解决技术性事项，而技术性事项对各国政府之间以及各国政府与国际机构之间的权利分配是无关宏旨的。摩根索承认“《联合国宪章》第 27 条第 3 款的规定存在着国家主权被安理会取代的潜在可能性。……无论过去或可预计的将来，这种可能性都难以成为现实”①。

六　冲突、竞争与合作：共生与表里

如果说合作源于对合作剩余的追求，那么即使我们承认合作中的利他考虑，我们也无法完全回避合作中的冲突与竞争，因为只要合作剩余是一定的，那么合作剩余的分配就一定是一个零和博弈的过程。② 事实上，合作中的冲突与竞争，既可以表现在争取合作的努力之中，也可能反映在合作过程本身，更会出现在合作剩余分配或合作

① 汉斯·摩根索：《国家间政治：权力斗争与和平》，北京大学出版社 2006 年版，第 354 页。

② 我们在前面曾经反复指出，合作剩余的分配是一个零和博弈过程，如果合作收益是一种集体产品或公共产品，那么合作成本的分担则也是一种零和博弈过程。

成本的分摊中。因此，正如我们在前面指出的那样，合作需要协调，而协调本身就源于可能存在的零和博弈与冲突。

作为一个概念，冲突应该包括两个要件：存在利益或观念上的对立以及冲突各方对这种对立的感知。冲突的本意是争斗或公开对峙，不过现在常常表现在利益和观念方面的分歧或尖锐对立，而为了在冲突中取得优势，竞争又是不可避免的。达尔文用竞争来表达适者生存的思想，马克思则从社会冲突中看到社会进步的动力。但是，极端的冲突（暴力冲突）也会具有巨大的破坏力，给包括对冲突方、第三方以及整个社会，甚至造成影响深远的后遗症，如世仇报复行为以及承受心理摧残。毫无疑问，冲突是双刃剑，需要扬长避短。

冲突的客观基础在于稀缺性，由此形成了零和博弈的思维，而对可能到来的冲突进行准备又将导致安全困境。因此，普鲁特认为，冲突不仅包括公开对抗，还包括公开对抗的心理根源。“冲突意味着感知到的利益分歧，即当事人各方当前的期望存在矛盾这一信念。换句话说，冲突是这样一种信念，即如果当事人一方得偿所愿，那么另一方（或其他各方）就会蒙受损失。”① 也就是说，“在一方的利益与另一方的利益发生冲突之前，这些利益必须转化为愿望（aspiration），即一方努力争取或认为其必须获得某一事物的心理特征”②。当然，要使得形成冲突的感知最终形成还需要有三个条件：最主要的原因是利益，其次是强烈感受到违背自身的愿望，最后是非此即彼的选择。就“强烈感受到违背自身的愿望”而言，冲突双方的关系一定具有相对权力的模糊性认识、不公平的感受以及猜疑。而这三点实际都是根源于缺乏规范性的共识。③

虽然冲突和竞争可能是社会生活的本质特征，但是我们在前面已经指出，尽管一些冲突最终采取了直接争斗来解决，不过冲突并不是

① 参见狄恩·普鲁特《社会冲突：升级、僵局及解决》，人民邮电出版社 2013 年版，第 8 页。

② 普鲁特的这种定义大概是建构主义的一种典型例证。

③ 因此，作为冲突的反面，合作的前提一定是合作者之间具有观念共识，包括对合作剩余以及对合作收益分配公平性（即纳什公理）的认识。

日常生活的常态。冲突无所不在，然而认为互动必然引发冲突，或者冲突通常会呈现出剧烈升级的态势，那也是错误的，至少是片面的。冲突不仅意味着激烈的、极端的暴力冲突，也可以意味着分歧和潜在或公开的对立状态。也正是因为这个原因，我们才可以明确地说作为常态的合作包括冲突，也就是包括分歧以及潜在的或公开的对立，只是不包括极端的暴力冲突，因为极端的暴力冲突肯定不是常态。

就作为社会单位的人来说，总是努力彼此协调，适应社会规范。在国际体系中，国家与国家，国家与国际社会也一样。弗洛伊德的理论反映的就是个体的成长和洞察力的获得均来自了解和应对内部与外部冲突过程中而进行的内心斗争。理性“可以分析感知到的利益分歧的源头，以及思考这种感知对策略选择和冲突结果的影响”①。直接争斗是冲突模式的一种基本策略，但是让步（yielding，降低自身的期望值）、回避（avoiding，不卷入冲突）和问题解决（problem solving，在让步基础上寻求能满足双方愿望的解决方案）也都是管理冲突的方式。在此基础上，合作也可能是一种更理想的管理冲突的手段。

基欧汉在《霸权之后》中指出：“在和谐盛行的地方，合作是不必要的。”“和谐是指一种状态，在这种状态中，行为者的政策（追求自身利益而不考虑其他人）能够自动地促进其他行为者目标的实现。”“合作并不意味着没有冲突，相反，它显然是与冲突混合在一起的，并部分说明要采取成功的努力去克服潜在或现实冲突的必要性。”②“合作只会在行为者认为他们的政策处于实际或潜在冲突的情况下而不是和谐的情况下才会发生。合作不应该被视为没有冲突的状态，而应该被视为对冲突或潜在冲突的反应。没有冲突的凶兆，也就

① 参见狄恩·普鲁特《社会冲突：升级、僵局及解决》，人民邮电出版社2013年版，第9页。

② 本书作者注：这种必要性可能就是来自基欧汉与奈在《权力与相互依赖》中所强调的相互依赖，尽管这种相互依赖是不对称的，因此这种相互依赖关系本身就是一种形成权力的关系。

没有必要进行合作了。”[1] 在这个意义上，“合作是高度政治的”。

按照艾维榭·马格里特在《妥协与卑劣妥协》中对政治的理解，政治是妥协的艺术。那么如果说合作是高度政治的，合作也就是妥协的结果。因此，基欧汉也说：“合作需要通过谈判的过程（即我们常说的政策协调）将各个独立的个体或组织的行动（并不是处于先在的和谐状态）变得相互一致起来。……通过政策协调过程，当行为者将它们的行为调整到适应其他行为者现行的或可预测的偏好上时，合作就会出现。”[2] “当行为体为了回应或预期其他行为体的偏好而调整自身行为时，合作就可能产生。”[3]

因此，合作起源于冲突和竞争，是对冲突和竞争的一种管理。因此，“合作涉及相互的调整，而且，合作也只有在冲突或者潜在的冲突状态中才能得以实现”[4]。不对称权力的存在可能促进合作，正如基欧汉所说，“导致合作的政策协调并不总要涉及谈判或协商，适应性的调整是指一个国家也学会在不考虑其行为可能对另一个国家造成影响的情况下，按照其他国家的偏好来改变它的政策，或者服从另一个国家，或者局部的对政策做出转变，以免对它的伙伴造成消极的后果”[5]。在这里，我们可以看到权力在合作中作用。但是，权力却不等于强权或霸权。阿克塞尔罗德就曾指出：“合作理论是基于对追求自身利益的个体的研究，而且这些个体中并没有什么中心权威强迫他们相互合作。个体追求自身利益，彼此之间的合作便不完全基于对他人的关心或对群体利益的考虑。”[6]

建立在私利基础上的合作，其核心是对合作回报的认知在多大程度上可以取代单独行动和竞争获利的冲动，使合作的动力或收益超过单独行动的动力和收益。这首先是一个对合作剩余的认知过程。但

---

① 参见罗伯特·基欧汉《霸权之后》，上海人民出版社 2012 年版，第 53 页。

② 同上书，第 51 页。

③ 参见詹姆斯·多尔蒂和小罗伯特·普法尔茨格拉夫《争论中的国际关系理论》，世界知识出版社 2013 年版，第 535 页。

④ 参见罗伯特·基欧汉《霸权之后》，上海人民出版社 2012 年版，第 63 页。

⑤ 同上书，第 53 页。

⑥ 罗伯特·阿克塞尔罗德：《合作的进化》，上海世纪出版集团 2007 年版，第 5 页。

是，只要承认合作的基础动机依然是对私利的计算，那么在合作中的竞争和冲突就依然是不可避免的。不仅合作起源于冲突和竞争，甚至在合作中还会出现新的冲突和竞争：在效用可转移的情况下，对合作剩余的分配会产生新的冲突和竞争，在合作收益是公共产品的情况下，合作成本分摊也会产生新的冲突和竞争。要进行合作，就必须管理这些冲突和竞争，就要充分了解各方的动机、诉求和意图，克服信息不对称带来的问题。为此，就必须进行频繁往复的交往，在重复博弈中相互了解，才可能建立彼此在管理合作冲突和竞争以及进行行为协调的信任关系，才可能出现合作。

第三节　合作的完整范畴

通过上面的分析我们已经可以看出，合作涉及很多概念、现象和领域，可以从不同的角度展开分析。合作是一个非常复杂的问题。在此，我们有必要进行归纳和总结。

一　合作的分类与合作的特征

从理论逻辑的起点看，合作是不同行为体之间为了获得合作收益而进行的配合行为。

从合作收益的角度看，合作既可以是 X + Y 式的，也可以是 XY 式的。X + Y 式的合作属于锦上添花合作，如经营同种产品，从事同一活动的企业展开合作，追求规模经济效应，因此也是并联式，有则更好，无亦无妨。XY 式的合作属于创造性合作，如拥有不同资源的企业间展开合作，不仅能给合作者带来利益的增加，而且还能够通过优势互补带来单纯依靠一方活动所无法取得的利益。锦上添花的合作收益明显，但是不会从根本上影响合作各方的独立性，因此对这样的合作担心较少，且容易达成。互通有无的产业间贸易就属于这种合作。对于创造性合作而言，由于合作收益是单独依靠任何一方都无法实现的，因此是全新的，这种创造性的合作对双方的吸引力就比锦上添花的合作要大，而且更稳定，因为失去一方的配合另一方就无法获得这种收益。不过，这种合作也会增加双方的相互依赖。[①] 通过组建国际生产网络开展产业内贸易或产品内贸易就是这种合作的一种典型表现。

由于国际关系可以归纳为合作与冲突两类，所以我们就将合作与冲突作为两极对立起来，并在中间形成一个连续的光谱。[②] 从极端的角度看，只要没有发生极端冲突，只要还存在克制，那么同盟是合作，绥靖也是合作；维持是合作，避免冲突也是合作；遵守制度是合作，搭便车也可能是一种合作。简言之，不反对，甚至不扩大冲突就都是合作。因此，在竞争和冲突中都可能有合作。这样，合作的外延就会得到极大的扩展。

如果我们从超越冲突的视角来观察不同合作，对合作的阶段和层次的划分应该更能反映出合作本身的特征。不论是初级合作还是高级合作，也不论是基于理性认知的合作还是基于现实收益的合作，往往能更直接地表现出合作的特征。

初级合作可以包括原始人之间配合狩猎，也包括基于阿克塞尔罗德和谢林所分析的对手之间的默契或默式谈判之上的合作，还可以包括产业间贸易以及维持均势的行为。[③] 初级合作在大多数情况下是锦上添花式的合作，合作双方没有利益上休戚与共的依赖关系，但是合作收益非常明显和直接，因此不需要参与方之间的深入交流，只要基于自身理性认知和由己及彼的推断，加上之前博弈中对彼此出现默契的理解而形成默契。也正是由于这个原因，合作者之间信任程度不高，行为存在随机性[④]，合作的状态很容易破裂。但是在初级合作

① 而且按照基欧汉和奈的看法，这种相互依赖一定是不对称的，所以一定是合作中权力的来源，使得合作的不对称性进一步提高。尽管如此，只要我们假定福利是不可逆的，那么这种合作也是不可逆的，至少是会努力避免福利的波动的。合作一旦破裂带来的震动就会非常大。原始人合作狩猎就是这种合作的例子。作为一种社会形态、生产方式或者说生产关系，不会因为合作个案的问题而普遍退回到没有合作的社会。

② 按照后面的分析，我们可以把冲突的极端状态定义为极端冲突（暴力冲突），把合作的极端状态定义为元合作。

③ 力图打破均势的行为，比如军备竞赛可以看成一种潜在的冲突状态。在这个阶段，合作的因素和色彩就已经变得非常脆弱、非常微弱了。

④ 比如谢林在《冲突的战略》第 9 章和第 10 章中重点分析的突袭问题。

中，合作的自发性、自主性和自愿性表现得最明显，也最能表现出合作行为的本质特征和内在矛盾。在一方面，初级合作符合合作必须是基于自愿性基础上采取行为的特点；但是在另一方面，虽然合作双方平等程度高，自发性、自主性和自愿性使得合作的协调程度却不高，加之信息沟通不充分，可能是处于纳什均衡状态的合作。初级合作作为一种被现实收益引致的合作，在理性基础上使用新古典经济学和现实主义的逻辑框架就可能给出解释。

相比之下，相互之间依赖程度更高的创造性合作可以被视为高级合作。高级合作更多的是建立在理性基础上的，特别是建立在参与方之间对合作理念的认同或建构之上的，而且更重要的是交流充分，甚至在成本分担、收益分配以及合作秩序维护方面达成共识。因此，高级合作常常能够在参与者之间实现较好的协调以进行更有效的配合，甚至在合作中建立了明确的规则和监督权威，使得合作中的配合与协调能够得到制度的保证，因此合作协调更有效，稳定性也更强。不过与此同时，合作中不对称性却更强，自发性、自主性和自愿性这种合作核心特征就被冲淡了，但是却更能显示出我们在本书中所研究的不对称合作特征。

二　为什么在不对称条件下进行合作：多边合作与合作竞争

从追求合作收益的角度看，合作中的利他假定和利己假定冲突的调和倒不难理解，特别是当我们引入重复博弈和组间竞争①的视角以后就更清楚，强互惠假说的提出又从个人效用函数的角度从根本上对利己假说提出了质疑。然而，问题在于明知合作双方是不对称的，由此造成的收益分配也是不对称的，而在明知难以通过合作改变与对方相对收益分配的弱势地位和权力对比的情况下，弱势的一方为什么还要合作？换言之，如果不对称合作导致了合作收益分配中的不对称，使得弱势一方难以在权力竞争中提高自己的相对收益并改善实力基础，那么为什么还会出现不对称合作？

① 组间竞争的视角实际上已经从个人主义的研究方法扩展到了集体主义的研究视角。

就这个问题而言，我们在第三章第三节已经做了初步的分析。对于合作中的弱势一方来说，参与合作首先是一种释放给所有潜在合作者的信号，即自己对合作理念的认同以及合作的意愿、对合作收益的理性认知与判断。由于合作必须是建立在合作双方对合作收益的认知和对合作理念的认同之上，这个信号的释放作为与第三方开展多边合作的前提是至关重要的，而且在初始合作中展现自己对合作收益的认知和对合作理念的认同并由此形成合作信誉也是同样重要的。

从这一点来看，不论是让第三方形成对己方的合作信任，或者是让第三方形成对己方行为的预期，也不论是通过交流得到的主观判断还是从其以往信誉进行的推测①，对于弱势一方开拓与第三方进行多边合作的可能性来说都是一个必要条件。更重要的是，第三方对己方行为的正确预期也是形成信任的一个前提。而信任，正如我们在前面分析的那样，对于合作是非常重要的。

事实上，在国际关系中，尽管在某个双边合作中，由于不对称性的存在，弱势一方很难通过合作改变与对方的相对收益分配劣势和权力对比，因此很难通过单局合作来改变自己在全球竞争中的地位。但是通过合作展示出的意愿，弱势一方可以通过扩展合作范围，甚至开展合作竞争，从而在多个合作中逐渐扭转弱势地位。因此，存在合作竞争也是弱势方参与合作的基本前提。反过来看，合作破裂的原因首先就应该是合作中不对称性的改变，造成了弱势方对合作收益分配条件的不满。此时，如果双方在不对称合作中难以达成妥协，则合作就难免出现破裂的危险。

不论合作是从低级到高级，从默契到交流，从纳什均衡到一般均衡，从自发、自主和自愿的合作到契约合作再到制度合作，从现实利益到理性认知再到观念建构，从消极被动到积极主动，合作的基本前提都应该包括以下几个方面：

1. 通过交流、信号或信誉，或利用强制性契约对合作方未来行

---

① 基于交流产生的信任对合作是如此的重要，以致在博弈理论中有观点认为只有存在信息交流的博弈才是合作博弈，而没有信息交流的博弈是非合作博弈。

动的预期和了解形成双方对合作理念的认同并由此产生信任，尽管这一般是一个主观的建构过程；

2. 对合作收益的认知，尽管这不可避免的是基于对合作收益的现实主义考量，而且更加重要的是在不对称合作下对合作收益的认知；

3. 合作者的数量。这包括两个方面，一个是合作关系内部参与者或利益相关者的数量，另一个是建立不同合作关系的潜在合作方的数量。[①] 前者涉及防止搭便车行为的合作机制的设计，而后者则直接关系到合作竞争对合作行为信号效应的影响和行为本身的决策。

三　合作的几个基本特征：元概念分析

从上面的分析中，我们可以从不同角度得到对合作的认识、判断和定义。这些认识、判断和定义也可以从不同的角度来阐述作为元概念的合作的几个基本特征：

1. 合作是建立在对现实利益[②]考量的基础之上。从经济学角度看，合作追求的就是经济利益；而从国际关系的角度看，合作追求的就是国家利益。因此，与联盟类似，国际合作可以不受意识形态的影响。在这个意义上，为了合作，为了获得合作剩余，就完全可以，也应该做到“道不同而相为谋”[③]。第二次世界大战中美英与苏联的结盟就证明了这一点。同时我们也必须看到，随着各方追求利益的变化，永恒的合作也是很难存在的。从这个意义上说，相对于冲突来说，合作又是暂时的。

2. 正因为合作是建立在对现实利益考量的基础上，所以合作不应该被视为一种没有冲突的状态，相反而应该被视为一种对冲突或潜

---

① 鲁滨孙和星期五的关系与其说是合作关系不如说是一种权力关系，而事实也是如此。因为在这样孤立的关系中，鲁宾孙没有其他潜在的合作对手，也就没有必要考虑合作竞争问题，也就更没有必要考虑其行为的信号效应。

② 这种现实利益可以是长期的，也可以是短期的；可以是确定的，也可以是不确定的；可以是直接的，也可以是间接的。

③ “道不同，不相为谋”在《论语·卫灵公》中的意指君子与小人由于志向不同而不能共事，并在此后成为君子的处世准则，然而胡适到台湾以后尽管也对蒋介石心存不满，但是依然避免与蒋冲突，提出“道不同而相为谋”的行为准则。

在冲突的反应。合作也是一种博弈。基欧汉就曾经说过：合作是高度政治的，和谐是非政治的[①]，是一种避免冲突的妥协，使一种建立在合作双方共识基础上的强政治行为。在不对称的世界中，没有冲突的和谐只能是一种屈服。与 Amy Gutmann 和 Dennis Thompson（2012）有关民主是伟大而审慎的妥协的观点相似，合作也是建立在伟大而审慎的妥协之上的。[②]

3. 合作首先是一种理念。我们在此作出这个判断并不意味着我们认为合作仅仅是一种主观的愿望，我们必须认识到这种愿望产生的现实利益。[③] 但是反过来，我们在此还要强调的是仅仅有现实利益是不够的。也就是说，既要看到促成合作的现实利益，也要充分认识到促成合作主观愿望的重要作用。现实中合作的实现意味着在合作双方都一定存在着合作的理念，是建立在对合作剩余及其分配方案的认知建构之上的，并且这种认知建构无论是出于现实主义的考量还是理性主义分析的结果，都不应该是外部强制的结果。即使存在共同利益，对合作认知的共识在避免冲突和促成合作的过程中是至关重要的。知觉还是错误知觉对于现实利益互动是将走向合作还是走向冲突也是一个不可忽视的因素。因此，我们在这里要特别强调的是，认知建构和共识是基于现实利益的理性思维，也是基于现实利益的理性判断。这个理性的判断是合作的先决条件，而信息沟通和共有知识又是形成这个理性判断的关键。

4. 在前面我们对合作的语义进行分析时已经指出，不论是中文还是英文，合作本身都是一个复合概念，即由“合”与“作”两部分组成。“合”是合作的元概念（meta - concept），“作”则是“合”的表征。也就是说没有“作”，“合”本身只是一个意愿和观念而不

① 参见罗伯特·基欧汉《霸权之后：世界政治经济中的合作与纷争》，上海世纪出版集团 2012 年版，第 53 页。

② Amy Gutmann and Dennis Thompson, *The Spirit of Compromise: Why Governing Demands It and Campaigning Undermines It*, Princeton University Press, 2012. 而我们在这里还要强调的是，正如我们在第三章第二节中谈到的那样，合作需要妥协，但是不能是卑劣妥协或绥靖。

③ 对于合作的客观基础或合作的现实主义视角分析，我们将在下文进行论述。

能作为一个客观研究对象。但是，如果没有“合”，也就不可能有协调配合的“作”。所以，合作的关键不是“作”，而是“合”。尽管协同有客观协同与主观协同，但是合作首先是一个主观协同的过程，只有主观的协同之后才能有客观的协同行动。在这个意义上，我们甚至可以说合作是一种主观的动机，但是这种主观要通过客观行动体现才能得到确认。因为客观的合作结果本身不是合作，仅仅是合作的结果而已。动物界的无意识合作并不是本书的研究对象。米尔斯海默就曾经指出，合作意味着一方具有利用对方的强烈动机。[①] 因此，从合作行动的本意，或者是合作的概念来说，合作与集体行动有着明显的差异。合作是自主的协同，而集体行动则可能源于单纯的共同利益。由于集体行动缺乏合作的观念建构，单纯受到共同利益驱动的集体行动才缺乏协同行动的自主意识，才会出现搭便车问题。而在合作的元概念中，“合”本身是不存在搭便车的逻辑的。

5. 合作是自主的行为选择。合作不是强制的，是自发、自主和自愿的，是在拥有行动自由度条件下的自由选择行为。合作体现了理性的自主性，即使是在不对称合作中存在的权力也不能是强制的权力，而更多地表现出权力非强制性的特征。制度合作是合作的最高阶段，也是合作的最后阶段。在此之后，制度合作不对称性的强化将使得合作偏离它的基本特征。

6. 合作是一种信任行为。合作收益常常是一种公共产品或俱乐部产品，并没有明确的归属，存在利益相关方搭便车的可能性，也正是因此才引发了合作行为的利他主义与经济学利己主义的矛盾。高级合作是在初级合作基础上发展起来的，而初级合作是没有制度制约的配合行动，是自主的行为。因此，初级合作没有约定却一定有默契，没有承诺却一定有共识，没有强制却一定有自律。由于合作行为一定是为了取得预期的合作收益而先付出成本，因此在没有制度约束的情况下，合作行为的发生也一定是基于信任。

最后，我们还有必要对合作给出一个归纳性的定义。我在本书中

① 参见约翰·米尔斯海默《大国政治的悲剧》，上海世纪出版集团2008年版，第52页。

给出的定义是：合作是各方基于现实利益考量的驱动，以对合作的观念建构①为基础的理性协同行为。

四　不对称合作：作为一种现实理论的合作

在前面对合作概念的讨论中我们将合作定义为一种配合行为。这是因为我们在对合作进行考察时主要从每个合作方个体的角度进行分析得到的结论。如果从合作本身，或者说从合作群体的角度看，合作就是一种联合行动，或者说是一种有协调的联合行动。那么问题在于个体之间是如何实现协调的呢？尽管元合作的概念保证了各方参与合作的自发性、自主性和自愿性，但即使合作各方都有合作的意愿也并不能保证由合作各方自发、自主和自愿的行动整合起来的合作行为从整体上看就一定是协调的联合行动。没有合作各方彼此协同的联合行动，就没有合作。

20 世纪 60 年代出现的自组织理论似乎为合作协调的产生给出了一个答案，而在某种意义上，阿克塞尔罗德对合作演化的研究也为自组织理论提供了一个证据。但是，有关自组织理论的几种假说都强调了在自然演化的某个阶段、某个时点或者某种状态下的非线性特征。因为如果在一个混沌系统中一直维持各个因素之间的线性机制，就只能一直维持混沌，就不可能从无序走向有序。而各因素之间相互作用的非线性特征就是我们一直强调的各合作方权力及权力基础上的非对称性。事实上，不论是自组织还是对合作各方配合行动的协调，都必须依靠这种不对称以及建立在这种不对称之上的权力。

在第三章，我们从几个角度对不对称合作进行了分析，说明了合作本身必然具有的不对称性质合作。② 与自然界和社会的自然演进不同，现实中的合作以合作剩余作为基本考量，而现实中的合作又一定

① 这种建构包括对合作剩余的认知以及对合作剩余不对称分配方案的认同。

② 以塞亚·伯林对自由主义的研究使他最终写出了《自由主义及其背叛》，笔者在本书中对合作的研究在将自发、自主和自愿确定为合作的基本特征以后又不可避免地推导出合作的不对称性与合作中的权力问题，因此，本书的书名也可以是《合作及其背叛：合作的不对称性》。

需要协调。所以，一旦出现了合作，就一定需要合作各方的授权①：授权协调和授权惩罚。现实中的合作绝大多数是不对称合作，因此，只要我们从合作的元概念走到现实的合作逻辑，那么也就一定会从元合作概念进入不对称合作的理论。

换一个角度看，合作是一种社会关系的状态，一种在形式上比冲突更为常态化的关系状态。而作为一种社会关系，合作关系也难逃权力竞争的魔咒。而权力本身也正是一种处于相互依赖中的不对称关系。合作是一种相互依赖的结果，合作也就必然包含了不对称、权力和权力竞争。

摩根索在《国家间政治》中指出："在两国或多国的合作中，利益一致并非都一定要求用盟约的法律性条款将合作的内容予以详细的规定。只有当共同的利益在政策和行动上体现得不充分时，才需要借助联盟条约使之明确和有效。"② 因此，联盟不一定结盟，而只有联盟比较松散的时候才有结盟的必要。这个观点对于合作也很具有启发性。正如我们对合作的元概念进行的分析那样，在合作的元概念中，并不包含搭便车的问题。真正的合作不需要制度来保障，而当合作演变到制度合作这个合作的最高层次（也是最后的层次）的时候，合作的真正含义已经下降了。基欧汉在《霸权之后》中也明确写道："合作并不意味着没有冲突，相反，它显然是与冲突混合在一起的，并部分说明要采取努力去克服潜在感，现实冲突的必要性。"③ 因此，在不对称的现实世界中，从合作的起源到合作的维持，各方都不仅不可能是没有冲突的，而且也不可能在事实上是完全平等的。在这个意义上，合作是权力竞争的一种聪明方式，是不对称条件下权力竞争的前奏和延续，是多边制约条件下权力竞争的一种形式。甚至在合作过程本身，也有维持现状和争取不对称

---

① 即使我们承认合作各方在合作开始前存在不对称，但是要进行协调，首先就必须解决协调人的合法性。授权就是使协调人取得合法性的一个重要途径。

② 摩根索：《国家间政治》，中文版，北京大学出版社 2006 年版，第 221 页。

③ 参见罗伯特·基欧汉《霸权之后：世界政治经济中的合作与纷争》，上海世纪出版集团 2012 年版，第 53 页。

转换的权力竞争。

当然，不对称合作也不等于霸权合作。不对称合作涉及权力问题，但是权力并不必然等于霸权。合作无法回避权力的不对称，但是如果不对称合作中的权力变成了霸权，也就彻底背离了元合作所要求的基本特征，没有了自主性和自觉性，而变成了一种外在的胁迫。因此，合作的元概念要求各方至少在形式上是大体平等的，这个特征不会因为现实中合作的具体形式而出现根本性的改变。强权下的屈从不是合作，霸权下的强制也不是合作。我们特别需要指出的是，制度合作必须是建立在一致同意基础上的制度合作，而不能是外部强制的。在这个意义上，制度合作不仅是合作的高级形式，而且也是合作的终极形式，因为在制度合作基础上再向前推进，就很可能变成了制度强制下的配合行为，从而偏离了合作的原意。

总之，正如冲突是从对立预期开始，合作也是从对另一方配合的预期开始，并且是以整体协调为特征，以组织机制为核心，但最终以契约强制为顶点，亦为终点。

五　对合作范畴扩展的理解：一个归纳性说明

作为一个完整的概念范畴，对于合作的研究至少应该明确现象范围、初始假定、基本概念、逻辑悖论、特定理论、检验方法和理念选择等七个部分。① 事实上，对于这七个部分的说明和阐释，也不可避免地将涉及合作的动因、发生、特征定义、影响因素、障碍、维持条件、客观效应、协调机制与分配方案的确定等诸多方面，更涉及对合作均衡状态的判定。本书试图从经济学和国际关系理论两个角度去研究合作。

1. 现象范围就是理论的适用范围和边界。适用越广的理论越抽象，越难于进行完整而全面的把握，因此我们在本书中对合作这样一个适用边界非常宽泛的研究课题，必须加以限定。

---

① 有关这方面的论述，请参见张宇燕、李增刚《国际政治经济学》，上海人民出版社 2008 年版。

从广义上说，合作不仅是人类社会的行为现象，也是动物世界的普遍现象。不论是一个群体还是一个社会，尽管冲突和竞争是演变和进化的核心特征，但是其续存和发展的常规状态都不是冲突而是合作。虽然竞争和冲突时时处处存在，但是不可能时时处处表现出无序的竞争和冲突。虽然冲突和竞争是生物界和人类社会发展的动力，但是这并不意味着冲突就一定是常态，也不意味着竞争就一定会走向极端冲突，甚至竞争也不一定会走向冲突，而可能会走向合作。事实上，不论是在生物界还是人类社会，如果常态就是无序冲突则后果是无法想象的。极端冲突是一种无序的竞争，而竞争的常态状态却应该是有序的。从最基本的意义上看，每一个个体对秩序和规则的遵守就是一种合作行为，就是按照秩序和规则的要求，克制自身的冲动，通过大家的相互配合与协调的联合行动而达到有序的状态。合作是一个具有一般性意义的社会和生物现象。合作是一种自觉的行为。虽然对无意识合作的研究可能是生物学家对合作起源研究的起点，但是毫无疑问，人类社会的合作要远比生物界的合作更复杂。

本书是在研究人类社会合作的基础之上，重点研究国际关系中的合作现象，也就是以国家间的合作为研究对象。尽管这项研究的最终落脚点还将放在对国际经济关系的理解上，但是重点还是从在国际政治和国际经济中都广泛存在的合作现象入手，从国际经济关系和国际政治的视角来理解国际关系。当然，本书的研究还仅仅是以阐明一般合作理论的导论为目的。

2. 初始假定在一般情况下是作为理论硬核出现的。初始假定不需要证明，但是作为理论研究的起点却在逻辑上决定了最终的结论。

政治人的基本属性一般被定义为社会性，政治人假定下人的行为是一种社会行为。不论是理性主义、现实主义还是建构主义仅仅是对这些社会行为的不同解释，有些强调了合作，有些强调了冲突，有些强调了认知，但是这些行为最终都是以权力竞争为目的的。由于权力是一种关系，权力竞争就是一种零和游戏，一方权力的上升就意味着另一方权力的下降。所以，从本质上说，政治学对冲突的研究要比合作的研究更深刻。在国际关系中，只要接受国家间权力竞争的假定，那么寄希望于通过合作来化解冲突显然就显得有些乐观了。但是，在国际关系中合作依然是常态，所以我们必须看到的是，合作也只是竞争的一种方式、进行权力竞争的一种手段。

相比之下，经济学对经济人的基本假定是逐利。尽管经济人也是社会人，因此也是政治人，也处于人与人，或国家与国家的关系之中，但是在经济学视野下的逐利过程却既可能是零和的，也可能是非零和的，或者说可能是帕累托最优的。这就为经济人的合作留下了足够的空间。事实上，合作剩余的概念就常常是帕累托最优的过程。

尽管我们不否认政治人和经济人都追求目标函数的最大化①，但是他们在追求目标函数最大化过程中，零和与非零和性质上的差异要远远大于他们追求目标函数最大化的共同特征对其行为的影响。也就是说，在对合作问题的研究中，政治人和经济人都追求目标函数最大化的共同特征并不是需要我们重点关注的基本假定。相反，政治人和经济人假定下人的行为的零和与非零和性质才是我们应该强调的基本假定及其差异。

3. 基本概念作为初始最小的定义单位，是构成理论逻辑推导的起点。

合作的概念核心，或者说元概念，在于对合的理解。

从经济学的角度来理解合作的概念，合作就有可能是双赢的。因为只要我们从合作前后各自绝对利益的水平来比较，从合作带来的生产率的提高来看，合作各方的配合就完全可能是自发的、自组织的，合作也可以超越权力竞争，各方都可以享受合作剩余。只要各方都关注自身绝对利益的增长，那么合作就会带来持久的和平，贸易和平论也由此而生。当然，如果从市场份额竞争的角度看，合作也变成与权

① 其实，简单套用经济学帝国主义的思路来归纳政治人的行为特征并将其定义为目标函数最大化本身也是值得推敲的。政治人行为的核心是权力竞争，但是权力本身的最大化有时并不是他们的目标函数。准确地说，权力竞争的核心是班扎夫权力指数的最大化。而班扎夫指数更清楚地反映出权力零和性质的复杂性。

力竞争一样的零和游戏，合作最多变成了竞争的另一种形式，一种在合作表象下的竞争。对合作背后竞争的认识就会取代对合作的理想化想象。当经济学分析专注于如何提高生产率，进而提高自身福利这样一个人与自然的生产力视角时，在合作的概念定义中就充满了提高绝对福利水平的希望，也就容易理解合作的出现。而当经济学分析关注到人与人的生产关系视角时，在合作概念的字里行间都充满了零和竞争的思维，合作的出现可能就成了一个谜。

4. 问题的提出是作为理论研究的基本动力，也决定了理论研究的基本命题。

从经济学的逻辑来看，合作要创造公共产品，而且要预付成本，但是只要合作剩余大于成本，或者多次博弈的总收益大于总成本，或者通过声誉的积累能够增加未来收益，甚至能够取得群组竞争优势，合作都可以在经济人的假定下得到合乎逻辑的解释。正如道金斯所言，合作动机完全可以在自私的基因中产生。

合作之谜也许不是源自斯密的经济人假定，而是奥尔森的搭便车者。搭便车者的出现才是对合作行为的最大威胁和对合作精神的侵蚀。对搭便车者的惩罚固然可以抑制搭便车的行为，但是惩罚搭便车的风险和成本又造成了二阶搭便车问题，并且可以合乎逻辑地推演出 n 阶搭便车的问题。这才是合作之谜！

由于只有合作才能够走出囚徒困境，那么只要存在沟通的可能性，只要彼此存在信任，只要博弈的重复的，那么合作就可能出现。但是问题在于只要合作剩余是一种公共产品，因此只要出现合作，就一定会出现搭便车，从而破坏了合作的秩序。那么合作究竟是如何发生的呢?

5. 特定理论就是元概念之间的逻辑联系。理论起源于概念，概念的逻辑演绎形成理论。

针对机体行动中的搭便车问题，奥尔森对搭便车问题给出的终极答案是选择性激励，实际上是通过增强各方的不对称性来克服搭便车问题。由于受到选择性激励的一方收益上升，就可以推动集体行动，降低搭便车者对合作的负面影响。但是，由于选择性激励是人进行选择、设计和执行的结果，所以就必须确立一个授权权威，从而在此后的合作中就引入了不对称。抑制集体行动中的搭便车行为并形成合作的另一个途径是授权惩罚，但是同样这也会在事实上造成合作中的不对称性。因此，为了维持合作，合作可能最终走向了它的反面。即使在合作开始时各方是对称的，但是在从集体行动到合作的演化过程中就一定内生出不对称，而由于存在合作各方的不对称，就可能会逐渐走向强权下的合作，并逐渐偏离合作的自主性本意。强互惠理论是解决合作中搭便车之谜的终极答案，即存在一些合作者不计成本、不计风险地惩罚搭便车者，从而有效地维护合作的规则和秩序。由于他们的目标函数已经超越了对合作剩余的单纯追求，直接包含了对合作秩序的维护动机，因此在通过惩罚维持合作秩序的问题上就不存在二阶搭便车和 n 阶搭便车的问题。①

不过幸运的是，从逻辑上讲，合作各方在合作关系互动中不断强化的不对称并不一定会妨碍权力的竞争或固化实力对比。不论合作方是经济人还是政治人，我们在第三章第三节最后一个小标题下的分析显示，弱势合作者在不对称合作中也不一定会长期固化在弱势的地位上。② 更进一步说，在国际关系的权力竞争中，决定竞争的也不一定是绝对权力，还可能包括相对权力，也就是权力指数。这样，甚至在短期内弱势合作方也可能通过成为获胜联盟的关键投票者而取得权力优势。这样，不对称合作就可能出现，不对称合作之谜也可以得到解释。

这就是合作理论逻辑中的确定性和不确定性，也是合作策略的精妙之处。

6. 本书对合作理论的检验方法主要是文献归纳、概念推导和逻辑演绎的方法。

本书对于合作的研究主要是在文献归纳的基础上，明确概念，然

① 但问题在于这些人目标函数最大化的是什么？按照经济人或政治人的假定，惩罚能够显示能力和权力，有助于他们在合作者中自然形成权力，最终成为领袖并给他们带来实际上的或精神上的满足。

② 我们将在第五章对此展开更详细的说明。

后通过逻辑推导展开分析。但是，相对使用经验数据进行的研究，逻辑方法的问题在于可能出现误设解释变量，或者出现遗漏重大解释变量的问题，同时也难以估计变量内生性的影响。不过，由于有关合作的一些概念难以量化，因此理论推导也只能适用逻辑方法。最多我们只能使用数理逻辑演绎的方法对一些问题进行理论推导。

7. 价值观念或政策选择

合作理论和理念首先是建立在理性主义分析之上的，这应该是所有知识的特征，也是知识成为人类文明的原因。作为合作的对立概念，极端冲突（战争）或者是因为双方的认知出了问题，对现实的判断失误；或者是因为知觉错误；或者干脆就是因为机会主义的动机。总之是理性的失败。

在这个意义上，合作的理念可能起源于对冲突后果的理性认知，而合作行动则始于不对称条件下的妥协。由于绝对的对称只存在于抽象的概念中，所以妥协是现实中不对称合作的第一步。妥协就是作出让步，而让步绝不是屈服或甘认弱势，而可能仅仅意味着不再采取直接的行动单纯以实现自身利益为目的而不再顾及对方的利益，从而加剧冲突。妥协可能常常也是追求跨期利益最大化的一种策略。合作是建立在约束直接追求自身利益行为基础上的一种配合行为。从这个意义上说，配合的前提也一定是作出让步和妥协。成本分担和收益分配是考量合作或进行合作决策的博弈过程，而默契或契约是对不确定性的固化，对合作行为的协调和惩罚进行授权则使得这种不对称性得到进一步的强化。但是，制度契约的建立也使合作失去了本来的自发、自助和自愿的特征，不对称性更加明显，最终使合作走向它的反面。

第五章　不对称合作与竞争：形式化的理论描述与模拟

尽管我们不能简单地认为单纯扩展的利益计算就能够促成合作的形成，否则我们就无法解释出于强互惠动机而惩罚搭便车的行为；尽管跨期的或扩展的合作剩余是合作出现的必要条件，但是扩展的利益计算无疑是促成合作的一个关键因素。合作毕竟要给双方带来合作剩余才可能出现。我们的分析就由此展开。

在本章，我们将使用数学语言来整理和表述合作机制，以便使我们的论述逻辑更清楚，同时也可以推导出有关合作与不对称合作的一些具体策略或博弈解。

第一节　合作的意愿度以及合作谈判：文献回顾

拥有共同利益群体的集体行动还不等于合作，因为这种集体行动可能只是自发形成的，缺乏刻意的配合，所以可能出现搭便车的问题，而从元概念的角度看，合作则是一种基于认知基础上的自主和自愿行为，因此合作本身就应该是克服了搭便车以后的集体行动。作为前提的合作认知既包括了对合作剩余的认知，也包括了对合作伙伴的认知，甚至还包括了对合作伙伴的信任。囚徒困境之所以最终达成了无奈的非合作次优结局，关键还是当博弈双方缺乏信任，且没有达成一个协议或通过信息交流来避免彼此的猜忌以消除预测对手行为的不确定性。尽管彼此合作能够达成最优的理性结果，但是这样的最优理性却要承担对手背叛的风险，结果使得纳什均衡只能是一个次优解。

而从非合作博弈走向合作博弈的唯一办法就是博弈者之间进行信息交流、签订协议（攻守同盟）、承诺以及对对手守约的信任。讨价还价的谈判则是达成协议的必然过程。

一　合作意愿与合作收益：合作的意义

尽管本书反复强调现实中的合作是一种常态，但是毫无疑问，冲突，特别是潜在冲突无所不在。[①] 我们所关心的是为什么这些潜在的冲突没有成为国际关系的常态？为什么在冲突中会出现合作，或者反过来说，为什么合作中还可以蕴含着冲突与竞争？

易余胤（2010）[②] 的研究假设了一个两个企业的双寡头竞争模型。这个模型看上去是一个经济分析中常用的古诺模型的变形，但是实际上也可以很方便地转换为一个简约的国际关系模型。[③] 在这个模型中，总的市场规模是一定的，记为 m；两个企业的产量分别是 q_1 和 q_2；市场价格水平为 P，且取决于这两个企业的产量。毫无疑问，两个企业都希望扩大产量以扩大自己的市场份额，但是这样的结果则是价格的下降，企业利润水平的下降。

在企业 1 选择了产量 q_1 以后，市场的价格水平就取决于企业 2 的产量。也就是说，在 q_1 和 m 都确定以后，市场价格就取决于市场供求的状况 $m-q_1+bq_2$，即：

$$P(q_1, q_2) = m - q_1 - bq_2$$

其中，$-1<b<1$，当 $b<0$ 时，企业 2 的产品与企业 1 的产品是竞争关系，相互替代；当 $b>0$ 时，企业 2 的产品与企业 1 的产品是互补关系，相互支持。

假设企业 1 的成本函数是：$c_1(q_1) = dq_1$。其中，$d>0$，是描

---

① 我们在前面已经指出，冲突可以分为极端冲突（比如战争）和潜在冲突。极端冲突不少常态，而作为一种常态的合作则包括了潜在的冲突状态。

② 易余胤：《基于演化博弈论的企业合作与背叛行为研究》，科学出版社 2010 年版。

③ 在下面的企业经济变量中，我们可以很方便地将经济变量套用为国际关系变量。例如，m 是权力指数；b 代表两国行动效应是互补的还是竞争的，或者说两国行为在效果和目标上是相互促进的还是相互掣肘的；d 可以用来描述行为的收益系数，或行为成本与收益的比率等。

述企业生产率的一个系数，生产率越高，则 d 就越小。

这样，我们就可以得到企业 1 的利润函数：

$\Pi_1(q_1, q_2) = q_1 P - q_1 \times c_1(q_1) = q_1[m - (1+d)q_1 + bq_2]$

由此，我们就可以得到两个企业进行产量决策时的目标函数：

$\Pi_1(q_1, q_2) = \alpha\pi_1(q_1, q_2) + (1-\alpha)[\pi_1(q_1, q_2) + \pi_2(q_1, q_2)]$

$\Pi_2(q_1, q_2) = \alpha\pi_1(q_1, q_2) + (1-\alpha)[\pi_1(q_1, q_2) + \pi_2(q_1, q_2)]$

在此，α，β∈［0，1］是合作意愿参数，α 和 β 越小，表明企业单纯关注自身收益的权重越低，合作的意愿也就越高。α = β = 1 就表示企业完全不合作，而 α = β = 0 表示企业完全合作。当然，常态应该是 1 > α > 0，1 > β > 0，也就是说两个企业既有合作，也有竞争。

两个企业都使利润最大化时产量的均衡解是：

$$q_1^*(\alpha,\beta) = \frac{m[2(1+d)+b(2-\alpha)]}{4(1+d)^2 - b^2(2-\alpha)(2-\beta)}$$

$$q_2^*(\alpha,\beta) = \frac{m[2(1+d)+b(2-\beta)]}{4(1+d)^2 - b^2(2-\alpha)(2-\beta)}$$

通过两个企业在利润最大化情况的产量的均衡解，我们还可以分别得到两个企业在企业 1 的合作意愿为 α，企业 2 的合作意愿为 β 的情况下各自的利润水平：

$$\pi_1^*(\alpha,\beta) = \frac{m^2[2(1+d)+b(2-\alpha)][2(1+d)^2+(1+d)b\alpha - b^2(1-\alpha)(2-\beta)]}{[b^2(2-\alpha)(2-\beta)-4(1+d)^2]^2}$$

$$\pi_2^*(\alpha,\beta) = \frac{m^2[2(1+d)+b(2-\beta)][2(1+d)^2+(1+d)b\beta - b^2(1-\beta)(2-\alpha)]}{[b^2(2-\alpha)(2-\beta)-4(1+d)^2]^2}$$

这样，我们还可以分别计算出两个企业都没有合作意愿以及两个企业合作意愿都为 α 时企业的利润水平：

$$\pi(1,1) = \frac{m^2(1+d)}{[2(1+d)-b]^2}$$

$$\pi(\alpha,\alpha) = \frac{m^2(1+d-b(1-\alpha))}{[2(1+d)-b(\alpha-2)]^2}$$

这样，我们还可以计算出：

$$\pi(\alpha,\alpha)-\pi(1,1)=\frac{b^2m^2[(1+d)-b](1-\alpha^2)}{[b-2(1+d)]^2[2(1+d)+b(\alpha-2)]^2}>0$$

但是，在两个企业合作意愿不同的时候，我们可以得到：

$$\pi_1^*(\alpha,\beta)-\pi_2^*(\alpha,\beta)=\frac{b^2m^2(\alpha-\beta)\{b(2-\alpha)(2-\beta)+(1+d)[4-(\alpha+\beta)]\}}{(b^2(2-\alpha)(2-\beta)-4(1+d)^2)^2}$$

假定 $\alpha<\beta$，当 $1>b>0$，也就是说两个企业的产品是互补的时候，则上式小于零。而当 $-1<b<0$ 时，也就是说两个企业的产品是竞争的时候，$b(2-\alpha)(2-\beta)<(1+d)[4-(\alpha+\beta)]$，所以上式依然小于零。这就是说，当一个企业合作程度更低的时候，反而能够从背叛中获得收益。这个结论看上去不那么令人喜欢，但是也的确是博弈论的一个基本命题。而且，恰恰是由于在单次博弈中，背叛的收益要高于合作的收益，也才有合作意愿演化的稳定性问题。

至此，我们可以得到如下结论：**当两个企业合作意愿相同的时候，企业通过合作能够获得更大的收益，也就是说存在合作剩余。但是在当两个企业合作意愿不同的时候，合作意愿低的企业能够获得更大的收益，也就是说在合作中背叛能够带来额外的收益。**

以上易余胤通过在两企业存在合作意愿的情况下对合作意愿求导，计算出在企业合作状态下的演化稳定产量和利润水平，并且发现：

如果企业间生产互补产品（$0<b<1$），则：（1）如果产品间的互补性越高（b 越大），且企业合作意愿越高（α 越小），则合作得到的产量也会更大，利润也更高；（2）如果企业的生产率水平越高（d 越小），且企业合作意愿越高（α 越小），则合作得到的产量也会更大，利润也会更高；（3）这样在稳化状态情况下，则企业合作时的情况要好于不合作时的情况，而企业背叛的情况要好于与之合作的对方企业的情况，但是不会比企业都合作时的情况更好。

如果企业间生产替代性产品（$-1<b<0$），则：（1）企业的演化稳定状态为不合作的竞争状态，且演化稳定合作意愿与生产率无关；（2）此时，如果产品间的替代性越高（b 越小），那么企业的演

化稳定产量越小，演化稳定利润越低；（3）但是如果企业的生产率水平越高（d 越小），则企业的演化稳定产量会更大，演化稳定利润也会更高。

上述结论表明，只有当企业处于正和博弈的时候，企业间的合作才能够带来合作剩余，也就是产量和利润水平都会上升。尽管此时背叛能够给背叛者带来高于与之采取合作策略的博弈对手的收益，但是即使不考虑声誉、多次博弈以及多局博弈的情况，背叛者获得的收益也不会高于双方都合作状态的收益水平。因此，理性的选择以及演化稳定对策依然应该是合作。但是，当企业处于零和博弈的情况下，企业间就难于达成合作。值得注意的是，在这种情况下，尽管企业间所生产产品的替代性越强，合作冲突就越大，但是由于生产率越高的企业，演化稳定产量越大，演化稳定利润也越高，所以企业之间的竞争就越激烈，竞争最终取代了合作。

也就是说，合作取决于合作剩余，只有当合作剩余为正的时候，合作才可能出现，而且还取决于潜在合作伙伴之间利益关系的博弈性质。

二　走出非合作博弈的囚徒困境：聚焦和讨价还价

我们在前面已经发现，在没有任何约束的情况下，利益互补型企业之间不仅能够达成合作，而且能够防止背叛企业的入侵，从而达到演化稳定状态。利益冲突型企业则相反，背叛的收益不仅大于合作，而且还可以防止合作者的入侵，从而达到演化稳定的竞争状态。这就是典型的囚徒困境之纳什均衡的结果，而这个结果相对于合作的结果来说也显然不是最优的。

那么，我们的问题就是，如何能够走出非合作博弈的囚徒困境呢？施锡铨（2012）[①] 归纳了一个比较系统形式化表述。一般来说，当存在客观上利益互补的情况时，要达成合作，实现相互配合，也还需要两个条件：讨价还价和制度契约。

---

① 施锡铨：《合作博弈引论》，北京大学出版社 2012 年版。

讨价还价是使用非合作博弈的方法去达到合作的目的，是达成有约束力承诺或契约的过程。纳什在 1951 年利用纳什均衡的概念来研究合作的时候就曾经指出，合作行为是希望合作的博弈者之间讨价还价过程的一种结果而已。在讨价还价的过程中，理性博弈者都希望使自己的利益最大化，就会放弃合作的方案而将背叛对方作为一种解。而合作博弈就是要找到一个能够维系博弈联盟，并使之具有合理性和公正性。具体来说，就是在确定存在合作剩余的情况下，通过讨价还价的过程寻找一个能够被各方接受的收益分配或成本分担方案。

制度契约则是为了最大限度地降低合作中的不确定性，也就是要使合作行为受到了各方达成由约束力的承诺或协议的束缚。具体来说就是保证合作行为，保证收益分配或成本分担方案得到落实。应该看到，制度契约下的合作就是一种制度合作，面临着制度契约与合作自主性与自愿性的潜在冲突。因此，制度合作是合作的最高阶段，也是合作的终点。

在囚徒困境中，最接近双赢的解无疑是合作解，但是，博弈的基本特征是一方最优策略的最终收益取决于另一方的策略，反之亦然。但是，即使是在正和博弈中，如果缺乏讨价还价和制度契约，这样的双赢解却要承担对手背叛的风险。因此，要达到合作的双赢，同时还能够避免背叛，在一次博弈的情况下就只能通过信息的沟通，通过讨价还价，通过订立攻守同盟的契约，才能够使非合作博弈转化为合作博弈。

接下来的一个问题是，在讨价还价的过程中，首先最重要的则是弄清楚双方的效用函数。

要找到使一个博弈者满意的解不难，但是要找到合作解，一个可以使所有博弈者都满意的解，一个多重均衡解，无疑具有相当的难度。因此最终，我们常常得到的是一个纳什均衡解。对于多重均衡，谢林提出了一个解决方案，即聚焦理论，也就是说，在存在多重均衡的情况下，局中人有可能将注意力聚焦于某个特定的均衡。一种最典型的情形是：在合作剩余确定的情况下，两个博弈者如何分享收益？从理论上说，虽然使 $p+q=1$ 的解有很多，但是，如果两个人都希望自己在这个零和博弈中占据优势，那么要在 $p+q=1$ 的情况下同时满足 $p>q$，且 $q>p$ 的条件，则无法求解。但是如果双方各退一步，放弃在零和博弈中占据优势的诉求，而变成自己分享的收益不少于对方即可，则问题就可以迎刃而解。或者双方对收益的关注不同，一方为了取得其他方面的收益而可以在 $p+q=1$ 的分配约束下有所让步，则问题也可以得到解决。

因此，对利益的识别以及聚焦，是非合作博弈走向合作博弈的讨价还价过程的一个起点。当然，如果博弈双方的诉求不同，那么问题容易得到解决。但是，从权力竞争的角度看，往往博弈双方是针锋相对的，博弈的焦点常常会出现趋同的倾向。

这意味着，如果两个局中人要达成合作，前提一定是存在合作剩余，也就是合作给双方带来的好处要超过他们单干时的收益。不过这只是一个前提而已。合作可以带来合作剩余，但是对于达成合作来说，更重要的是在收益不是公共产品的情况下如何分配这个收益，使博弈双方都满意，从而使非合作博弈转变为合作博弈。只要我们承认个人理性、自利经济人以及国际关系中权力竞争的假定，只要我们承认每个博弈者不仅要取得合作剩余，要取得比单干更高的收益，而且还要取得比对手更高的收益①，这就成了讨价还价的难点。

假定局中人 1 和局中人 2 合作所产生的剩余为 $v(|1,2|)$，谈判的结果是局中人 1 获得 x_1 [显然 x_1 不小于局中人 1 单干获得的收益 $v(|1|)$]，局中人 2 获得 x_2 [同样，x_2 不小于局中人 2 单干获得的收益 $v(|2|)$]。这样，$x_1+x_2=v(|1,2|)$，而所有 x_1+x_2 的各种可能的组合就是博弈的“可行配置集”F。显然，F 是由 x_1 和 x_2 组成的二维空间 Ж 的一个子集，且包括 [$v(|1,2|,0)$) ($v(0,|1,2|)$] 两个极端解，也就是合作剩余被一个人独

① 当然，从权力竞争的角度讲，要在合作中取得比对手更高的收益是一个自然的诉求，但是这里可能存在一个逻辑悖论，既然合作就要放弃直接的权力竞争。所以在一般分析合作的时候，我们只强调局中人希望获得比单干时高的收益，而不强调在合作中取得比对手更高的收益的诉求。另外，应该注意，这里我们说的是直接的权力竞争，间接的权力竞争总是一种客观诉求。我们在论述不对称合作时实际也是从间接竞争角度展开的。

吞而另一个人一无所有。

再假定（x_1，x_2）和（y_1，y_2）是 F 中处于两个极端解之间的两个可行配置，两个局中人可以在其中随即选择。如果选择 x =（x_1，x_2）的概率是 θ，那么接受 y =（y_1，y_2）的概率就是 1 - θ。当 θ 从 0 向 1 连续变化的时候，期望配置也从 y =（y_1，y_2）连续走向 x =（x_1，x_2）。这样，由连接 x 和 y 之间的每个点组成的线都是可行配置。而根据定义，F 就应该是一个凸集。[①] 按照定义，我们也不难想象，所有 x 和 y 都包含在 F 中，那么由连接 x 和 y 之间的每个点组成的线也必然包含在 F 中，因此 F 也应该是一个闭集。

为了合作而进行讨价还价的局中人一定是理性人，也就是说他们看到了合作剩余，所以讨价还价的内容就是如何分配合作剩余。但是不管怎样的分配方案或者说是可行配置，讨价还价的结果一定要满足一个最基本的条件，即每个人所获得的收益要高于他们单干时的收益。假设每个人单干的收益分别为（v_1，v_2），而两个人的合作剩余为 v（｜1，2｜），其配置是 x =（x_1，x_2）。显然，（v_1，v_2）是非合作时的收益配置，也就成为他们在讨价还价中的底线或筹码。这样，我们就可以将基于自利经济人的个人理性表述为：$x_1 \geqslant v_1$ 和 $x_2 \geqslant v_2$。

至此，我们就可以将两人的讨价还价问题表述为一个寻找（F，v）的过程，其中 F 是 Ж 的闭凸子集，v =（v_1，v_2）是 Ж 中的一个点，并且：

F∩｜（x_1，x_2）｜$x_1 \geqslant v_1$ 和 $x_2 \geqslant v_2$｜

而且，F 是一个非空有界集合。这是因为在 F 中至少存在一个配置使得每一个博弈者的收益都不会比他们的底线水平低。换句话说，在（F，v）中至少存在一个 y =（y_1，y_2），且对两个博弈者来说存在严格的 v：$y_1 \geqslant v_1$，$y_2 \geqslant v_2$。另外，也不会超出底线的无限配置，否则博弈者也不会去进行艰苦的讨价还价。

---

① 一个集合是凸集，当且仅当集合中任意两点的连线全部包含在该集合内。而证明一个向量空间（比如可行配置集 F）是否为凸集的方法，就是假设 X、Y 在该空间中，有任意 a（$0 \leqslant a \leqslant 1$）使得 aX +（1 - a）Y 属于向量空间。这里，aX +（1 - a）Y 就可理解成 X、Y 之间的连线。

三　纳什解与纳什公理：合作解的合理性

我们已经知道，讨价还价问题就是从 Ж 中，寻找一个（F，v），使之符合 $F\cap\{(x_1,x_2)\mid x_1\geqslant v_1 和 x_2\geqslant v_2\}$ 的可行配置。我们将这个讨价还价的最终结果标记为 Φ（F，v）的解函数。而（F，v）之所以能够成为一个解，就是因为这个配置方案能够被博弈双方所接受，是可行的，也就是合理的。

但是这就出现了另一个问题，即合理的标准是什么？显然，这个标准可能不是唯一的。在这里，我们讨论纳什公理，即一套合理的标准。

纳什公理的基本理念是比较大小。

首先，我们需要明确二元向量大小的比较方式是，如果有：$x=(x_1,x_2)$，$y=(y_1,y_2)$

那么，当且仅当 $x_1\geqslant y_1$ 和 $x_2\geqslant y_2$ 时，则 $x\geqslant y$；

当且仅当 $x_1>y_1$ 和 $x_2>y_2$ 时，则 $x>y$；

讨价还价的解函数 Φ（F，v）包含两个博弈者各自的收益（或成本分担），这样，局中人 1 和局中人 2 的收益分别记为 Φ_1（F，v）和 Φ_2（F，v），且 $\Phi(F,v)=(\Phi_1(F,v),\Phi_2(F,v))$。

这样，纳什讨价还价解的公理可以归纳为：

公理 1：个人理性

这也是我们对合作行为的基本假定，即：

$\Phi_1(F,v)\geqslant v_1$，$\Phi_2(F,v)\geqslant v_2$，即 $\Phi(F,v)\geqslant v$。

公理 2：帕累托改进的强有效性

Φ（F，v）是博弈解的含义是在 F 中再也找不到其他配置使得博弈双方觉得比 Φ（F，v）的结果更满意。也就是说，在向这个解趋近的过程中，一方收益的提高不可能以另一方收益下降为代价，否则 Φ（F，v）就不会是讨价还价的最终结果。

另外，由于 $F\cap\{(x_1,x_2)\mid x_1\geqslant v_1 和 x_2\geqslant v_2\}$ 是一个非空有界集合，那么根据帕累托强有效性，一方收益的增加不能以另一方收益的减少为代价，也就是说双方的收益同时都达到最大，所以博弈解

Φ（F，v）只能出现在 $F\cap\{(x_1, x_2)\mid x_1\geqslant v_1$ 和 $x_2\geqslant v_2\}$ 的边界极限值上，而且一定出现在由 x_1 和 x_2 构成的二维平面的第一象限中。

公理3：对称性

只要博弈解具有帕累托强有效性，在博弈双方不追求一定在博弈中取得对对方直接的优势，且双方的聚焦点一致（或者可以使用相同度量）的情况下，如果博弈者1和博弈者2的收益分别是 x_1 和 x_2，那么将他们的收益彼此互换也是可行的。也就是说，对于一个讨价还价问题（F，v），如果 $(x_1, x_2)\in F$，那么也必然有 $(x_2, x_1)\in F$。

另外，从逻辑上，我们不难理解，如果 $v_1=v_2$，那么必然有 Φ_1（F，v）$=\Phi_2$（F，v）。从实际意义上去理解，我们可以认为在讨价还价中底线或筹码一样的人，在博弈解中他们所具有的地位也是一样的。这可能是纳什公理的核心理念之一。其逆反公理就应该是不对称的博弈者所获得的收益也应该是不对称的，否则同样是不合理的。

这一点构成了我们后面分析不对称合作的一个重要依据。

公理4：等价盈利描述的不变性（刻度同变性）

对于一个两人讨价还价问题（F，v），通过映射变换而变成另一个讨价还价问题（F＊，v＊）以后，Φ（F，v）的映射也应该成为（F＊，v＊）博弈解的映射。这意味着一旦在两个人之间的博弈达成了一个协议，或者说两个人之间的合作找到了一个方案，那么这个协议或方案就会成为解决这同样两个人之间以后博弈的一个解的模板，除非在另一个问题上两个人的底线或筹码对比发生了变化。

假设F中的任何一个点 (x_1, x_2) 的映射是 $(\alpha_1 x_1+\beta_1, \alpha_2 x_2+\beta_2)$，而所有的映射点又构成了另一个集合F＊。相应地，所有意见不一致点v的映射也变成了 $v^*=(\alpha_1 v_1+\beta_1, \alpha_2 v_2+\beta_2)$。在这种情况下，如果 Φ 是（F，v）的合作解，那么（F＊，v＊）的合作解就应该是 $(\alpha_1\Phi_1+\beta_1, \alpha_2\Phi_2+\beta_2)$。

公理5：无关选择的独立性

讨价还价的过程实际是可行配置集合随着谈判过程而逐渐减少的过程，因为只有这样，谈判才是有意义的，才能够逐渐得到结果。谈判的最后一定是两个或有限几个可行配置之间的权衡结果。

从集合论的角度看，前面说的帕累托强有效性已经要求（F，v）的解Φ（F，v）处于闭凸集F的边界上，而F内部的点已经被排除了，不会影响到讨价还价解的结果，因此与Φ（F，v）无关。换言之，如果（F，v）和（F＊，v＊）是两个讨价还价问题，其中v=v＊,F是F＊的子集，且Φ（F，v）∈F＊，那么Φ（F，v）=Φ（F＊，v＊）。

在上述5个公理的假定下，纳什证明了讨价还价解是使纳什积（x_1-v_1）（x_2-v_2）达到最大的（x_1，x_2），且是唯一的。即：

$$\Phi(F, v) \in \frac{arg}{x \in F} \frac{max}{x > v}(x_1 - v_1)(x_2 - v_2)$$

从直观上看，（x_1-v_1）（x_2-v_2）的最大值一定是一个常数，那么（x_1-v_1）（x_2-v_2）=C就是一个双曲线方程。F作为一个讨价还价可行配置的集合一定是一个以（v_1，v_2）为原点的圆。由于个人理性公理和F闭凸集的特点，Φ（F，v）一定处于第一象限中（x_1-v_1）（x_2-v_2）=C和F的交点上。也就是说，使纳什积达到最大的点一定是存在的，且是唯一的。

第二节　从两人讨价还价到n人讨价还价：联盟博弈

在两人讨价还价的基础上，我们可以很容易地从形式上扩展为n人之间的讨价还价问题。在（F，v）中，F就成了n维空间中的可行配置集合，v也成了n维空间内的实值向量，求解过程也是寻找F中的配置x=（x_1，x_2，…，x_n），使得纳什积（x_1-v_1）（x_2-v_2）…（x_n-v_n）达到最大。

在一方面，在实际的谈判过程中，n人博弈就远比两人博弈要复杂很多。因为博弈者增加，聚焦标的困难，意见不一致点v的确定也更加复杂。而在另一方面，即使n人无法形成一个合作大联盟，却可能在部分人之间形成子联盟。

一　联盟博弈中的特征函数

对于子联盟的成员来说，他们从子联盟中获得的收益就成了他们在大联盟谈判中的底线。进而言之，n 人博弈总是可以由多个两人博弈组成的子联盟构成。从理论上说，包含全部成员的大联盟和不包括任何成员在内的空联盟在内的所有的子联盟数目应该是 2^n（不包括无意义的空联盟，则所有子联盟数量是 2^n-1）。我们把每一个子联盟泛记为 S，即 $S \in 2^n$。按照上面的思路，我们可以这样认为，区分子联盟不同之处的关键就是他们包含了多少个具有不同聚焦的局中人，也就是作为子联盟的特征变量的局中人的谈判底线收益。

如果我们将 S 的 n 维特征变量记为 e^s，那么它的第 i 个元素就是：

$$(e^s)_i = \begin{cases} 1 & \text{如果 } i \in S \\ 0 & \text{如果 } i \in N \setminus S \end{cases}$$

其中，$i \in N \setminus S$ 代表局中人 i 来自 N 但不属于 S。这样，对于大联盟来说，其 n 维特征变量向量就是 $e^n=(1, 1, \cdots 1)$。

合作博弈的核心就在于联盟之间的讨价还价，而对于每一个子联盟，其谈判底线就是这个子联盟的收益集值函数 v（S）。反映这个子联盟成员收益的集值函数 v（S）也就成了这个子联盟在合作博弈中的特征函数，它表示 S 中的成员无须求助于 N \ S 中的局中人就能得到的收益［反过来说，N \ S 中的任何联盟也不可能阻止 S 获得 v（S）］。这样，以 N 和 v 就可以定义一个合作博弈：以特征函数表示的合作博弈就是一个有序对偶（N，v），包含了局中人集合 N 和从 2^n 中形成的子联盟 S 的特征函数 v。一般来说，特征函数构成的集合记为 G^N，因此又常使用 $v \in G^N$ 来指示有序对偶（N，v）。

尽管子联盟 S 的谈判底线是其退出大联盟以后的独立收益，但是从博弈论的角度看，只要子联盟 S 参与到大联盟中，其合作剩余就不可能独立于 N \ S 中局中人的策略，毕竟子联盟 S 最终要与属于 N \ S 中的其他子联盟进行讨价还价才可能得到大联盟的合作博弈解。所以，对子联盟的特征函数进行定义是必要的。

假设策略性博弈 $\Gamma = \{N, (C_i)_{i\in N}, (\mu_i)_{i\in N}\}$，其中 C_i 表示局中人 i 的策略空间，μ_i 表示局中人 i 的收益函数。这样，所有局中人 i（$i \in S$）的策略空间的乘积就构成了联盟 S 的策略空间 $C_S = X_{i\in S} C_i$。因为 C_S 是一个混合策略，所以联盟 S 可用的策略集就可以记为 $\Delta(C_S)$，而 $\Delta(C_S)$ 中的任意策略又可以记为 δ_S。当联盟 S 实施 δ_S，而其他联盟 N \ S 实施 $\delta_{N\setminus S}$ 时，局中人 i 的预期收益就是：

$$\mu_i(\delta_S, \delta_{N\setminus S}) = \sum_{C_S \in C_S C_{N\setminus}} \sum_{S \in C_{N\setminus S}} \delta_S(C_S)\delta_{N\setminus S}(C_{N\setminus S})\mu_i(C_S, C_{N\setminus S})$$

这里，c_s 来自 $\Delta(C_S)$，这个策略取 $c_S \in C_S$ 的概率为 δ_S，对于其他联盟 N \ S 亦然。

冯·诺依曼和摩根斯坦在《博弈论与经济行为》中将特征函数定义为：

$$v(S) = \frac{min}{\delta_{N\setminus S} \in ?(C)_{N\setminus S}} \frac{max}{\delta_S \in ?(C)_S} \sum_{i\in S} \mu_i(\delta_S, \delta_{N\setminus S})$$

$\forall S \in 2^N$

在这个定义中，最后一个求和表示在策略剖面（δ_S，$\delta_{N\setminus S}$）的情况下所有子联盟 S 成员的收益之和，也就是 v（S）的本意。对于子联盟 S 的成员来说，他们的理性行为就是在其他联盟 N \ S 成员采取 $c_{n\setminus s} \in C_{N\setminus S}$ 策略时，子联盟 S 的成员选择策略 $c_S \in C_S$ 以便使自身收益达到最大化。从博弈论的角度来看，由于其他联盟 N \ S 成员采取 $c_{n\setminus s}$ 策略会使得 v（S）受到影响，所以子联盟 S 的成员选择策略 $c_S \in C_S$ 时还要使得无论其他联盟 N \ S 成员采取什么样的策略，都会使得这些策略对 v（S）的影响最小。也就是说，这个最小最大化的特征函数体现了子联盟 S 成员在面临其他联盟 N \ S 成员竞争情况下保证自己获得最大的效益。

也就是说，子联盟成员在字联盟中的收益是他们参与大联盟的底线，而大联盟的解又应该以保证所有子联盟的收益为底线。

二　核：联盟博弈的解

分析联盟博弈的特征函数不仅是为了说明子联盟的形成，而且更重要的是将问题简化，将一个 n 人博弈简化为几个子联盟之间的博弈，最终达到两个讨价还价的情形。因此，合作博弈的基本问题是在 n 个局中人形成的大联盟中如何分配合作剩余。这就是博弈解的求解过程。这个解必须使每一个局中人对其分配所得和每一个子联盟对其分配所得（也就是每个子联盟所有成员的分配所得之和）满意，否则合作就可能解体。这个解就一定是 $(x_i)_{i\in N}\in Ж$。其中 x_i 就是分配给局中人 i 的收益。这个解可能不止一个收益向量，是一个集值解，也就是所谓的核。

当然，并不是 Ж 中的所有向量都可能成为解。由于局中人所分配的收益（合作剩余）之和不可能超过合作剩余本身，所以只有 $\sum_{i\in N} x_i \leq v(N)$ 的收益向量才是存在的。当然，在合作中，不完全的合作剩余分配也不会令局中人满意，所以一定要保证分配的有效性：

$$\sum_{i\in N} x_i = v(N)$$

在 $v\in G^N$ 中，所有的有效配置集合可以表示为：

$$i*(v) = \{x\in Ж \mid \sum_{i\in N} x_i = v(N)\}$$

在上面的预分配集 $i*(v)$ 中，只保证了分配的有效性，还不足以维持大联盟的存在。比如 $x=(v(N), 0, \cdots, 0)$ 符合有效性，但却是一个极不平衡的方案。即使我们假定相对收益不是第一位，但是只要有一个局中人 $i\in N$，而他的收益是 $x_i<v(i)$，那么出于个人理性的原则，他就会退出联盟合作。所以，对预分配集 $i*(v)$中的每一个 x_i 来说，至少应该存在 $x_i\geqslant v(i)$。

至此，我们就可以限定 n 人合作博弈的分配集合了。

如果收益向量 $x\in Ж$，且满足分配有效性和个人理性：

(1) $\sum_{i\in N} x_i = v(N)$

(2) 对于所有 $i\in N$ 都有 $x_i\geqslant v(i)$

那么，x 就是博弈 $v\in G^N$ 的一个归责（imputation）分配方案，而博弈 $v\in G^N$ 的所有归责分配方案又组成了一个博弈解的集合 $I(v)$，也就是联盟博弈的核。

如果我们将两人讨价还价中个人理性的假定和推论引申到 n 人讨价还价的联盟博弈中，就不能得到这样的推论，即如果子联盟 S 的合作剩余超过大联盟分配给他们的合作剩余，那么很显然，大联盟就将失去内聚力，这个子联盟将拒绝以大联盟的形式合作而以小联盟的形式合作。

大联盟合作定理：如果在由局中人组成的大联盟 N 中存在若干子联盟，每一个局中人 i 都能感到他们从大联盟的可行分配方案中获得的收益，至少与他们所属的子联盟 S 所能够给他们分配的收益一样多的时候，那么大联盟就具有内聚力，大联盟的合作博弈才可能实现。而从大联盟与小联盟的合作收益看，就一定存在：

$$v(N) \geqslant v(S_1) + v(S_2) + \cdots + V(S_k)$$

反过来说，要使大联盟具有内聚力，就不能有任何 $S \in 2^N \setminus \Phi$ 可以改善 x 并最终出现子联盟收益分配超过大联盟收益分配的情况，或者说为了保证大联盟合作一旦出现而不致解体，$v(S_i)$ 的增长速度不能超过 $v(N)$。

为了实现 n 人联盟合作博弈，就要从 i（v）中在分配有效性的基础上再增加一个限制条件，才能够得到博弈解的集合，也就是联盟博弈的核：

$$C(v) = \{x \in i(v) \mid \sum_{i \in N} x_i = v(S), \forall S \in 2^N \setminus \Phi\}$$

也就是说，大联盟的合作剩余不仅应该得到全部分配，而且对于大联盟的每一个成员来说，他们从中得到的收益至少与他们在子联盟中的收益一样多。

三　Shapley 值

在前面我们讨论的博弈解都是集值解，而核的概念本身就意味着很多解。那么真正的问题就在于在这些似乎都是可行和合理的解中，究竟应该采取哪一个呢？要从非合作博弈进入合作博弈，处理好同一个冲突或争端，各方都会提出看似合理的解决方案，但是最终只能有一个方案成为实施方案。因此，解的概念在现实中只能是一个点的解，而且既合理又无争议。Shapley 在 1953 年提出的 Shapley 值就是一个具有实用价值的一点解。

首先，我们考虑在 n 人博弈中的讨价还价顺序问题。我们假定，在一个 n 人博弈中可以有 n! 种不同的排列方法，并且这所有的 n! 种排列的汇总用 π（N）来表示，则每一种排列方法 $\sigma \in \pi$（N），且每一种排列方法中局中人的顺序可以记为［σ（1），σ（2），…，σ（n）］。

相应地，我们可以构造一个按照这个排列的盈利向量，即 m^{σ}（v）。根据 m^{σ}（v）的定义，各个局中人的收益与他们在进入谈判时排列的顺序位置有密切的关系：当 n 个局中人按照排列 σ 的顺序逐一进入博弈，参与讨价还价的时候，排在第一位的 σ（1）只能获取他创造的个人财富 v（σ（1））；而当第二个人 σ（2）参与到这个合作博弈中来的时候，由 σ（1）和 σ（2）两个人组成的联盟将创造价值 v［σ（1），σ（2）］，由于存在合作剩余，这个联盟所创造的价值一定包括大于 v［σ（1）］和 v［σ（2）］之和。这样，按照上面的思维逻辑，在 σ（1）谈判底线已经确定的情况下，σ（2）作为后进入者后发制人，将获得两人联盟收益的边际贡献，即合作剩余。这样，我们就有：

假定一个排列 σ_1 =（1，2），即局中人 1 排在局中人 2 之前，那么：

$$m^{\sigma 1}(v) = [v(1), v(1,2) - v(1)]$$

也就是说，局中人 2 后发制人的结果是获得了两人联盟的合作剩余 v（1，2）－v（1），且远大于局中人 2 自己单干时的收益 v（2）。

反过来，如果排列改变为 σ_2 =（2，1），那么：

$$m^{\sigma 2}(v) = [v(2), v(1,2) - v(2)]$$

这样，局中人 1 由于后进谈判，就可以得到局中人 2 原先的优势。也就是说，谁后进（或者后出价），谁在讨价还价中就有优势。

按照这样的思路，我们也不难想象当第三个人 σ（3）加入进来以后，又将获得这个三人联盟所产生的合作剩余。依此类推，每一个局中人都将获得他与前面的人组成联盟的合作剩余。这样，在一个由 n 个局中人组成联盟博弈中，我们就可以得到每个局中人的收益：

$m^{\sigma}_{\sigma(1)}(v) = v(\sigma(1))$

$m^{\sigma}_{\sigma(2)}(v) = v[\sigma(1), \sigma(2)] - v[\sigma(1)]$

$m^{\sigma}_{\sigma(3)}(v) = v[\sigma(1), \sigma(2), \sigma(3)] - v[\sigma(1), \sigma(2)]$

……

$m^{\sigma}_{\sigma(k)}(v) = v[\sigma(1), \cdots, \sigma(k)] - v[\sigma(1), \sigma(2), \cdots, \sigma(k-1)]$

……

$m^{\sigma}_{\sigma(N)}(v) = v(N) - v[\sigma(1), \sigma(2), \cdots, \sigma(N-1)]$

这样，每一个局中人的边际收益就构成了一个边际收益向量：

$m^{\sigma}(v) = \{m^{\sigma}_{\sigma(1)}(v), m^{\sigma}_{\sigma(2)}(v), m^{\sigma}_{\sigma(3)}(v), \cdots, m^{\sigma}_{\sigma(k)}(v), \cdots, m^{\sigma}_{\sigma(N)}(v)\}$

显然，有 n！种不同的 σ，就有 n！种不同的 $m^{\sigma}(v)$。这就产生了我们在一开始提出的问题：在这些似乎都是可行和合理的解中，究竟应该采取哪一个呢？

按照我们前面逻辑得到的结论，在博弈过程中，最先进入的人（或者已经出价）由于已经亮出参与合作所期望的收益底线，便不能更改，而随着合作规模的扩大，谁后进（或者后出价），谁在讨价还价中就有优势，就可以享受合作规模扩大后的边际收益。然而，这显然是不合理的。由于新加入谈判的人可以被看成一种外生变量，面对合作范围扩大造成合作剩余增加的结果，追求收益最大化的个人理性使得这种合作博弈的谈判过程是一个存在谈判破裂风险的讨价还价过程。很显然，解决这种矛盾的方法就是让每一个局中人在所有情况下都能保持对合作剩余同等的分享权力。这实际上也与纳什讨价还价解完全一致。也就是说，允许先参与合作的博弈者能够不断地参与谈判，并且不断提高他们的谈判底线。否则，每个局中人都会争取最后参与博弈，结果，合作博弈就会转变为非合作博弈。

只要这个博弈具有超可加性，博弈收益具有可转移性，那么为了维持博弈的内聚性，为了使得合作博弈能够进行，就必须使每一个人不论处于哪一个位置都必须具有同样的合作剩余分享可能性。也就是说，要把每种可能的边际收益向量统统相加之后再平均。例如，对于$G^{\{1,2\}}$来说，用这种方法得到的平均边际收益向量就是：

$$(x_1,\ x_2) = \left[\frac{v(1)+v(1,2)-v(2)}{2}, \frac{v(1,2)-v(1)+v(2)}{2}\right]$$

由此，我们也不难将两人博弈的情形扩展为 n 人博弈的情形，最后得到的配置就是 n! 个可能的边际收益向量 m^σ（v）的算术平均数。

我们定义博弈 $v = G^N$的 Shapley 值 Φ（v）是边际收益向量的算术平均：

$$\Phi(v) = \frac{1}{n!}\sum_{\sigma\in\pi(N)} m^\sigma(v)$$

这个算数平均的含义就是为了保证每一个局中人不论在哪一个次序上，同时考虑到所有其他博弈者的次序排列的所有情况，都能够在上述所有组合的情况下，享有分配合作剩余的平等权利。显然，这也符合纳什讨价还价解的公理。

这样，不论在联盟中的加入次序如何，由于联盟成员增加，合作范围扩大并出现新的合作剩余以后，这个新的合作剩余必须在所有的联盟成员中平均分配。

第三节　不对称合作的前提条件

只要合作能够带来合作剩余，通过对 Shapley 值的讨论，我们就可以在纳什讨价还价公理下找到合作博弈的理论解。但是，一旦我们引入不对称的概念，对上述公理的认识可能就会出现变化，上述答案也就可能出现变化。

一　不对称合作的前提 1：超越个人理性

在一方面，从经济学追求个人绝对利益的思维角度看，个人理性公理在所有纳什讨价还价公理中可能居于首位，也就是处于最重要的地位。因此，只要能够通过合作获得比自己单干更高的收益，那么合作就是可能的。

但是，国际政治学的权力竞争常常是一个零和博弈过程，而在零和博弈的情况下，获取合作剩余固然重要，但是单纯从一个人的个人理性角度进行分析这就不再是唯一的考量了。其实，经济学在讨论企业和国家为扩大自己市场份额而展开竞争时，也会从封闭的个人理性视野扩展为国家间和企业间的竞争关系，从而进入一个零和博弈的对局。此时，只要有损于提高自身的权力或份额的目标，只要对手从合作中获得的收益比自己从合作中获得的收益更大，从而导致自己在权力竞争中落后，即使合作能够带来剩余，合作依然是不会出现的。反之，在冲突中即使自身将遭受损失，但是只要对手的损失比自己大，那么就很可能会采用这种博弈策略。例如反倾销、报复性关税就常常如此。极而言之，在战争输赢的评估和计算中更是这样。杀人一万，自损三千，就是胜利。在这种情况下，不仅对单纯个人理性的关注程度会下降，对帕累托强有效性、对称性和等价盈利描述的不变性等公理的理解也会出现变化。

在不对称情况下，如果两个博弈者初始的权力指数之比是8∶2，那么只要预见到合作的结果可能打破了这个对比，那么，即使合作能够带来剩余，受损的一方（通常也是在分享合作剩余时其比例小于8∶2的一方）一般也很可能不会参与这样的合作。

所以，只要在国际经济合作中考虑到竞争问题，那么个人理性假定就不再是唯一前提了。这意味着对称性和等价盈利描述的不变性等公理的内容和含义需要按照初始的权力对比重新定义，或者说合作不会在对合作剩余分配中偏离初始的权力对比的情况下实现。[①]

这样，我们需要对纳什讨价还价解的公理进行拓展和重新解释。

由于引入了零和问题，合作能否实现就变得更复杂一些了。即使

---

① 我们在这里考虑的还仅仅是绝对权力对比的情况，如果考虑到权力指数可能的变化，那么对合作决策的评估就会更加复杂。

在双方的合作剩余都为正且各方得到的收益也都大于单干收益的情况下，由于从权力对比的角度或者从相对利益比较的角度看，一方收益的相对增加就意味着另一方权力或收益的相对下降，因此单纯的个人理性视角就不应该仅仅是从博弈一方的角度展开，也应该从两个博弈对手之间利益对比关系的角度展开。在这种情况下，合作解就只能是维持原来权力对比或相对利益不变的分配方案。也只有在这个意义上，才能保证帕累托强有效性。

毫无疑问，这个强有效性应该是超越了一般的有效性，也就是超越了在不使得一方利益受损的情况提高另一方收益的帕累托改善含义。因为这种一般的有效性虽然不会使得对方的绝对利益受到影响，但是却会造成一方相对利益的损失。在这种情况下，强有效性不仅包括不会使得对方的绝对利益受到不利影响的含义，更要增加不会使得对方的相对利益受到不利影响的内容。也就是说，如果合作之前双方的权力指数之比是8∶2，那么要存在合作剩余，而且对于合作剩余的分配也应该是8∶2。

当然，在这种情况下，对称性显然就不再成立了，或者说对称已经不再是绝对水平的对称，而是一种相对的对称，是一种基于实力对比的对称，并且这种对称的结果并不能在博弈双方互换。但是等价盈利描述的不变性还依然成立，因为只要接受这种相对的对称，那么不仅可以成为此局的公理，也同样可以成为彼局的公理。

二　不对称合作的前提2：可转移效用和补偿

在一个零和博弈对局中，当博弈者之间存在实力不对称的情况下，最终要达成不对称合作，对于合作收益和合作剩余的分配就应该遵循此前的实力比例。这样，除了合作的一般前提外，可能需要一些特殊的前提。

在这里我们要强调的是，合作收益与合作剩余应该是一种可转移的效用。

在前面我们曾经借用奥尔森集体行动来分析合作的出现，但是集体行动本身并不一定等于合作。这其中的关键差别之一就是合作收益的性质。[①] 奥尔森在《集体行动的逻辑》中明确指出，集体行动的收益是一种公共产品或集体产品。这种假定一方面增加了他的研究难度，而另一方面又简化了他的分析。

正是因为集体行动的收益是一种公共产品，所以才有搭便车的问题，并才引出了一系列的集体行动难题。而且将这种假定延伸到合作研究，也构成了 n 阶搭便车的问题，最终使得合作的起源成为一个难解的谜题。但是从另一方面反过来看，集体行动收益的公共产品假定又使得奥尔森的研究变得简单，因为要形成集体行动就仅仅变成了一个如何克服搭便车的问题了。[②] 毫无疑问，合作收益和合作剩余并不一定就是公共产品或集体产品，也可以是一种具体的效用，并且是一种可转移的效用。这样，就出现了合作收益的分配问题，而什么样的分配方案将成为能够被合作双方都认为是合理的，并且能够接受的分配原则，却是一个规范问题，即如何判断分配合理性的问题。

在现实中的情况可能还要复杂些。合作的收益可能既不是公共产品，也不是分配的结果，而是自然得到的，且分享的收益还不对称。更进一步的情况是，如果合作双方对于合作收益与合作剩余的贡献程度不同，贡献大的一方显然会要求更多的分配比例，而各方自然得到的收益却是贡献大的一方自然获得的收益分配比例比较少。例如在集体防御中，出于对峙前沿的小国受到的威胁最大，为了维持防御状态需要付出的成本最多，但是却不一定是最大的获益者。实际上，奥尔森在《联盟的经济理论》一文中，从理论和经验上提出了国际组织的成本分摊问题，并进行了深入的研究，也提出了成本分摊的激励问题，但是还没有从实际操作的角度提出效用的可转移性与补偿之间的

① 作为一个完整的概念，合作不仅包括合作各方的相互配合，更应该包括对合作剩余的处置和分配。合作收益是公共产品只是合作的一个特例。

② 奥尔森在对联盟的分析则是从成本分担的角度展开的。毫无疑问，相比《集体行动的逻辑》，他的关注重点从克服搭便车扩展到了成本分担。但是，这两个分析都假定收益是一种集体产品或公共产品。参见 “An Economic Theory of Alliances” *The Review of Economics and Statistics*, Vol. 48 No. 3 (Aug., 1966), pp. 266 – 279。

关系问题。在经济合作中的一个典型例子就是合作研发。[①] 由于人力资本结构的差异，合作研发中一方实际可以享受到的潜在收益可能与其付出的成本并不对称。在这种情况下，进行收益补偿就成为促成不对称合作的一个必要条件了。

三 不对称合作的前提3：第三方竞争和聚焦转移

按照前面的思路，如果博弈双方处于零和博弈状态，要达成合作就需要扩大个人理性的内容，增加对权力对比和相对收益的考量。也就是说，在获取合作剩余的同时，不能改变原有的实力对比关系才可能实现合作。我们在前面已经指出，在零和博弈条件下的合作解应该是对合作收益和合作剩余分配的比例与合作双方实力对比的比例相等，因而不改变实力对比。只要我们严格坚持零和博弈的假设，不会改变博弈双方实力对比的合作本身对于零和博弈又没有什么意义，那么合作又是如何出现的呢?

可能的答案有两个：其一是改变博弈双方对合作收益和合作剩余的认知和评估，并且由于合作的不对称性质，博弈双方对合作收益和合作剩余的认知和聚焦出现差异，从而改变了原有博弈的零和性质。此时，也就可能出现了合作。其二是跳出单局的零和博弈视角，将单局博弈放在多局博弈的背景下重新考量单局博弈的意义。

显然，如果博弈双方在合作收益和合作剩余问题上的认知和评估聚焦相同，那么在零和博弈的大前提下要达成合作解是非常困难的，更遑论不对称合作。我们在前面也提到过，如果合作双方对于合作收益与合作剩余的贡献程度不同，贡献大的一方显然会要求更多的分配比例。特别是当对合作收益贡献大的一方由于实力较弱，按照扩展后的个人理性原则只能按照较弱的实力而取得较少的收益时，合作就是难于达成的。即使相对收益较少一方的绝对收益也有所增加，只要他更看重相对收益的增加，则合作依然是难于达成的。相反，如果合作双方对合作收益与合作剩余的认知和评价不同，那么即使是零和博

---

① 对合作研发的研究也是合作研究的一个重要课题。

弈，合作中的冲突也会减少，实现合作的可能性也就会提高。事实上，此时博弈已经不再是零和博弈，而在相当程度上转变为正和博弈了。

在现实中，不论是对两个企业来说，还是对两个国家来说，即使他们都关注自身的绝对利益，但是他们之间总会存在潜在的竞争关系和零和博弈。正如现实主义国际关系理论中的权力竞争以及国际经济竞争中的市场占有率所揭示出的那样，由于这种根本的竞争关系具有零和博弈的性质，几乎无法进行调和，因此，只有他们对合作收益和合作剩余问题的认知和评估方面的聚焦出现差异，零和博弈的关系才有可能变成正和博弈关系，合作出现的概率才会上升。

进一步说，在零和博弈的基本冲突无法回避和调和的情况下，要使博弈双方存在的现实的或潜在的零和博弈关系转变为正和博弈，就要使他们之间在合作收益和合作剩余问题上的认知和评估方面的聚焦出现差异，而他们的聚焦出现差异，一种可能就是他们在评估视角、时间眼界和对未来的贴现率出现差异。[①] 从理论上说，对于国家间或企业间的竞争来说，这些差异不应该是来自个体智力方面的差异，而应该是由于各自不对称的实力对比差距所导致的认知差异。这种差异可能是因为他们的博弈情景不同，对多局博弈认知的差异，而这又造成了他们之间在评估视角、时间眼界和对未来的贴现率上出现的差异。一般来说，在两个实力不对称悬殊的博弈对手之间，弱小的一方所面临的挑战最集中，即如何快速提升自身的实力。因此，其对合作收益与合作剩余的评估视角更集中，对当前的挑战给予更多的关注，相对来说，对未来的贴现率更低，时间眼界也就越短，对绝对收益的赋值就会越高。换言之，在这种情况下，他们会更多地考虑如何提升

① 一般来说，人们在认知上都有重视当前忽略未来的倾向，因此时间眼界都是有限的。但是比较而言，我们在后面将指出，由于弱势一方在现实中承受的压力更大，往往会使得他们对未来收益的贴现更小，时间眼界也更短。而强势一方在现实中的相对优势使得他们能够更关注未来。

自身的绝对实力水平而不是相对实力对比。[①] 相反，强势一方面对的更多是来自外部的国际竞争，因此他们对合作收益和合作剩余评估的视角更宽广，而且对未来变化的考虑更多，时间眼界也更长。与弱势一方的博弈并不是强势一方的战略重点，他们考虑更多的是与其他势均力敌的霸权势力的权力竞争。由于对弱势一方存在巨大的实力差距，所以他们暂时不担心弱势一方可能的挑战。相反，只要与弱势一方的合作能够增强他们的实力，从而有助于他们与其他势均力敌的霸权势力的权力竞争，合作对于他们就是可以接受的。

合作收益与合作剩余效用的可转移性以及博弈双方聚焦的差异性是不对称合作出现的基本条件。也正是在这个意义上，不对称合作才可能是双赢的，因而也才是可能实现的。

第四节 古诺模型从对称博弈到不对称博弈的变化

我们在本书中试图从博弈论的角度来理解国际关系和经济关系，并且将权力基础转化为经济实力，所以在本节的分析框架是依据微观经济学中的古诺模型展开的。这样做的可行性在于：

第一，本书是从竞争的角度研究合作背后的博弈。事实上，只要将合作看成对冲突的一种管理方式，那么对最终胜负的有序竞争本身与博弈过程就是一种合作。因此，可以借用古诺模型展开我们的研究模拟。当然，还有必要根据不对称合作的特点对模型进行调整。

第二，基本的古诺模型是一个只有两个寡头厂商进行静态博弈的简单模型。所以，这个模型适用于单局双边博弈，特别是当一个国家

---

① 中国在20世纪70年代末的改革开放就是这样一个典型的情形。当时中国的整体实力和人民生活水平都很低，所以如何提高自身实力和改善人民生活是最重要的。只要通过改革开放能够取得比闭关锁国更快的发展速度，获得更高的收益就是最重要的聚焦。相反，能够获得比博弈对方更高的相对收益还不是当时中国改革开放的直接目标，才有用优惠政策吸引外资的措施。因为只要通过改革开放获得比闭关锁国更快的发展速度，就能够提升中国的国际地位。因此，当时的目标是实现“四个现代化”。至于能否在国际上参与全球治理和规则制定等还不是主要考量。

（通常是弱势一方）以开放国内市场的方式与另一个国家（通常是强势一方）合作并进行博弈的时候。此时，就是弱势一方借助强势一方开拓出国内的新市场并与其进行寡头竞争；另外，多局博弈也可以通过数个并行的单局双边博弈来体现。由于我们的分析将基本古诺模型的单期分析扩展为多期分析，对于可能涉及的时间贴现问题，我们在此做了简化处理。事实上，就国际关系中弱势一方赶超的客观进程而言，由于很难假定存在使用收益进行无风险的再投资并获取收益的机会，所以在赶超分析中我们可以忽略实力累积过程中贴现率因素的影响。

第三，基本的古诺模型假定，这两个厂商在市场需求曲线的每一点上都有着完全信息，在进行产量决策时不进行协商，相互独立地同时作出决策，因而只能根据对对方产量的预测来决定自己的最优产量。加之他们的目标都是利润最大化，因此是一个标准的非合作博弈。这种情况也与国际关系中的权力竞争非常相似。各家厂商的产量可以看成是各国在权力竞争中提供的国际公共产品的数量。因此，这个产量可以被看成与厂商权力正相关。而规模报酬不变，也不考虑技术进步以及其他非市场因素等假定，由于只是简化分析，不会对结果产生根本影响。

第四，市场出清价格是总产量的减函数。① 在国际关系中，如果完全按照需求提供国际公共产品，供求相等，也就显示不出国际公共产品的价值。但是，如果提供的国际公共产品数量过低，又显示不出权力收益本身，所以如同在古诺模型中要在价格和产量之间进行权衡一样，也必须在公共产品供给量和与之相关的权力收益之间进行权衡。

一　基本的双寡头博弈模型之一：产量竞争的古诺模型

基本的古诺模型是一个只有两个寡头厂商进行静态博弈的简单模

① 在基本古诺模型中给出的函数形式是：$P = a - (y_1 + y_2)$。其中，a 是市场总需求，y_1 和 y_2 分别是两个厂商的产量。

型。假定在市场上这两个寡头有着相同的成本结构，生产同质的产品，对市场需求曲线上的每一点有着完全信息，仅考虑一个时期进行产量决策，且假定对方产量不变。如果厂商 1 的产量为 y_1，厂商 2 的产量为 y_2，市场总需求等于总产量，即 $y = y_1 + y_2$。在市场需求曲线中，市场出清价格 P 是总产量的减函数，即 $P = a - (y_1 + y_2)$，其中，a 为市场总需求量。

假定两个厂商的产量决策是相互独立的，不进行协商，也不受相互的限制，并且是在同一时间进行产量决策，所以他们只能根据对对方产量的预测来决定自己的最优产量。这样，我们就可以将厂商 1 利润 π_1 最大化的最优产量 y_1^* 和厂商 2 的利润 π_2 最大化的产量 y_2 之间的关系表达为一个简单的反应函数：

$y_1^* = y_1(y_2)$

同理，$y_2^* = y_2(y_1)$

他们各自的目标是使自己的利润最大化，因此是一个标准的非合作博弈过程。那么，怎样才能够找到这个博弈的纳什均衡呢？根据纳什均衡的定义，对博弈双方来说都具有最优对策性质的策略组合就是一个稳定的组合。在这个策略组合上，没有一方有动力偏离这个状态。

根据前面的条件，我们可以假定：

$\pi_1 = py_1 - c_1 = y_1[a - (y_1 + y_2)] - c_1$

$\pi_2 = py_2 - c_2 = y_2[a - (y_1 + y_2)] - c_2$

由于我们假定这两个寡头有着相同的成本结构，且没有固定成本，所以他们每增加一个单位产量的边际成本也是相等的，即 $MC_1 = MC_2 = c > 0$，则他们生产 y_1 和 y_2 时的总成本分别是 cy_1 和 cy_2。因此

$\pi_1 = y_1[a - (y_1 + y_2)] - cy_1 = (a - c)y_1 - y_1^2 - y_1y_2$

$\pi_2 = y_2[a - (y_1 + y_2)] - cy_2 = (a - c)y_2 - y_2^2 - y_1y_2$

从利润最大化的条件 $\frac{\partial \pi_1}{\partial Y_1} = 0$，由两个厂商的利润最大化条件联立，可以推导出两个厂商的最优产量是：

$y_1^* = y_2^* = (a - c)/3$

此时，市场总产量就是：

$Y^* = y_1^* + y_2^* = 2(a-c)/3$

市场均衡价格就是：

$P^* = (a+2c)/3$

两个厂商的均衡利润就是：

$\pi_1^* = \pi_2^* = (a-c)^2/9$

在这种情况下就达到了所谓的古诺均衡，也就是说，在这样一对产量的组合下，没有哪个厂商认为可以通过增加或减少自己的产量来达到提高利润的目的，因此也被称为古诺—纳什均衡。由于这两个厂商的反应函数曲线都是线性的，而且是对称的，所以它们只有一个交点。这样，古诺均衡不仅是唯一的，而且两个厂商的最优产量相等，产量且严格为正。换言之，这个解具有合理性，符合前面所说的纳什公理。

总之，在古诺模型博弈中，总产量低于市场需求量，虽然相比垄断情况社会总福利得到了改善，但是由于价格依然高于完全竞争时的价格，社会总福利并没有实现最大化。

二　基本的双寡头博弈模型之二：价格竞争的伯特兰德模型

古诺模型假定寡头之间进行的是产量竞争，但是不论是从逻辑上还是在现实中，我们更多看到的是价格竞争。因此，伯特兰德模型将产量竞争改变为价格竞争，而且也是一个只有两个寡头厂商进行静态博弈的简单模型。其基本假定与古诺模型也大体一样：在市场上这两个寡头有着相同的成本结构；生产同质的产品；需求曲线为线性；对市场需求曲线上的每一点有着完全信息；仅考虑一个时期并同时进行决策。由于寡头之间进行的是价格竞争且产品同质，因此消费者总是从价格较低的厂商购买，而对价格高的厂商需求为零。而如果两个厂商的价格相等，则消费者会分别从两个厂商处购买。

在这种情况下，如果厂商 1 预计到厂商 2 的定价将高于垄断价格，那么显然厂商 1 按照垄断价格定价，就可以取得全部市场份额；如果他预计厂商 2 的定价低于垄断价格，则他的定价只要略低于厂商

2 的定价即可，也能取得竞争优势；但是，如果他预计到厂商 2 的定价低于边际成本，那么他就会放弃市场竞争，停止生产。

由于我们假定两个寡头的成本结构是相同的，所以厂商 1 的决策情景也同样适用于厂商 2。为了维持尽可能高的利润，同时取得对博弈对手的竞争优势，两个寡头竞争的结果一定是将市场价格导向边际成本。因为当 $P_1 = MC$ 的时候，如果 $P_2 > MC$，则市场对厂商 2 的需求为零，将不得不退出竞争；如果 $P_2 < MC$，虽然厂商 2 能够得到全部市场份额，但是将处于亏损状态而无法持续。只有两个厂商都设定相当于边际成本的价格，此时他们都不可能从提价或降价中得到好处，也就没有厂商有动机单方面偏离这个均衡状态。

这样在伯特兰德模型中，最终的伯特兰德—纳什均衡点也将是唯一的，并且 $P* = P_1^* = P_2^* = MC$。这也意味着在厂商在进行价格博弈的伯特兰德模型中，即使市场上只有两个寡头，最终的结果也依然与完全竞争的结果一样，均衡价格等于边际成本，总产量等于市场需求量，每个厂商各生产一半，且利润为零。也就是说即使市场上只有两个厂商，他们也同样不能成功操纵市场价格并获得垄断利润，但是这个结论显然与经验不符，而被称为伯特兰德悖论。

对于产生伯特兰德悖论的原因，一般有三种解释，而这三种解释在本质上都是放松了原有的假定。其一是埃奇沃思假说，即至少一个企业的生产能力受到约束，因而在严格一期博弈的假定下，两个寡头的供给总量就低于理论水平，从而市场价格高于边际成本和完全竞争价格水平；其二是放松产品差异化假说，即如果两个寡头的产品不是同质的，那么他们就都获得了一定的定价权，而厂商总具有提高价格以获取垄断利润的冲动就使得市场价格水平高于边际成本；其三是放松时间维度，在严格的单期博弈视野下，利润最大化也被限制在一期，而如果考虑到多期博弈的情形，厂商就可能把短期利润最大化与长期价格战的损失进行比较，从而可能偏离原有的均衡状态。

我们承认在现实中看到的厂商间竞争大多是价格竞争，但是两寡头价格博弈的伯特兰德悖论又使我们心生疑窦，对悖论的解释也都是建立在放松原有假定的基础上的，那么，在考察两寡头博弈的时候，究竟是古诺模型还是伯特兰德模型更接近现实呢？也许问题的核心就在于价格决策和产量决策究竟哪个是长期决策、哪个是短期决策，或者说是价格决策决定产量决策还是产量决策决定价格决策。就两个模型所涉及的短期分析来说①，由于厂商的生产能力和产量调整比较困难，所以我们可以认为是产量决定了价格，因此古诺模型可能更适合现实的情况。②

三　双寡头博弈模型的扩展之一：不对称成本的古诺模型和伯特兰德模型

就我们在本书对合作不对称性的研究来说，不论是古诺模型还是伯特兰德模型，修改其对两个寡头成本结构同质性的假定具有重要意义。博弈双方的不对称性不论是由于规模经济的原因还是技术原因，最终都将体现为成本的差异，而这将对博弈结果产生什么样的影响呢？

我们依然假定市场上有两个寡头厂商，他们的成本结构分别是：$TC_1 = c_1y_1$，$TC_2 = c_2y_2$。其中，c_1和c_2分别是厂商 1 和厂商 2 的边际成本，且$c_2 > c_1$③，且在一般情况下，c_1和c_2的差距较小，不会出现$2c_1 = c_2$的情况，也就是说，一般存在$2c_1 > c_2$。这样，我们有：

$$\pi_1 = py_1 - TC_1 = y_1[a - (y_1 + y_2)] - c_1y_1$$

$$\pi_2 = py_2 - TC_2 = y_2[a - (y_1 + y_2)] - c_2y_2$$

我们可以得到厂商 1 和厂商 2 的最优产量分别是：

$$y_1 = (a + c_2 - 2c_1)/3;\ y_2 = (a + c_1 - 2c_2)/3$$

此时，市场总产量就是：

$$y = y_1 + y_2 = [2a - (c_1 + c_2)]/3$$

---

① 尽管我们也可以将古诺模型或伯特兰德模型扩展为多期模型，但是在这个多期模型的时间视野内，究竟是价格更稳定还是产量更稳定呢？显然应该是产量。从这个意义上说，在模型的假定下，是产量决定了价格，因此对产量的分析更重要。

② 当然，在产能利用率没有达到饱和以前，产量决策在短期分析中就是竞争的重要内容。而一旦产能利用率达到了饱和，那么正如埃奇沃思假说所揭示的那样，价格竞争实际也受到了限制。而这是一个重要的拓展思路，将成为我们在下一节讨论的内容。

③ 这里还有一个隐含条件，即$P > c_2$，否则厂商 2 就会退出竞争博弈。

市场均衡价格就是：

$P^* = [a + (c_1 + c_2)] / 3$

两个厂商的均衡利润就是：

$\pi_1^* = [(a + c_2 - 2c_1)(6a - 8c_1 + c_2)] / 9$

$\pi_2^* = [(a + c_1 - 2c_2)(6a - 8c_2 + c_1)] / 9$

由此，我们可以看到，与基本的古诺模型相比，在两个寡头成本不对称的情况下，由于一般存在 $2c_1 > c_2$，所以 y_1 和 y_2 都会变小，而且 y_2 的下降程度要远远超过 y_1 的下降程度。同理，也不难看出，更不难理解两个厂商的利润水平也都会下降，且 π_2 的下降程度要远远超过 π_1 的下降程度。与此同时，市场总产量也会下降，均衡价格水平也更高。

在两寡头成本不对称的情况下，如果进行价格博弈的伯特兰德竞争，即使能够保证 $P > c_2$ 的情况，由于 $c_2 > c_1$，在市场价格一致，也就是厂商 1 和厂商 2 所面对的 MR 相同的情况下，$MC_2 = MR$ 会先于 $MC_1 = MR$ 到来，这样厂商 2 会先退出市场竞争，厂商 1 会很快完成市场独占。

四　双寡头博弈模型的扩展之二：先发优势的斯塔伯格模型

前面我们讨论了两寡头不对称的一种情形，即成本不对称，其背后可能代表着两个厂商之间在规模和技术方面的不对称。我们接下来再讨论另一种不对称的情况：先发优势，即两个厂商不再同时行动，而是一个厂商获得先发优势。形成这种先发优势的原因可能很多，比如在战略决策、研发进度、市场进入等方面捷足先登，都可能造成两个博弈对手之间的序贯决策。捷足先登者就成了领导者，后知后觉者在观察到领导者的产量以后选择能给自己带来利润最大化的产量进行决策，成为跟随者。由于是单期决策，所以领导者的决策是不可逆的，也就是说一旦决策就没有调整的可能，并且市场价格和利润水平将在跟随者决策以后给出。两个寡头都知道这一点。

为了简化问题和以后进行比较分析，我们对斯塔博格模型的求解还是先从两寡头成本对称（$c_1 = c_2 = c$）、产品同质、企业对需求曲线由完全信息的情况开始，变化仅仅是他们进行序贯产量决策。在这种情况下，先行主导厂商可以充分估计自己的产量计划对追随厂商的影响，进而估计追随企业的反应函数，并把这个反应函数纳入自己的目标函数，从而得出最优的产量决策。具体来说，对于跟随厂商来说，每观察到领导厂商的一个产量后就可以从市场总需求中减去这个产量，进而得到自己所面临的剩余需求，也就是说可以从领导厂商的供给曲线求出自己面临的需求曲线和反应函数，然后再根据 MR = MC 的原则，得到能够给自己带来利润最大化的一个最优产量。反过来对于领导厂商来说，由于他可以预测出跟随厂商的反应函数，就可以知道与他自己的每一个产量决策对应的跟随厂商的产量决策。这样，领导厂商就能预测出市场总产量与总需求量之间的差，从而得到市场价格曲线，进而可以计算出自己的边际收益曲线，最后也根据 MR = MC 的原则，得到能够给自己带来利润最大化的一个最优产量。

按照这样的思路，我们有：

$\pi_1 = py_1 - TC_1 = y_1 [a - (y_1 + y_2)] - cy_1$

$\pi_2 = py_2 - TC_2 = y_2 [a - (y_1 + y_2)] - cy_2$

在厂商 2 预期厂商 1 的产量 y_1 为常数的情况下，我们可以计算出利润最大化的 y_2 决定函数：

$y_2 = (a - c - y_1) / 2$

将这个 y_2 带入厂商 1 利润最大化的 y_1 决定函数，就可以得到：

$y_1 = (a - c) / 2$

然后，再将这个 y_1 的解代入以 y_1 作为自变量时能保证利润最大化的 y_2 决定函数，得到：

$y_2 = (a - c) / 4$

此时，市场上的均衡价格为：

$P^* = (a + 3c) / 4$

市场均衡产量为：

$y^* = y_1 + y_2 = 3(a - c) / 4$

两个厂商的均衡利润是：

$\pi_1^* = (a - c)^2/8$；$\pi_2^* = (a - c)^2/16$

至此，我们可以发现，在对两个厂商的基本假定不变的情况下，与基本的古诺模型相比，市场总产量上升，价格下降，总利润水平也下降，社会福利上升。但是要注意的是此时领导厂商的产量和利润水平却比基本古诺模型的状况出现上升，与此同时，跟随厂商的产量和利润水平却比基本古诺模型的状况出现了下降。

参照前面的分析，我们还可以得出不对称成本情况下斯塔博格模型的解。

我们依然假定市场上两个寡头厂商的成本结构分别是：$TC_1 = c_1 y_1$，$TC_2 = c_2 y_2$。其中，c_1和c_2分别是厂商1和厂商2的边际成本，且$c_2 > c_1$，且在一般情况下，c_1和c_2的差距较小，不会出现$2c_1 = c_2$的情况，也就是说，一般存在$2c_1 > c_2$。这样，我们有：

$\pi_1 = py_1 - TC_1 = y_1 [a - (y_1 + y_2)] - c_1 y_1 = (a - c_1) y_1 - y_1^2 - y_1 y_2$

$\pi_2 = py_2 - TC_2 = y_2 [a - (y_1 + y_2)] - c_2 y_2 = (a - c_2) y_2 - y_1 y_2 - y_2^2$

将y_1作为自变量的情况下，我们可以计算出利润最大化的y_2决定函数：

$y_2 = (a - c_2 - y_1) /2$

将这个y_2带入厂商1利润最大化的y_1决定函数，就可以得到：

$y_1 = (a - 2c_1 + c_2) /2$

然后，再将这个y_1的解代入以y_1作为自变量时能保证利润最大化的y_2决定函数，得到：

$Y_2 = (a - 3c_2 + 2c_1) /4$

此时，市场上的均衡价格为：

$P^* = (a - 2c_1 - c_2) /4$

市场均衡产量为：

$y^* = y_1 + y_2 = (3a - 2c_1 - c_2) /4$

两个厂商的均衡利润是：

$\pi_1^* = (a - 2c_1 + c_2)^2/8$；$\pi_2^* = (a - 3c_2 + 2c_1)^2/16$

由于假定 $c_2 > c_1$，厂商 1 是领导者，且 $2c_1 > c_2$，在两个厂商成本结构不相同的时候，与成本结构相同时的斯塔博格模型相比，市场总产量、价格和总利润水平以及由此得到的社会福利都没有发生变化，但是值得注意的是，在这种状况下，相比跟随厂商，领导厂商的产量和利润水平进一步上升，不对称优势将进一步明显。

第五节　从非合作博弈走向合作博弈：基于古诺模型的不对称博弈动态

从我们上面对古诺模型的回顾和总结中可以看出，在完全信息条件下两寡头的博弈虽然使社会福利受到损失，但是对于寡头来说却可以达到利润最大化，实现纳什均衡。即使在两寡头成本不对称的情况下，尽管寡头的产量、利润和社会福利下降，价格上升，但是成本低的寡头却可以因此在纳什均衡中取得优势，而在序贯博弈的情况下，具有成本优势的先发寡头在最终的纳什均衡中能够得利更多。

寡头生产率的不对称将造成他们收益的不对称无可厚非，并且符合纳什公理，为双方所接受。但是，这样是不是就将意味着在生产率上处于劣势的厂商最终会被吃掉，从而走向完全垄断①呢？在现实中，寡头之间常常出现的错位竞争。错位竞争就是彼此避开对方的竞争优势，默契配合，以求最大利益，因此也可以看成是一种合作行为。所以，这种纳什均衡也提出了合作起源之谜：既然在这种均衡下厂商都已经实现了最优，特别是在成本不对称或具有先发优势的情况下，领先厂商已经取得了对跟随厂商的优势，并且跟随厂商也接受了这种局面，那么为什么跟随厂商还要开展合作呢？究竟是什么动力使得他们又走到一起，彼此配合，相互合作呢？

显然，要从纳什均衡中走出来，就必须改变原有的视角。在寡头

① 在国际关系中的类似问题是，小国是不是最终都将消失而走向世界帝国呢？毫无疑问，不论是历史还是现实都不支持这种推论。

竞争[①]中出现合作，大体可能存在如下两种情况：

一是对合作剩余的追求，也就是增加一个合作激励。标准古诺模型分析的是一个国家国内市场的竞争，而在国际视野内，如果一个国家向另一个国家的厂商开放市场，那么情况就不再是简单的竞争。厂商进入一个新的国际市场固然可以增加其收益，但是，作为对市场开放的回报，外国企业也需要让渡一些收益，也就是我们在前面所说的效用转移，这样就可能出现彼此配合的合作。

二是从单局博弈拓展为多局博弈。尽管我们还可以使用双寡头模型进行分析，但是多局博弈的视角会改变对寡头竞争的评估。

一　不对称合作：合作激励与收益转移

我们在前面已经指出，合作的必要条件之一是合作一定能够带来合作剩余，并且这个剩余不能是依靠单干，而必须是通过双方配合的合作取得的。

我们假定一个发展中国家对发达国家厂商开放市场，从而使原有的国内垄断企业面临寡头竞争。对于发达国家厂商来说，面对一个新市场肯定能够给它带来额外的利润，而且由于发达国家厂商自身的技术优势和成本优势使其相对东道国的垄断企业将处于有利的竞争地位[②]，并且在双寡头竞争的条件下两个厂商之间的直接合谋合作也是被禁止的。在这种情况下，东道国政府对发达国家厂商提出了开放市场的条件，即要求它拿出一部分收益用于补偿国内厂商的损失。当然，这在名义上可能是帮助国内厂商开展人员培训或直接交给东道国

---

① 现实中的另一种竞争是，小企业另辟蹊径，绕开与大企业的直接竞争，通过技术创新（不是熊彼特的毁灭性创新），开辟新的产品市场或新的产业，从而发展起来，与大企业分庭抗礼。对于这种情况，我们将在下面的小节中再进行详细论述。

② 严格地讲，发达国家厂商能够在发展中国家投资并且持续下来，应该有两个条件：其一是在海外投资的收益率要高于国内投资的收益率，其二是在海外投资的收益率要高于当地企业的收益率。由于发达国家的海外投资具有不对称优势，因此在投资额相同的情况下，发达国家厂商在海外投资的收益率一定会高于当地企业的收益率。另外，我们可以合理地假定发达国家厂商的投资与市场规模相关，因此只要发达国家厂商在海外市场的利润水平高于在国内市场的利润水平，就意味着海外市场的利润率高于国内市场的利润率。

政府用于环境保护等。

当然，如果发展中国家政府对本国垄断企业的学习能力有信心，则为了鼓励引进外资，也可以不仅不要求发达国家厂商拿出一部分收益作为补偿，甚至还会给予一定的优惠政策来减少其在东道国投资的成本。

二　不对称合作与制衡中的多局博弈

在我们前面的例子中，从弱势方角度来说，通过开放国内市场可以引进国外竞争来达到发展本国经济的目的，从更长远的角度看，则可以为在国际上的崛起奠定一个基础。而从强势一方来说，与弱势一方的合作可能是出于对合作剩余的追求，更可能是出于与第三方竞争而制衡对手的需要。从这个意义上看，原有的发达国家厂商与发展中国家厂商之间的单局博弈实际上已经变成了这个发达国家厂商与另一个发达国家厂商的双边博弈背景下，与发展中国家厂商之间的多局博弈问题，而此时发达国家的聚焦已经从单纯对合作剩余的追求转变到在另一个市场上与另一个发达国家厂商的竞争问题，而此时与发展中国家厂商的博弈便服从于与另一个发达国家厂商竞争的需要。在这种情况下，与发展中国家厂商的博弈与其说是单局博弈视角下的竞争问题，不如说是在多局博弈视角下的合作问题，甚至可以说是联盟问题了。

尽管对于联盟均势的理解有所不同，但是不论是实力均势还是威胁均势，权力竞争总是以权力最接近的对手为目标的。我们假定发达国家厂商为了取得在发展中国家国内市场上垄断寡头的竞争优势而进入发展中国家市场，其目的就是扩大产量，增加盈利，从而在国内市场上取得对垄断寡头的不对称优势。

按照基本的古诺模型，发达国家厂商在国内市场上与另一个寡头进行成本对称的产量博弈，最终与另一个寡头分享相同的产量和相同的利润：

$$y_1^* = y_2^* = (a-c)/3$$

$$\pi_1^* = \pi_2^* = (a-c)^2/9$$

而为了取得竞争优势，厂商 1 抓住与发展中国家合作的机会，在发展中国家市场上与发展中国家厂商 3 展开成本不对称的产量博弈。与我们在前面的分析略有不同的是，此时由于是发达国家厂商 1 为了在与厂商 2 的竞争中取得优势而主动与发展中国家合作，因此我们假定此时厂商 1 愿意拿出比在本国市场上高出的全部利润差额补偿给发展中国家的厂商，从而在不对称成本优势条件的博弈中仅享受与其在发达国家成本对称条件博弈中相等的投资回报率。假定发达国家的市场规模是发展中国家市场规模的 4 倍，厂商 1 在发达国家市场和在发展中国家市场上的边际成本不变，因此其在发达国家市场上享有的产量和利润也是其在发展中国家市场上享有的产量和利润的 4 倍。这样，我们就可以得到：

$y_1^* = (5/4)\ y_2^*$；$\pi_1^* = (5/4)\ \pi_2^*$

显然，在这种情况下，厂商 1 就取得了对厂商 2 超过 $(1/4)\ y_2^*$ 的优势。

我们也可以证明，即使厂商 1 在本国市场上与厂商 2 的产量博弈中处于不对称成本劣势，也可以通过与发展中国家市场开放的合作中增加自身的产量和利润，从而达到制衡厂商 2 的目的。

三　不同情景下不对称合作的比较动态分析

其实我们最感兴趣的不仅是在古诺模型的条件下从非合作向合作的转变，更重要的是，在不对称情况下弱势一方明知对收益的分享也将是不对称的，而且博弈者也明知合作的背后还是竞争，不对称的收益分享不会改变初始不对称的格局，甚至还会加剧弱势一方的弱势地位的情况下，弱势一方为什么还会参与合作，不对称合作为什么还会出现呢？

与阿克塞尔罗德破解囚徒困境的非合作博弈类似，要回答这个问题，我们不仅需要从单局博弈中跳出来，更要将关注的重点从单期分析扩展为多期博弈的累加结果。在前面我们已经说明，为了在与势均力敌的竞争对手的主博弈局中取得优势，强势的一方可以通过与弱势一方辅（次）博弈局的合作来增强自己的实力，然后携此额外收益回过头来在与老对手的竞争中争取主动。应该引起我们注意的是，这里的关键是这两个主博弈的对手是势均力敌的，适用对称成本的古诺模型。而如果我们要解释弱势一方对于不对称合作得失的多局博弈考量，单次博弈带来的收益是不足以改变实力对比的，必须积小胜才能求大胜。而且还必须采取更加迂回的策略，不能指望一次性的直接携辅博弈局的收益就在主博弈局中取得优势。事实上，弱势一方不仅要通过在主博弈局中与强势对手的不对称合作中获得不对称的收益，而且还要携此收益在与辅博弈局中逐步取得对相对强势对手的优势，改变实力对比，经过长期的卧薪尝胆与励精图治，才可能最后反过来在主博弈局中形成对强势对手的威胁。

我们还从古诺模型的分析开始。

首先，基本的古诺模型假定两个厂商有着相同的成本结构、生产同质的产品，因此可以看作对称的寡头竞争。在我们分析中，厂商 1 是最强势的博弈方，厂商 2 是相对强势的博弈方，厂商 3 是弱势博弈方，也是我们分析的主角。我们假定厂商 1、2、3 的国内市场总需求分别标准化为 4、2、1①，$c_1=0.7$，$c_2=0.8$，$c_3=0.9$，且厂商的利润最终也会变成国内总需求从而提高本国的实力水平。在这里，各国在成本系数上的差距比国内总需求的差距更重要，实际上代表了各国在技术水平方面的差距，而技术水平的差距是现代社会中权力的一个重要来源。

其次，考虑到古诺模型在分析国际关系中不对称合作的适用性，在沿用原模型分析框架的同时，我们索性在此后的分析中直接将厂商 1、厂商 2 和厂商 3 改称为国家 1、国家 2 和国家 3，价格就相当于提供公共产品的单位收益，利润相当于提供公共产品的净收益或实力增量，利润最大化原则也可以看作净收益最大化原则，将市场需求实际代表了国家规模，也就是国家实力，产量可以认为是公共产品供给

① 对 a 的规模差异的设定实际对我们的分析影响不大，因为在情景 1 中只会影响最弱势一方对次弱势一方的追赶速度，在情景 2 中由于国家 3 将进入国家 1 和国家 2 的市场，所以不对称性的提高可以加快追赶速度。但是在我们的分析框架内，不论是哪种情景，真正影响追赶速度的主要因素是三个国家成本系数的不对称程度。

量，故依然可以称为产量，成本依然称为成本。① 这样，在以下的推导过程中，π_i表示国家 i 的净收益水平，a_i表示国家 i 的实力，c_i代表国家 i 的成本系数，y_i代表国家 i 的公共产品供给量，P 代表收益水平。

情景 1：国家 3 与国家 1 合作，但国家 2 不与任何人合作。

对于弱势方国家 3 来说，它与最强势国家 1 的博弈适用不对称成本的古诺模型，其所获取的收益也将是不对称的。因此，国家 3 应该清楚地知道，通过与强势国家 1 合作虽然不会改变其与国家 1 的实力对比（甚至由于不对称性的原因还会使实力对比恶化），但是却可以增强自身的实力的绝对水平，从而可能在与相对强势国家 2 的博弈中逐渐改变弱势地位。这样，国家 3 将开放国内市场并与最强势国家 1 开展合作。在我们的分析中假定，国家 3 由于受到自身技术水平的限制，无法依靠自己的力量开发这个市场，也就是说在开放前这个国内市场是不存在的。因此，在开放以后从这个市场获得的利润才是一种纯粹的增量。

按照基本古诺模型的思路，我们可以推导出在成本不对称条件下国家 3 在向国家 1 开放国内市场以后获得的利润：②

$$\pi_1 = py_1 - TC_1 = y_1 \left[a_3 - (y_1 + y_3) \right] - c_1 y_1 \quad (1)$$

$$\pi_3 = py_3 - TC_3 = y_3 \left[a_3 - (y_1 + y_3) \right] - c_3 y_3 \quad (2)$$

根据 $\frac{\partial \pi_1}{\partial Y_1} = 0$ 和 $\frac{\partial \pi_3}{\partial Y_3} = 0$，我们可以得到国家 1 和国家 3 的均衡产量分别是：

$$y_1^* = \frac{a_3 + C_3 - 2C_1}{3} \text{ 以及 } y_3^* = \frac{a_3 + C_1 - 2C_3}{3} \quad (3)$$

此时，市场总产量就是：

$$Y^* = y_1^* + y_3^* = \frac{2a_3 - (C_1 + C_3)}{3} \quad (4)$$

---

① 读者可以从国际关系的角度方便地按此理解，但是为了行文顺畅，本书不做这种变换，依然称为价格、利润、市场需求、产量和成本。

② 为节省篇幅，本处省略了推导过程，有兴趣的读者可向作者索取。另外，感谢谢申祥教授就公式推导给出的修改意见。

市场均衡价格就是：

$$P^* = a_3 - Y^* = a_3 - \frac{2a_3 - (C_1 + C_3)}{3} = \frac{a_3 + (C_1 + C_3)}{3} \tag{5}$$

国家 1 的均衡利润就是：

$$\pi_1^* = P^* Y_3^* - TC = P^* Y_3^* - C_1 Y_1^* = (P^* - C_1)\ Y_1^*$$

$$= \left[\frac{a_3 + (C_1 + C_3)}{3} - C_1\right] \left(\frac{a_3 + C_3 - 2C_1}{3}\right) = \frac{(a_3 + C_3 - 2C_1)^2}{9} \tag{6}$$

同理，我们可以得到：

$$\pi_3^* = \frac{(a_3 + C_1 - 2C_3)^2}{9} \tag{7}$$

再将 $c_1 = 0.7$ 和 $c_3 = 0.9$ 代入（7）式以后，我们可以计算出：

$$\pi_3 = \frac{(a_3 - 1.1)^2}{9} \tag{8}$$

由于我们已经假定国家 2 不与任何人合作，因此，与三个国家彼此都不进行合作的初始情景相比，国家 3 在实力上就对国家 2 取得了 $\pi_3 = \frac{(a_3 - 1.1)^2}{9}$ 的增量优势。① 这样，只要对 a 赋值，通过复利公式我们就能算出，经过多少个生产周期，国家 3 就能够超越国家 2 的实力。

同理，将 $c_1 = 0.7$ 和 $c_3 = 0.9$ 代入（6）式以后，我们也可以计算出：

$$\pi_1 = \frac{(a_3 - 0.5)^2}{9} \tag{9}$$

① 在此我们必须指出的是，如果国家 3 不通过开放国内市场的方式与国家 1 或国家 2 合作，由于没有相应的技术支持，这个国内市场很可能本来就是无法得到开发的。即使这个市场存在，且国家 3 在这个市场上可以获得垄断收益，当时由于相比国家 1 和国家 2 在成本系数上和市场总需求方面的劣势，在国家 1 和国家 2 同样垄断各自国内市场的情况下，国家 3 也无法实现对国家 1 和国家 2 的赶超。也就是说，如果不合作，弱势方也没有机会赶超强势方。从各国经济发展的历史比较看，闭关锁国也的确是没有出路的。

很显然在两国合作的情形下，一定有 $\pi_1 > \pi_3$。也就是说，在这种情况下，弱势国家与最强势国家的绝对实力差距是不断扩大的，这也符合调整后不对称合作的纳什公理。不过即使如此，我们也应该看到，如果国家 1 由于国家 3 开放其国内市场而对其进行一定的补偿，也就是偏离一些不对称的比例，那么由于国家 3 起初的产出水平比较小而国家 1 的起初产出水平比较大①，所以仅就增长速度而言，国家 3 的实力增长速度还是可能超过国家 1 的实力增长速度。

情景 2：国家 3 在国内市场上同时与国家 1 和国家 2 合作，但国家 2 不与国家 1 合作。

当然，国家 3 不仅可以对国家 1 开放国内市场，还可以同时对国家 2 开放同一个国内市场。此时，古诺模型就变成了成本不对称的三寡头垄断竞争市场。

按照古诺模型的分析思路，我们可以得到：

$$y = y_1 + y_2 + y_3 \tag{10}$$

$$P = a_3 - (y_1 + y_2 + y_3) \tag{11}$$

由此，我们也可以得到：

$$\pi_1 = py_1 - TC_1 = y_1 [a_3 - (y_1 + y_2 + y_3)] - TC_1 \tag{12}$$

$$\pi_2 = py_2 - TC_2 = y_2 [a_3 - (y_1 + y_2 + y_3)] - TC_2 \tag{13}$$

$$\pi_3 = py_3 - TC_3 = y_3 [a_3 - (y_1 + y_2 + y_3)] - TC_3 \tag{14}$$

同样，我们假定这三个寡头有着不同的成本结构，但是都没有固定成本，则他们生产 y_1、y_2和 y_3时的总成本分别是 c_1y_1、c_2y_2和 c_3y_3。因此

$$\pi_1 = y_1 [a_3 - (y_1 + y_2 + y_3)] - c_1y_1 = (a - c_1) y_1 - y_1^2 - y_1y_2 - y_1y_3 \tag{15}$$

$$\pi_2 = y_2 [a_3 - (y_1 + y_2 + y_3)] - c_2y_2 = (a - c_2) y_2 - y_2^2 - y_1y_2 - y_2y_3 \tag{16}$$

---

① 就本书中强调的不对称合作而言，扩展的古诺模型所涉及的成本不对称情形对于本研究来说只是一种具有引申意义、比较特殊的不对称情形。在我们的案例中，这里所涉及的因产出或市场规模而造成的不对称是更具有一般意义的不对称情形。

$$\pi_3 = y_3[a_3 - (y_1 + y_2 + y_3)] - c_3 y_3 = (a - c_3)y_3 - y_3^2 - y_1 y_3 - y_2 y_3 \tag{17}$$

从净收益最大化的条件 $\frac{\partial \pi_i}{\partial Y_i}=0$，可以得到如下三个方程：

$$(a_3 - c_1) - 2y_1 - y_2 - y_3 = 0 \tag{18}$$

$$(a_3 - c_2) - 2y_2 - y_1 - y_3 = 0 \tag{19}$$

$$(a_3 - c_3) - 2y_3 - y_1 - y_2 = 0 \tag{20}$$

由上面这三个净收益最大化条件联立，可以解出三个国家的最优产量。

首先，将（18）式与（19）式联立：

$$(a_3 - c_1) - 2y_1 - y_2 = (a_3 - c_2) - 2y_2 - y_1$$

即：$(c_2 - c_1) + y_2 = y_1$ （21）

再将（18）式与（20）式联立，可得：

$$(a_3 - c_3) - 2[(a_3 - c_1) - 2y_1 - y_2] - y_1 - y_2 = 0$$

$$(a_3 - c_3) - 2a_3 + 2c_1 + 4y_1 + 2y_2 - y_1 - y_2 = 0$$

即：$y_2 = a_3 + c_3 - 2c_1 - 3y_1$ （22）

将（22）式代入（21）式，则有：

$$(c_2 - c_1) + (a_3 + c_3 - 2c_1 - 3y_1) = y_1$$

$$c_2 - c_1 + a_3 + c_3 - 2c_1 = 4y_1$$

这样，我们就得到三个国家的均衡产量：

$$y_1^* = \frac{a_3 + C_2 + C_3 - 3C_1}{4} \tag{23}$$

以此类推，可得：

$$y_2^* = \frac{a_3 + C_1 + C_3 - 3C_2}{4} \tag{24}$$

$$y_3^* = \frac{a_3 + C_1 + C_2 - 3C_3}{4} \tag{25}$$

此时，市场总的均衡产量就是：

$$Y^* = y_1^* + y_2^* + y_3^* = \frac{3a_3 - C_1 - C_2 - C_3}{4} \tag{26}$$

市场均衡价格就是：

$$P^{*}=a_3-Y^{*}=a_3-\frac{3a_3-C_1-C_2-C_3}{4}=\frac{a_3+C_1+C_2+C_3}{4} \tag{27}$$

国家 1 的均衡利润就是：

$$\pi_1^{*}=P^{*}Y_1^{*}-TC_1=P^{*}Y_1^{*}-C_1Y_1^{*}=(P^{*}-C_1)Y_1^{*}$$

$$=\left(\frac{a_3+C_1+C_2+C_3}{4}-C_1\right)\left(\frac{a_3+C_2+C_3-3C_1}{4}\right)=\frac{(a_3+C_2+C_3-3C_1)^2}{16} \tag{28}$$

类似地可得：

$$\pi_2^{*}=\frac{(a_3+C_1+C_3-3C_2)^2}{16} \tag{29}$$

$$\pi_3^{*}=\frac{(a_3+C_1+C_2-3C_3)^2}{16} \tag{30}$$

与情境 1 一样，通过对 c1、c2 和 c3 赋值，经过整理后可得：

$$\pi_1^{*}=\frac{(a_3-0.4)^2}{16} \tag{31}$$

$$\pi_2^{*}=\frac{(a_3-0.8)^2}{16} \tag{32}$$

$$\pi_3^{*}=\frac{(a_3-1.2)^2}{16} \tag{33}$$

与第一种情形相比，由于国家 2 通过与国家 3 的合作也可以获得利润，并且国家 2 获得的利润也高于国家 3 获得的利润，所以从理论上说，国家 3 在这种情况下无法实现对国家 2 的赶超。但是在现实中，由于国家 3 在本国市场同时对国家 1 和国家 2 开放，降低了所有参与者所获得的利润的绝对水平，并在国家 1 和国家 2 之间会形成竞争，使得他们有可能对国家 3 作出一些让步或补偿。所以，国家 3 就有可能获得相对收益上的优势，从而实现对国家 1 和国家 2 的赶超。

按照这样的思路，我们还可以研究国家 3 在与国家 1 合作的同时，国家 2 也开放本国市场而与国家 1 开展合作的情形；以及国家 3 同时与国家 1 和国家 2 合作时，国家 2 也与国家 1 合作。这些情况都会削弱国家 3 的赶超速度优势或增加了为争取相对收益的谈判难度，国家 3 对国家 1 和国家 2 的赶超难度都会有所提高。不过在现实中，由于强国之间难免陷入“大国政治的悲剧”，因此更可能出现的是彼此制衡的状态而不是合作。这就避免了小国通过不对称合作实现赶超中可能遇到的不利局面。

情景 3：国家 3 同时与国家 1 和国家 2 在它们各自的市场上进行合作。

在情形 1 和情形 2 中，我们都是假定国家 3 因为看重国家 1 和国家 2 的技术优势而采取“引进来”的合作策略。在情形 3 中，我们考虑国家 3 依托其禀赋优势采取“走出去”的合作策略。这不仅是因为从经济发展的角度看，不少新兴市场经济体都在经历了引资以后走上了对外投资的道路，而且国家 3 也可以对国家 1 和国家 2 出口自己具有比较优势甚至绝对优势的产品，从而进入国家 1 和国家 2 的市场。反过来说，即使国家 3 作为弱势国家，在一些公共产品的提供成本上可能无法与国家 1 和国家 2 相比，但是国家 1 和国家 2 作为公共产品供给商，也可能以开放本国的一些没有禀赋优势的市场的方式与国家 3 进行合作。[①] 在这种情况下，国家 3 即使不能对国家 1 和国家 2 形成不对称优势，至少我们可以认为国家 3 能够在国家 1 和国家 2 的国内市场上与他们进行具有相同成本结构的寡头竞争。[②] 因此，我们在下面的研究中假定，国家 3 对国家 1 和国家 2 具备了优势，即不再是 $c_1 \leqslant c_2 \leqslant c_3$，而是 $c_1 \geqslant c_2 \geqslant c_3$。

在这种情况下，我们可以知道，国家 3 新增的总产量是由其在国

---

① 与前面对“引进来”的假定相似，我们在“走出去”的情形中也假定在国家 3 进入国家 1 和国家 2 的市场前，在后两个国家中这个产业是不存在的，只是在合作后他们才能够借助国家 3 的禀赋优势开发出这个产业市场。因而国家 1 和国家 2 开放国内市场对于他们来说，这种合作行为也将增加自己的总产出。

② 类比国际贸易的基本理论，国家 3 能够进入国家 1 和国家 2 的国内市场，就一定具有贸易优势。但是，考虑到在国家 3 内部可能存在众多的潜在出口供应商，并且在他们之间可能开展激烈的竞争，或者由于国家之间总体实力的不对称，使得国家 3 在进入国家 1 和国家 2 的国内市场时不得不付出一定的代价，所以虽然国家 3 具有贸易优势，但是最终国家 3 在国家 1 和国家 2 的国内市场上将与国家 1 和国家 2 进行具有相同成本结构的寡头竞争。

家1和国家2的市场上通过寡头竞争获得的产量的总和。参照前面的分析，我们可以推导出国家3进入国家1市场后的情况：

$$\pi_1 = py_1 - TC_1 = y_1[a_1 - (y_1 + y_3)] - c_1 y_1 \tag{34}$$

$$\pi_3 = py_3 - TC_3 = y_3[a_1 - (y_1 + y_3)] - c_3 y_3 \tag{35}$$

我们可以得到国家1和国家3的最优产量分别是：

$y_1 = (a_1 + c_3 - 2c_1)/3$；$y_3 = (a_1 + c_1 - 2c_3)/3$

此时，市场总产量就是：

$y = y_1 + y_3 = [2a_1 - (c_1 + c_3)]/3$

市场均衡单位收益就是：

$$P^* = [a_1 + (c_1 + c_3)]/3 \tag{36}$$

两个国家的均衡净收益就是：

$$\pi_1^* = \frac{(a_1 + C_3 - 2C_1)^2}{9} \tag{37}$$

$$\pi_3^* = \frac{(a_1 + C_1 - 2C_3)^2}{9} \tag{38}$$

同理，我们还可以得到国家3进入国家2市场后的情况

$$\pi_2^* = \frac{(a_2 + C_3 - 2C_2)^2}{9} \tag{39}$$

$$\pi_3^* = \frac{(a_2 + C_2 - 2C_3)^2}{9} \tag{40}$$

与基本的古诺模型相比，我们反过来假定 $c_1 = 0.9$，$c_2 = 0.8$，$c_3 = 0.7$。将这些数值代入，我们可以得到：

$$\pi_3 = \frac{(a_1 - 0.5)^2 + (a_2 - 0.4)^2}{9} \tag{41}$$

显然，（41）式明显大于（8）式。这意味着，与第一种和第二种情景相比，国家3由于同时进入国家1和国家2的市场，因此 π_3 的增长得到了进一步的提高。也就是说，对于国家3来说，通过发挥自己的资源禀赋优势，利用多局合作就能够较快地改变原有实力对比的不对称程度。

正是由于在情景3中国家3利用了自身的禀赋特点，对国家1和国家2具备了成本系数上的优势，从而在事实上改变了不对称的局

面，同时进入了比自己更大的市场，所以追赶速度明显提升。此时，$\pi_1{}^* = \frac{(a_1 - 1.1)^2}{9}$，$\pi_2{}^* = \frac{(a_2 - 0.9)^2}{9}$，不仅明显小于 $\pi_3 = \frac{(a_1 - 0.5)^2 + (a_2 - 0.4)^2}{9}$，甚至也小于国家3分别在国家1和国家2市场上单独取得的收益。这意味着对于弱势方的追赶而言，发现自身的禀赋优势采取走出去的战略比引进来的战略具有更明显的追赶效果。①

当然，这里讨论还只是一种比较简单的情况，我们还可以将国家3同时进入国家1和国家2市场的情形扩展为国家3只进入国家1市场（或只进入国家2市场）的简单情形和在国家3同时进入国家1和国家2市场时，国家1和国家2也同时进入另外两个国外市场的复杂情形。不难想象，在简单情形下，改变的只是国家3对国家2和国家1的赶超速度。但是在复杂情形下，国家3要实现对国家2和国家1的赶超所需要的条件也更复杂，所面临的合作竞争也更微妙。首先，这种微妙性意味着合作各方都要为了争取合作的机会而彼此展开竞争。新兴市场经济体之间为了引资而进行的竞争就是这样一种典型的竞争。这种为了合作而进行竞争的现象，充分反映出合作与竞争的关系。其次，如果我们修改前面只有3个国家的假定而假定存在n个国家（这显然更接近现实的国际关系），只要除最强国家之外的其他所有国家市场总需求之和超过最强国家的市场总需求，那么弱势国家与除最强国家之外的其他所有国家合作（特别是进入这些国家的国内市场）的结果甚至就可能最终超越最强的国家。

另外，在我们上面的模拟中，尽管每一个生产周期后弱势国家所取得的优势可能非常有限，但是，考虑到每一个产品生产周期可能非常短②，因而从季度或年度时间单位看，使用复利公式计算的净产出

① 当然，这绝不意味着引进来的战略可有可无，因为只有通过引进来的战略，才可能接触到强势国家的技术优势并加以学习，从而从根本上提高自身的实力水平。

② 这种生产周期可以长到产品从立项研发到最终销售的全过程，也可以短到一个产品的生产过程，或者一天完成许多次的生产周期。

的绝对增长可能依然会非常显著。此外，在多期分析情形下还要考虑技术外溢使得成本系数发生变化的情况，这也会提高弱势方的赶超速度。

这样，我们从标准古诺模型开始，通过引入不对称双寡头（或三寡头）进行产量竞争的博弈模型，先后在一个博弈对局中引入与第三方博弈者进行另一个博弈对局的情形，通过比较静态分析来研究弱势方在获得与两个强势方的不同合作机会（即开放自己的市场和进入对方的市场）的情况下，与强势方在多局博弈中经过多期博弈之后实力对比的变化情况。本研究证明，弱势方有可能最终改变与相对强势方甚至绝对强势方实力对比的不对称程度而实现崛起。①

毫无疑问，弱势方的崛起源在于其在博弈中实力增长的相对优势。在既定规模和既定收益的条件下，额外的合作剩余肯定会提高实力增长的相对优势，因而能够实现赶超。但是，如果弱势方在这个过程中自身的成本系数不发生有利的变化，随着其实力水平的提升，弱势方在超过最强势的博弈方的总体实力前，其相对优势也就会逐渐下降甚至消失。这个结论与中等收入陷阱的机理具有异曲同工之处。这也可以解释为什么不少国家都实行对外开放和走出去的战略，但是只有少部分国家实现了赶超。

① 毫无疑问，当弱势方同时处于情景 1 和情景 3 的时候，也就是弱势方在条件许可的情况下，即同时采取引进来和走出去策略，赶超速度会更快。

结　论

相比合作，尽管竞争和冲突是对国际经济与国际关系更本质的认识，但是不可否认的是，求同存异、避免直接冲突、有序竞争与合作却是一种更常见的状态。因此，从竞争与冲突的角度展开分析能够使我们更深刻地理解合作。

从合作的元概念出发，本书的分析表明，合作是建立在对合作剩余的认知与合作理念建构基础上的一种自发、自主和自愿的刻意配合的理性行为。合作是个体间基于现实利益考量的驱动，以对合作剩余认知和合作观念建构为基础的社会性行为。

从经济学的角度讲，合作的出现要克服三种困难。

第一，信息交流必须是完全的。在亚当·斯密的经典分析框架中，在“看不见的手”的作用下，个人理性和集体理性是统一。但是如果信息交流出现问题，就会出现囚徒困境，个人理性就将偏离集体理性，即使是互利的合作也会出现问题。合作收益并不一定保证合作的续存。尽管产业内贸易，甚至产品内贸易可以将全球化推向一个新的阶段，克鲁格曼的战略性贸易政策却将经济学研究引向了争夺市场占有率的零和博弈。但是，重复博弈中的信息和声誉可以使合作博弈从非合作博弈中进化出来，谢林的默式谈判则强调了信息交流在合作进化中的作用。

第二，搭便车问题。奥尔森说明了即使存在共同利益，搭便车行为也将是形成集体行动的最大障碍。[①] 降低集体成员的总数可以凸显

① 阿伦森在《社会性动物》一书中也通过实例证明了旁观者效应，并得出不介入的旁观者也是从众者的结论，实际也是一种搭便车行为的反映。参见 E. 阿伦特《社会性动物》，华东师范大学出版社 2007 年版，第 35—41 页。

每个成员的贡献，从而抑制搭便车行为，而选择性激励也可以促成集体行动。

第三，合作成本的分担。选择性激励实际要解决的就是合作成本的分担问题，公地悲剧则从反面证明了奥尔森联盟经济理论分析，奥斯特罗姆则强调自主治理和相互监督，但是这并没有彻底解决问题。

从国际关系的角度看，秩序本身就是一种基于理性选择的合作行为，作为冲突极端表现的战争则是由于投机或误判。因为从总体战的角度讲，战争结局作为实力较量的结果，在强弱双方早已心知肚明。而弱国之所以能够存在，其原因就在于大国在与对弱国的关系上并非处于单局博弈的状态，结果联盟与制衡发挥着相当大的作用。为制衡而进行的联盟是合作的一种，它展示出了合作的不对称性质，而这种合作的不对称性即使在霸权之后的制度合作中也依然存在。

在一方面，权力产生于现实中广泛存在的不对称相互依赖，而克服了搭便车行为的相互依赖就是合作的起源。但是在另一方面，只要说合作是一种配合，而配合又需要协调，集体行动也需要治理，那么合作中就需要权力，而且这个权力可能恰恰产生于选择性激励的需要。从这个逻辑上看，合作天生就是不对称的，所谓集体行动就很可能是一种代表性行动。为了达成合作，彼此配合，就需要作出妥协，当然这种妥协又不同于绥靖。事实上，从预防合作中搭便车行为的角度看，授权惩罚本身也自然衍生出了合作的不对称性。

有意思的是，授权惩罚不是防止搭便车的终极解决方案，并且在逻辑上可以推演出 n 阶搭便车的问题。这样直到目前为止，对于合作起源的理论分析还只能借助于强互惠者作为第一推动力而启动的合作的进化过程。[①] 因此，理解合作与权力、合作与信任、合作与认知、合作与制度、合作与治理、合作与冲突就成了深入理解合作的前提。理解国际合作与主权的关系更能加深我们对国际合作的理解。

也许比合作起源更能引起我们兴趣的是不对称合作的起源。不对

① 从强互惠的定义看，应该是一种典型的利他行为，已经超越了互惠的含义。因为从利他主义等本意来说应该是不求互惠回报的，或者说，互惠本身还不是利他。所以，用强互惠的提法来说明出于利他的动机本身不是非常准确。

称合作可能带来不对称的收益，因而可能无助于弱势一方通过合作来改变自身的国际地位。但是，这种结论只是一种单局博弈分析的结论。如果弱势一方的合作是全方位的，那么多局合作收益的加总就可能使弱势一方最终取得对强势一方实力对比的改善。当然，从理论上说，如果强势一方也采取了全面合作，那么弱势一方的赶超将是非常困难的。[①] 但是在现实中，大国常常面临制衡而无法像弱国那样左右逢源地展开全面合作，这就给了弱国在不对称合作中提升自身实力对比的机会。也就是说，即使是在不对称合作的情况下，弱国也可能通过合作实现对大国的赶超，避免冲突，实现和平崛起。

合作不应该被视为一种没有冲突的状态，而应该被视为一种对潜在冲突的反应和管理。

合作，包括不对称合作在内，都是一种博弈，也就都是一种竞争的手段，一种更文明的竞争方式。

这大概就是人们常说的合作竞争！

---

① 我们在本书中分析的是一种极端的情况，即合作收益的分配比例与各自的权力基础相等。在实际的合作中，考虑到双方对合作的贡献，分配比例常常会更高一些。本书在后面证明的是在极端情况下的赶超可能，而在现实中，弱势一方的赶超可能会更容易些。

参考文献

Altfeld, Michael F (1984), "The Decision to Ally: Theory and Test", *Western Political Quarterly*, Vol. 37, No. 4.

Amy Gutmann and Dennis Thompson (2012): *The Spirit of Compromise: Why Governing Demands It and Campaigning Undermines It*, Princeton University Press.

Andreoni, J. 1995, "Cooperation in Public Goods Experiments: Kindness or Confusion", *American Economic Review*, Vol. 85, pp.

Argyle, M, 1991, *Cooperation: The Basisi of Sociability*, London,: Routledge.

Beth Simmons, 2003, "Pax Mercatoria and the Theory of the State", in Edward D. Mansfield and Brian M. Pollins ed., *Economic Interdependence and International Conflict: New Perspective on an Enduring Debate*, Ann Arbor: the University of Michigan Press, pp. 31 –43.

Blau, P., 1964, Exchange and Power in Social Life, New York: Wiley.

Boehm, Christopher. H., 1993, "Egalitarian Behavior and Reverse Dominance Hierarchy", *Current Anthropology*, Vol. 34, No. 3, pp. 227 –254.

Bowles, Samuel and Herbert Gintis, 2004, "The Evolution of Strong Reciprocity: Cooperation in Hetergeneous Populations", Theoretical Population Biology, Vol. 55, pp. 17 –28.

Boyd, R., Gintis, H., Bowles, S. "Coordinated Punishment of Defectors Sustains Cooperation and Can Proliferate When Rare", Science, 2010, Vol. 328, pp. 617 –620.

Clements, K. C., and Stephens, D. W, 1995, "Testing Models of Non-kin Cooperation: Mutualism and the Prisoner' s Dilemma", *Animal Behavior*, Vol. 50, pp. 527-535.

Cook, K, S., 2005, "Networks, Norms and Trust: The Social Psychology of Social Capital", *Social Psychology Quarterly*, vol. 68, No. 1, pp. 4-14.

David P. Rapkin and Dan Braaten: "Conceptualising Hegemonic Legitimacy", *Review of International Studies*, Vol. 35, No. 1.

David Sally (2001): "On Sympathy and Game", *Journal of Economic Behavior and Organization*, Vol. 44, pp. 1-30.

Dawes, R. M., and R. H. Thaler, 1988, "Anomalies: Cooperation", *The Journal of Economic Perspectives*, Vol. 2.

Dennis M. P. McCarthy: *International Economic Integration in Historical Perspective*, Routedge Taylor & Francis Group, 2006.

Duncan Snidal, "International Cooperation among Relative Gain Maximizers", *International Studies Quarterly*, Vol. 35, No. 4, 1991, pp. 387-402.

Feger, H., 1991, "Cooperation Between Groups", In Hinde, R. and Groebel, J., *Cooperation and Prosocial Behavior*, Cambridge University Press, New York.

Fehr, Ernst and Simon Gchter. 2000, "Cooperation and Punishment in Public Goods Experiments", *American Economic Review*, Vol. 90, pp.

Fehr, Ernst, and Urs Fischbacher, 2004, "Third-party Punishment and Social Norms", *Evoltion and Human Behavior*, Vol. 25, pp. 63-87.

Fehr, Ernst, Klaus M, Schmidt, 1999, "A Theory of Fairness, Competition and Cooperation", *Quarterly Journal of Economics*, Vol. 114, pp.

Gerald Schneider, Gônther G. Schulze, 2003, "Trade and Armed Conflict: The Domestic Foundations of Commercial Liberalism", http://www.uni-konstanz.de/.../CSchneider/downloads/papers/Trade%20and%20armed%20conflict%20March%2003%202005.pdf.

Greif, A., (1993): "Contract Enforceability and Economic Institutions in

Early Trade: The Maghribi Traders' Coalition", *American Economic Review*, Vol. 83, pp. 525 - 548.

Guth, W., Levati, M. V., Sutter, M., Heigden, E. V. D. (2007): "Leading by Example with and without Exclusion Power in Voluntary Contribution Experiments", *Journal of Public Economics*, Vol. 91, pp. 1023 - 1042.

Healy, Brian and Arthur Stein (1973), "The Balance of Power in International History: Theory and Reality", *Journal of conflict Relation*, Vol. 17, No. 1.

Henrich, J., and R. Boyd, 2001, "Why People Punish Defectors: Weak Conformist Transmission can Stabilize Coastly Enforcement of Norms in Cooperative Dilemmas", *Journal of Theoretical biology*, Vol. 208, pp. 79 - 89.

Hinde, R, A., J. Groebel, 1991, *Cooperation and Prosocial Behavior*, New York: Cambridge University Press.

I. A. Shearer: *Starke's International Law*, 11th edition, Butterworths 1994, pp. 90 - 91.

Joseph Grieco, Robert Powell and Duncan Snidal, "The Relative - Gains Problem for International Cooperation", *The American Political Science Review*, Vol. 87, No. 3, 1993, pp. 727 - 743.

Kurt Singer (1949), "The Resolution of Conflict", *Social Research*, Vol. 6, pp. 241.

Lawler, E, E., 1992, *The Ultimate Advantage: Creating the High - involvement Organization*, San Francisco: Jossey - Bass.

Ledyard, J., 1995, "Public Goods: A Survey of Experimental Research", In J. Kagel and A. Roth, *Hanbook of Experimental Economics*, Princeton University Press, Princeton, New Jersey.

Marc W. and Aathony Z., 1999, "Farming and Cooperation in Public Games: an Experimentwith an Interior Solution", *Economic Letters*, Vol. 65, pp. 323 - 328.

Marc Willinger and Anthony Ziegelmayer, 1999, "Framing and Cooperation in Public Good Games: An Experiment with an Interior Solution", *Econopmic Letter*, Vol. 65, No. 1, pp. 323 – 328.

Mesterton – Gibbons, M. and Dugatkin, L. A., 1995, "Cooperation among Unrelated Individuals: Evolutionary Factors", *Quarterly Review of Biolgy*, Vol. 67, pp. 267 – 281.

Moll, J., Krueger, F., Zahn, R., Pardini, M., De Oliveira – Spiza, R. and Grafman, J. 2006, "Human Fronto – Mesolimbic Network Guide Decision about Charitable Donation", *Proceedings of the National Academy of Sciences*, Vol. 42, pp. 15623 – 15628.

Moulin, Herve (1995): *Cooperative Microeconomics: A Game – Theoretic Introduction*, Princeton, NJ: Princeton University Press.

Nakamaru, M., and Y. Iwasa (2006): "The Coevoluation of Altruism and Purnishment: the Role of Selfish Purnishers", *Journal of Theoretical Biology*, Vol. 240, pp. 475 – 488.

Nooteboom, B., 2002, *Trust: Forms, Foundations, Functions, Failures and Figures*, Cheltenham UK: Edward Elgar.

Nowak, M. A., and K. Sigmund, 2005, "Evolution of Indirect Reciprocity", *Nature*, Vol. 437, pp. 1291 – 1298.

Nowak, M. A., and K. Sigmund., 1998, "Evolution of Indirect Reciprocal by Iamge Scoring", *Nature*, Vol. 393, pp. 573 – 577.

Nowak, M. A., and R. M. May, 1992. "Evolutionary Games and Spatial Chaos", *Nature*, Vol. 359, pp. 826 – 829.

Nowak, Martin. A., and Karl Sigmund, 2004, "Evolution Dynamics of Biological Games", *Sciences*, Vol. 303, No. 6 February.

Olson, Mancur, Jr. and Richard Zeckhauser, "An Economic Theory of Alliances", *The Review of Economics and Statistics*, Vol. 48 No. 3 (Aug., 1966), pp. 266 – 279.

Olson, Mancur, Jr., "The Principle of 'Fiscal Equivalence': The Division of Responsibilities among Different Levels of Government", *The A-*

merican Economic Review, Vol. 59, No. 2, Papers and Proceedings. (May, 1969), pp. 479 - 487.

Oosterbeek, Hessel., Randolph Sloof and Giji van de Kuilen (2004): "Culture Differences in Ultimatum Game Experiments: Evidence from a Meta - analysis", *Experimental Economics*, vol. 7 No. pp. 171 - 188.

E. Ostrom, James Walker, Roy Gardner, 1992, "Covenants with and without a Sword: self - governance is Possible", American Political Sciemce Review, Vol. 86, pp. 404 - 417.

Pruitt, D. G. and Kimmel, M. J., 1977, "Twenty Years of Experimental Gaming: Critique, Synthesis and Suggestions for the Future", *Annual Review of Psychology*, Vol. 28, pp. 363 - 392.

Putnam, R. D., 2000, "Bowling Alone: The Collapse and Revival of American Community", Simon and Schuster, New York.

Richard Rosecrance, *The Rise of the Trading State : Commerce and Conquest in the Modern World*, New York: Basics, 1986.

Robert Powell, "Absolute and Relative Gains in International Rational Theory", *The American Political Science Review*, Vol. 85, No. 4, 1991, pp. 1303 - 1320.

Robert W. Tucker and David C. Hendrickson: "Sources of American Legitimacy", *Foreign Affairs*, Vol. 83, No. 6.

Rosenthal, R. B., 1991: Games of Perfect Information, Predatory Pricing and the Charin-Store Paradox, *Journal of Economic Theory*, Vol. 25, No. 1. pp. 92 - 100.

Samuel Bowles and Herbert Gintis (2004): "The Evolution of Strong Reciprocity: Cooperation in Heterogeneous Populations", *Theoretical Population Biology*, Vol. 65, Issue 1, pp. 17 - 28.

Savage, A., Isham, J. and Klyza, C. M., 2005, "The Greening of Social Capital: An Examination of Land - Based Groups in Two Vermont Countries", *Rural Sociology*, Vol. 70, No. 1, pp. 113 - 131.

Tjsovold, Dean., 1994, *Team Organization: an Enduring Competitive Ad-*

vantage, New York: John Wiley and Sons Ltd. 1994. pp. 58 – 146.

Traulsen, A. , and M. A. Nowak, 2006, *Evolution of Cooperation by Multi – level Selection*, Proc. Natl, Acad. Sci. U. S. A. 103, 10952.

Trivers, R. L. , 1971, " The Evolution of Reciprocal Altruism", *Quarterly Review of Biology*, Vol. 46, pp. 35 – 57.

W. D. Hamilton (1964): "The Genetical Evolution of Social Behaviour I and II", *Journal of Theoretical Biology*, Volume 7, Issue 1, July 1964, Pages 1 – 16, 17 – 52。

Walt, Stephen M (1987): *The Origins of Alliances*, Cornell University Press.

Wiessner. P. , 2005, "Norm Enforcement among the Ju/' hoansi Bushmen: A Case of Strong Reciprocity?", *Human Nature*, Vol. 16, No. 2, pp. 115 – 145.

阿克塞尔罗德:《合作的进化》，上海世纪出版公司 2007 年版。

阿库斯特:《现代国际法概论》，汪暄等译，中国社会科学出版社 1981 年版。

埃尔赫南·赫尔普曼:《理解全球贸易》，中国人民大学出版社 2012 年版。

埃里克·尤斯拉纳:《信任的道德基础》，中国社会科学出版社 2006 年版。

艾米·戈特曼和丹尼斯·汤普森:《妥协的精神：为何治理需要它而竞选破坏它》，上海社会科学院出版社 2014 年版。

艾维榭·马格里特:《妥协与卑劣妥协》，人民日报出版社 2012 年版。

爱德华·卡尔:《二十年危机（1919—1939）：国际关系研究导论》，世界知识出版社 2005 年版。

安东尼·阿巴拉斯特:《西方自由主义的兴衰（上)》，吉林人民出版社 2011 年版。

奥斯特罗姆（1990）:《公共事务的治理之道》，上海世纪出版股份有限公司、译文出版社 2012 年版。

拜瑞·J. 内勒巴夫和亚当·M. 布兰登勃格著：《合作竞争：博弈论战略正在改变商业游戏》，安徽人民出版社2000年版。
本尼迪克特·安德森：《想象的共同体》，上海世纪出版集团2011年版。
伯兰特·罗素：《罗素文集：权力论，权威与个人》，商务印书馆2012年版。
布鲁斯·拉西特和哈维·斯塔尔：《世界政治》，华夏出版社2001年版。
布鲁斯·施奈尔：《我们的信任：为什么有时信任，有时不信任》，机械工业出版社2013年版。
查尔斯·蒂利：《信任与统治》，上海世纪出版集团2010年版。
戴维·莱克：《国际关系中的等级制》，上海世纪出版集团2013年版。
道金斯：《自私的基因》，中信出版社2012年版。
德斯迪诺：《信任的假象：隐藏在人性中的背叛真相》，机械工业出版社2014年版。
狄恩·普鲁特：《社会冲突：升级、僵局及解决》，人民邮电出版社2013年版。
罗西瑙：《没有政府的治理》，江西人民出版社2001年版。
冯·诺依曼和摩根斯特恩：《博弈论与经济行为》，生活·读书·新知三联书店2004年版。
弗朗西斯·福山：《信任：社会美德与创造经济繁荣》，海南出版社2001年版。
弗朗西斯福山：《政治秩序的起源：从前人类时代到法国大革命》，广西师范大学出版社2012年版。
汉斯·摩根索：《国家间政治：权力斗争与和平》，北京大学出版社2006年版。
赫德利·布尔：《无政府社会：世界政治中的秩序研究》，上海世纪出版集团2015年版。
赫胥黎：《进化论与伦理学》，北京大学出版社2011年版。

亨利·基辛格：《世界秩序》，中信出版社 2015 年版。

华尔兹：《国际政治理论》，上海世纪出版集团 2008 年版。

华尔兹：《人、国家与战争》，上海世纪出版集团 2012 年版。

黄璜：《基于社会资本的合作演化研究》，载《中国软科学》2010 年第 9 期。

黄少安等：《人类的合作及其演进研究》，载《中国社会科学》2013 年第 7 期。

黄少安和韦倩：《合作行为与合作经济学：一个理论分析框架》，载《解决理论与禁忌管理》2011 年第 2 期。

霍布斯：《利维坦》，商务印书馆 1985 年版。

霍萨格：《信任的力量》，金城出版社 2013 年版。

贾格迪什·巴格沃蒂：《贸易保护主义》，中国人民大学出版社 2010 年版。

杰弗里·布莱内：《战争的原因》，商务印书馆 2011 年版。

杰维斯：《国际政治的知觉与错误知觉》，世界知识出版社 2003 年版。

康芒斯：《制度经济学》，商务印书馆 1962 年版。

柯维和梅丽尔：《信任的速度：一个可以改变一切的力量》，中国青年出版社 2011 年版。

克鲁格曼主编：《战略性贸易政策与新国际经济学》，中国人民大学出版社和北京大学出版社 2000 年版。

肯尼思·沃尔兹：《现实主义与国际政治》，北京大学出版社 2012 年版。

肯尼斯·奥耶（Kenneth A. Oye）编：《无政府状态下的合作》，上海世纪出版集团 2010 年版。

冷鸿基：《制度内恶性竞争与春秋时期国际合作规范退化》，载《世界经济与政治》2013 年第 3 期。

李嘉图：《李嘉图著作和通信集（第一卷）：政治经济学及赋税原理》，郭大力、王亚南译，商务印书馆 1962 年版。

李普塞特：《共识与冲突》，上海世纪出版集团 2011 年版。

李普塞特：《政治人：政治的社会基础》，上海世纪出版集团 2011 年版。
理查德·内德·勒博：《国家为何而战？过去与未来的战争动机》，上海人民出版社 2014 年版。
刘丰：《制衡的逻辑》，世界知识出版社 2010 年版。
卢梭：《论人类部平等的起源和基础》，商务印书馆 1962 年版。
卢梭：《社会契约论》，商务印书馆 2011 年版。
罗伯特·基欧汉：《霸权之后：世界政治经济中的合作与纷争》，上海世纪出版集团，上海人民出版社 2012 年版。
罗伯特·基欧汉《霸权之后》，上海世纪出版集团 2012 年版。
罗伯特·基欧汉和约瑟夫·奈：《权力与相互依赖》，北京大学出版社 2012 年版。
罗伯特·帕特南：《使民主运转起来》，江西人民出版社 2001 年版。
罗伯特·特里芬：《黄金与美元危机》，商务印书馆 1997 年版，第 137 页。
罗伯特·吉尔平：《国际关系政治经济学》，上海世纪出版集团 2011 年版。
罗伯特·吉尔平：《战争和世界政治的变化》（英文版），北京大学出版社 2005 年版。
罗俊等：《慈善捐赠行为的动机、影响因素和激励机制：理论、实验与脑科学文献综述》，载《世界经济》2015 年 7 期。
罗西瑙：《没有政府的治理》，江西人民出版社 2001 年版。
洛克：《政府论》，商务印书馆 1964 年版。
马克思：《马克思恩格斯全集》第 23 卷，人民出版社 1972 年版。
马克思：《马克思恩格斯选集》第三卷，人民出版社 1995 年版。
马克思：《马克思恩格斯选集》第一卷，人民出版社 1995 年版。
曼瑟·奥尔森：《权力与繁荣》，上海世纪出版集团 2005 年版。
曼瑟尔·奥尔森：《集体行动的逻辑》，格致出版社、上海三联书店、上海人民出版社 2011 年版。
钱穆：《中国历代政治得失》，生活·读书·新知三联书店 2012

年版。
丘吉尔：《第二次世界大战回忆录》，第1卷《风云紧急》，译林出版社2012年版。
让·博丹和朱利安·H. 富兰克林编：《主权论》，李卫海和钱俊文译，北京大学出版社2008年版。
理查德·内德·勒博：《国际关系的文化理论》，上海社会科学院出版社2012年版。
让－皮埃尔·戈丹：《何谓治理》，社会科学文献出版社2010年1月中文版。
赛亚·伯林：《浪漫主义时代的政治观念》，新星出版社2011年版。
施锡铨：《合作博弈引论》，北京大学出版社2012年版。
斯蒂芬·埃弗拉：《战争的原因》，上海世纪出版集团2007年版。
斯蒂芬·沃尔特《维持世界的失衡状态：自我克制与美国的对外政策》，载伊肯伯里主编《美国无敌：均势的未来》，北京大学出版社2005年版。
托马斯·里斯：《自由安全共同体中的美国权力》，载伊肯伯里主编《美国无敌：均势的未来》，北京大学2005年版。
汪丁丁等：《人类合作秩序的起源与演化》，载《社会科学战线》2005年第4期。
王铁崖主编：《国际法》（上册），法律出版社1981年版。
王宇博：《评析英国绥靖政策》，载《江海学刊》，1996年第5期。
谢林：《冲突的战略》，华夏出版社2011年版。
亚当·斯密：《国富论》，郭大力、王亚南译，上海三联书店2011年版。
亚当·斯密特：《法国和第二次世界大战的到来》，伦敦，1977年，转引自王宇博《评析英国绥靖政策》，载《江海学刊》1996年第5期。
亚里士多德：《尼各马科伦理学》，商务印书馆2003年版。
亚里士多德；《政治学》，商务印书馆1965年版。
亚历山大·温特：《国际政治的社会理论》，上海世纪出版集团2008年版。

阎学通：《道义现实主义的国际关系理论》，载《国际问题研究》2014 年第 5 期。

易余胤：《基于演化博弈论的企业合作与背叛行为研究》，经济科学出版社 2010 年版。

伊肯伯里主编：《美国无敌：均势的未来》，北京大学出版社 2005 年版。

尹明明：《英国绥靖政策的积极根源》，载《中国社会科学院研究生院学报》1998 年第 1 期。

喻志军：《产业内贸易研究》，企业管理出版社 2009 年版。

约翰·刘易斯·加迪斯：《长和平：冷战是考察》，上海世纪出版集团 2011 年版。

约翰·米尔斯海默：《大国政治的悲剧》，上海世纪出版集团 2008 年版。

约翰·莫雷：《论妥协》，上海社会科学院出版社 2014 年版。

约瑟夫·奈和张哲馨：《自由主义化的现实主义者》，载《世界经济与政治》2007 年第 8 期。

詹姆斯·多尔蒂和小罗伯特·普法尔茨格拉夫：《争论中的国际关系理论》，世界知识出版社 2013 年版。

詹姆斯·N. 罗西瑙主编，张胜军、刘小林等译：《没有政府的治理》，江西人民出版社 2001 年版。

詹宁斯·瓦茨修订：《奥本海国际法》（第一卷第一分册），王铁崖等译，中国大百科全书出版社 1995 年版。

张静、郭平：《科学认识马克思的社会合作思想》，载《光明日报》在 2012 年 2 月 5 日。

张宇燕、李增刚：《国际政治经济学》，上海人民出版社 2008 年版。

张宇燕：《利益集团与制度非中性》，载《改革》1994 年第 2 期。

赵汀阳：《冲突、合作与和谐的博弈哲学》，载《世界经济与政治》2007 年第 6 期。

赵汀阳：《没有世界观的世界》，中国人民大学出版社 2003 年版。

周方银：《小国为什么能长期存在?》，载《国际政治科学》2005 年第 1 期。